孔子思想和儒家学说之所以能如生命之树常青，成为中华民族文化精神的无形之魂，主要在于有一部经典性的传家之宝，也是一部镇世镇心之宝——《论语》。

论语

全解全析

徐荣强 编

吉林出版集团股份有限公司

全国百佳图书出版单位

图书在版编目（CIP）数据

论语全解全析 / 徐荣强编. –– 长春：吉林出版集
团股份有限公司, 2022.10
ISBN 978-7-5731-2467-8

Ⅰ.①论… Ⅱ.①徐… Ⅲ.①儒家②《论语》—注释
Ⅳ.①B222.22

中国版本图书馆CIP数据核字(2022)第186696号

论语全解全析

LUNYU QUAN JIE QUAN XI

编　　者　徐荣强
出 版 人　吴　强
责任编辑　孙　璐
助理编辑　崔雅轩
装帧设计　金墨书香
开　　本　710 mm × 1000 mm　1/16
印　　张　20
字　　数　300千字
版　　次　2023年4月第1版
印　　次　2023年4月第1次印刷
出　　版　吉林出版集团股份有限公司
发　　行　吉林音像出版社有限责任公司
　　　　　（吉林省长春市南关区福祉大路5788号）
电　　话　0431–81629667
印　　刷　廊坊市博林印务有限公司
ISBN 978-7-5731-2467-8　　定　价　68.00元

如发现印装质量问题，影响阅读，请与出版社联系调换。

前　言

　　"子"：古代对成年男子的尊称。在战国末期，拥有一定社会地位的成年男子都可以称为"子"，而且都希望别人称自己为"子"，因为"子"还是一种爵位，所谓"公侯伯子男"也。但是，真正能获得别人以"子"相称的，一般是两种人：要么在社会上公信力较高的，如"老师"；要么就是较有道德的贵族；孔子、老子属于前者。孔子，子姓，以孔为氏，名丘，字仲尼。孔子是我国古代最伟大的政治家、思想家、教育家之一。他还是儒家学派创始人，"世界十大的文化名人"之首，编撰了我国第一部编年体史书《春秋》。据有关记载，孔子出生于鲁国陬邑昌平乡（今山东省曲阜市东南的南辛镇鲁源村），孔子逝世时，享年73岁，葬于曲阜城北泗水之上，即今日孔林所在地。孔子的言行思想主要载于语录体散文集《论语》及先秦和秦汉保存下来的《史记·孔子世家》。

　　《论语》其实是一部内容很丰富，形式又极灵活的书，除了文、史、哲、人生、教育这些大的方面外，还涉及到社会生活的诸多方面。《论语》首创语录之体。汉语文章的典范性也发源于此。《论语》一书比较真实地记述了孔子及其弟子的言行，也比较集中地反映了孔子的思想。儒家创始人——孔子的政治思想核心是"仁""礼""中庸"。

　　《论语》的语言简洁精练，含义深刻，其中有许多言论至今仍被世人视为至理。

　　《论语》以记言为主，"论"是论纂的意思，"语"是话语、经典语句、箴言，"论语"即是论纂（先师孔子的）语言。《论语》成于众手来记述者有孔子的弟子，有孔子的再传弟子，也有孔门以外的人，但以孔门弟子为主。

　　《论语》中所记孔子循循善诱的教诲之言，或简单应答，点到即止；或启发论辩，侃侃而谈。

《论语》带给后人的启迪和价值是说不尽的，而且随着社会的发展、文明的进步，孔子及其学说的魅力会愈加真实地展示出来。人类越发展，作为文化符号的人的本质特征就越突现，先贤的文化遗传就越显示出无可替代的价值。

目　　录

学而第一

子曰^①："学而时习之，不亦说乎^②？有朋自远方来，不亦乐乎？人不知而不愠^③，不亦君子乎？"

【注释】

①子：古代对有地位、知识渊博、有道德修养的人，尊称为"子"。这里是尊称孔子。　②说：通"悦"，高兴，喜悦。　③愠：怨恨，恼怒。

【译文】

孔子说："学习过的东西时常温习和练习，不也很高兴吗？有朋友从远方而来，不是也快乐吗？别人不了解我，我并不怨恨，不也是君子吗？"

【题解】

这是《论语》第一篇的第一章。本章开宗明义，概括了孔子人生理想的三个方面，实际上也是所有人人生的三个要务：人要学习，以至终身学习，以学为快事；人要交友处世，以人和为乐事；人要自知自立，不奢求于外。人不学不知道，但

孔子向弟子阐释学习之道和为人之道。

学习之后不代表就掌握了，还要按时去温习和巩固，这样才能做到学而有知。有知之后，再与朋友相互切磋，把学习中遇到的难题或新收获与人共同分析、分享，自是人生快事。即使自己不被人了解、不被人器重，却依然能够安贫乐道，不心生怨尤，这不正是君子的作风吗？虽然这一段只有看似简单的三句话，却表达了孔子对前来向他学习的弟子的欢迎之意，又对自己的授业内容进行总括——学习之道和学习目的以及儒家提倡的君子之道。

名家品论语

吾侪对于如此有价值之书，当用何法以善读之耶？我个人所认为较简易且善良之方法如下：

第一，先注意将后人窜乱之部分别出，以别种眼光视之，免使蒙混真相。

第二，略依前条所分类，将全书幕抄一过，为部分的研究。

第三，或作别种分类，以教义要点——如论"仁"、论"学"、论"君子"等为标准，逐条抄出，比较研究。

第四，读此书时，即立意自作一篇孔子传或孔子学案。一面读一面思量组织法且整理资料，到读毕时自然能极彻底、极正确地了解孔子。

第五，读此书时，先要略知孔子之时代背景。《左传》《国语》是主要之参考书。

第六，此书文义并不艰深，专读白文自行细绎其义最妙。遇有不解时，乃翻阅次条所举各注。以上为书本上智识方面之研究法。

——梁启超《梁启超讲读书》

有子曰①："其为人也孝弟②，而好犯上者，鲜矣③！不好犯上，而好作乱者，未之有也。君子务本，本立而道生。孝弟也者，其为仁之本与④！"

【注释】

①有子：鲁国人，姓有，名若，字子有。孔子的弟子。比孔子小三十三岁，生于公元前518年，卒年不详。另说，比孔子小十三岁。后世，有若的弟子也尊称有若为"子"，故称"有子"。　②弟：通"悌"，弟弟善事兄长。　③鲜：少。　④与：通"欤"，语气词。

【译文】

有子说："做人孝顺父母，尊敬兄长，而喜好冒犯长辈和上级的人，是很少见的。不喜好冒犯长辈和上级，而喜好造反的人，是没有的。君子要致力于根本，根本确立了，治国、做人的原则也就产生了。所谓孝、悌，可为仁的根本吧！"

有子认为，恪守孝悌是"仁"道之本。

【题解】

孝、悌，是中国传统社会要求子女对父母、弟弟对兄长持有的正确态度。如此，可以防止犯上作乱。这便是孝道的社会政治意义。自春秋战国以后的每个朝代，都继承了孔子的孝悌说，主张"以孝治天下"。从重亲情扩大到有利于社会秩序的规范，这是有借鉴意义的。

子曰："巧言令色①，鲜矣仁。"

【注释】

①令色：面色和善。这里指以恭维的态度讨好别人。

【译文】

孔子说："花言巧语，伪装出一副和气善良的脸色，这种人很少有仁德的。"

【题解】

孔子非常看重实际行动，经常告诫自己的弟子应当言行如一，力戒空谈巧言。在孔子眼中，善于花言巧语的人，表面上讨好别人，暗地里只是为了一己之私，可以不择手段，简直就是一群宵小之辈。

曾子曰①："吾日三省吾身②：为人谋而不忠乎？与朋友交而不信乎？传不习乎③？"

【注释】

①曾子：姓曾，名参，字子舆。曾皙之子。鲁国南武城（在今山东省枣庄市附近）人。孔子的弟子。比孔子小四十六岁，生于公元前505年，卒于公元前435年。其弟子也尊称曾参为"子"。 ②省：检查、反省自己。 ③传：老师传授的知识、学问。孔子教学，有"六艺"：礼、乐、射、御、书、数。

【译文】

曾子说："我每天多次检查反省自己：为别人出主意做事情，是否尽心竭力呢？和朋友交往，是否真诚讲信用呢？对老师所传授的知识，是否复习了呢？"

【题解】

儒家对个人的道德修养十分重视，像本章所讲的自省，便是自我修养的一种方法。曾参提出的"忠"和"信"，不但是做人的标准，也是人们得以立身处世的基础。他作为孔子的得意弟子，本身的德行就已经非常高了，但是为了追求完美的人格，他依旧保持着"一日三省"的习惯，更被宋儒的道统学家们捧得极高。

子曰："道千乘之国①，敬事而信②，节用而爱人③，使民以时④。"

【注释】

①道：通"导"，作动词用，领导、治理。千乘之国：乘，古代用四匹马拉的战车。春秋时期，打仗多用战车，同时战车的数量也决定着国家的强弱，战车越多就越强。千乘之国，在此处指代大国。　②敬事：指对自己所从事的事务要谨慎专一。　③爱人：古代"人"的含义有广义与狭义之分。广义的"人"，是指所有人；而狭义的"人"，仅指士大夫及以上各个阶层的人。此处取后一种理解。爱人，即爱护官员。　④使民以时：时指农时。古代的老百姓主要以农业为主，在役使老百姓的时候要按照农时，不能误了耕作与收获的时间。

【译文】

孔子说："治理拥有一千辆兵车的大国，应当认真地处理国家事务，恪守信用，节约费用，并且爱护子民，按照时节役使老百姓，不能耽误了耕种和收获的季节。"

【题解】

在这段话中，孔子从执政者的角度提出了几条治理国家的方法，即要求管理者认真对待国家事务、取信于民、厉行节约、体恤官员、不要误了农时等。任何管理者的成功，都离不开手下之人的配合，因为他们才是成功的关键。所以，管理者对这些人要有足够的关心、爱护和尊重，才能让自己立于不败之地。直到今天，孔子这种具有民本思想的政治主张还闪耀着光芒。

孔子向弟子阐释治理大国的方法。

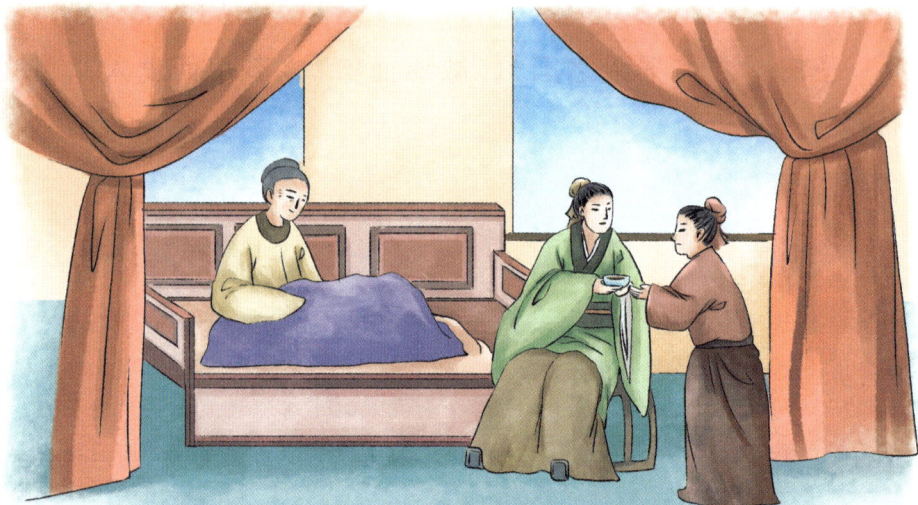

孔子认为，教育重在培养学生的德行修养，而一个人德行如何，首先要看他对父母的态度。

子曰："弟子入则孝①，出则悌②，谨而信③，泛爱众，而亲仁④。行有余力⑤，则以学文⑥。"

【注释】

①弟子：有二义，一是指年幼之人，弟系对兄而言，子系对父而言，故曰弟子；二是指学生。此处取前义。入：古时父子分别住在不同的居处，学习则在外舍。入是入父宫，指进到父亲的住处；或说在家。 ②出：与"入"相对而言，指外出拜师学习。出则悌，是说要用悌道对待师长，也可泛指年长于自己的人。 ③谨：寡言少语。 ④仁：指具有仁德的人，即温和、善良的人。此处形容词用作名词。⑤行有余力：指有闲暇时间。 ⑥文：指诗、书、礼、乐等文化知识。

【译文】

孔子说："孩子们，在家里要孝顺父母，在外要尊敬兄长，做人言行要谨慎、讲信用，广泛地与众人友爱，亲近有仁德的人。这样做了还有余力时，就要用来学习各种文化知识。"

【题解】

这段话表明了孔子希望培养的理想人格，即达到孝、悌、谨（慎）、信、泛爱、亲仁、学文七条标准。同时也表明孔子的教育是以道德教育为中心，重点在育人。孔子重视个人的修养，认为一个人最应该具备的能力是爱人的能力。爱人就是首先要爱父母，其次是爱兄弟，再次是爱朋友，最后是爱大众、爱人类，这样才能做到仁。能做到这样的人就已经很了不起了。如果尚有余力的话，再去学习文化知识，掌握历史典籍、文献知识，以及历史经验和现实实践，这样在生活中就会掌握世事的规律，恰当地处理事情，懂得人生的道理，圆满自我的价值。

子夏曰①："贤贤易色②，事父母，能竭其力，事君，能致其身③，与朋友交，言而有信；虽曰未学，吾必谓之学矣。"

【注释】

①子夏：姓卜，名商，字子夏。孔子的弟子。比孔子小四十四岁，生于公元前507年，卒年不详。 ②贤贤：第一个"贤"作动词用，表示敬重、尊崇；第二个"贤"是名词，即"圣贤"，指有道德、有学问的高尚的人。易：轻视，不看重。一说，"易"释为"移"，移好色之心而好贤德。 ③致：做出奉献。

【译文】

子夏说："尊重有贤德的人，看轻貌美的女色；侍奉父母，能尽心尽力；为君主做事，能有献身精神；和朋友交往，说话诚实能讲信用。这样的人即使是说他没有学习过什么，我也一定要说他是学习过很多了。"

【题解】

在这段话中，子夏认为一个人有没有学问，要先看他有没有做到"德""孝""忠""信"等。倘若他能按照规范，对这些东西全都进行了实践，那他便是个"好德"之人。即便他没有学习过系统的知识，仍是一个有学问的人。同时，这也是夫与妻、父与子、君与臣、朋友等四伦的道德标准。

子曰："君子不重则不威；学则不固①。主忠信，无友不如己者②，过则勿惮改③。"

【注释】

①固：巩固，牢固。一说，固执，闭塞不通。　②无：通"毋"，不要。友：作动词用，交朋友。　③过：错误，过失。惮：怕。

【译文】

孔子说："君子举止不庄重，就没有威严；态度不庄重，学过的知识学问就不巩固。做人主要讲求的是忠诚、守信用，不要同不如你自己的人交朋友。如果有了过错或过失，就不要害怕改正。"

【题解】

这里，孔子告诉我们做人应当稳重大方，举止得体，若是言行轻薄、随意，很难树立起自己的威严，就算是学到的知识也不会有多牢固。在交友的时候也要慎重，应当以忠信文本，对于志趣不相投的人应少交为妙。若是发现了自己的错误或过失，应该勇敢地面对，不要一味地藏着掖着。通过这段话，孔子将君子从内到外的修养紧密地联系起来，对于人们提高自身的品德有着重要的帮助。故人必自重而后人重之，人必自侮而后人侮之。要重视学习，善于结交朋友，着眼于朋友与自己好的方面加以学习，从而不断提高自己、完善自己。在犯了错误的时候，要正面对待，不逃避掩饰，勇敢地加以改正。

曾子曰："慎终①，追远②，民德归厚矣③！"

【注释】

①慎终：指对父母之丧要尽其哀。　②追远：指祭祀祖先要致其敬。　③民德：指民心，民风。厚：朴实，淳厚。民德归厚：指民心归向淳厚。

【译文】

曾子说："要谨慎地办理好丧事，虔诚地追祭祖先，这样做了，人民的道德就会归复忠厚老实。"

【题解】

儒家非常重视丧祭之礼，他们把祭祀之礼看作一个人孝道的表现，认为通过祭祀之礼，可以培养个人对父母和先祖尽孝的情感。儒家重视孝的道德，是因为孝是忠的基础，一个不能对父母尽孝的人，是不可能为国尽忠的。所以忠是孝的延伸和外化。只要做到忠与孝，社会与家庭就可以得到安定。孔子并不相信鬼神的存在，他说"敬鬼神而远之"，就证明了这一点。他没有提到过人死之后是否有灵魂存在的问题，而是通过祭祀亡灵来实行教化，希望把人们塑造成有教养的忠孝两全的君子。

曾子对于慎终和追远的重视，在于对死的敬畏和对过往的崇敬。因为生死是相对的，没有生就没有死，没有死也就无所谓生。而人从过往的历史中可以获得借鉴，也就是古可以鉴今。历史有传承的作用，忘记历史的人也必将被历史所忘记。

子禽问于子贡曰①："夫子至于是邦也②，必闻其政。求之与？抑与之与③？"子贡曰："夫子温、良、恭、俭、让以得之。夫子之求之也，其诸异乎人之求之与④！"

【注释】

①子禽：姓陈，名亢，字子禽。一说，即原亢。陈国人。子贡：姓端木，名赐，字子贡。卫国人。孔子的弟子。比孔子小三十一岁，生于公元前520年，卒年不详。 ②夫子：孔子的弟子敬称孔子。古代凡做过大夫官职的人，可称"夫子"（孔子曾任鲁国司寇）。邦：诸侯国。 ③抑与之与：抑：连词，表示选择，"还是……"。"与之"，给他。最后的"与"通"欤"，语气词。 ④其诸：或者，大概。

【译文】

子禽问子贡："我们老师每到一个诸侯国，他一定会去了解那个国家的政事，是他自己求来的呢？还是别人主动告诉他的呢？"子贡说："老师是靠温和、善良、恭敬、俭朴、谦让来了解政事的。也可以说是求来的，但是，老师求得的方法，大概与别人求得的方法不相同吧！"

【题解】

子禽与子贡的这段对话，表明了孔子为人处世的方式与风格。孔子在周游列国之时，之所以能够受到尊重和礼遇，在很大程度上都与他的温和、善良、恭敬、俭朴、谦让有关。像这种人德行高尚之人，有谁会不尊重他呢？

子曰："父在，观其志①；父没，观其行②；三年无改于父之道③，可谓孝矣。"

【注释】

①其：指儿子。 ②行：行为。 ③三年：按照周礼的规定，父亲死后，儿子要守孝三年。这里也可指一段较长的时间，或多年以后。

【译文】

孔子说："看一个人，当他父亲在世的时候，要观察他的志向；父亲去世后，要观察他的行为；如果三年都没有改变他父亲所坚持的准则，这样的人可以说是做到了孝。"

【题解】

孔子在这段话中强调，做儿子的应在父亲活着的时候多留意父亲的行为和志向，在他们去世后仍能按照父亲的意愿行事，才是孝子的表现。

名家品论语

中国的社会结构以家庭为基础，家庭内的父子关系是主轴，其他各种关系均以此为中心。父子关系不但在家庭内发生作用，而且扩及宗族，及至于国家。中国古代的君臣关系，实是父子关系之投射。由此中国背景孕育，中国人的性格因素首先是服从权威，其次是恪守本分。在此家、族、国之结构中，人各有其固定位置及关系，个人无需也不能表现其超越或凌驾于他人之上的才能，故而中国人的性格又偏于保守、不喜变迁及不鼓励个人主义。进而言之，由于个人始终处于家、族、国之范围内，故而易于养成所谓"中庸态度"。

——许烺光《祖荫下：中国乡村的亲属、人格与社会流动》

有子曰："礼之用①，和为贵。先王之道②，斯为美，小大由之。有所不行，知和而和，不以礼节之③，亦不可行也。"

【注释】

①礼：指周礼。周代先王留下的仪礼制度。　②先王：指周文王等古代的贤王。　③节：节制，约束。

【译文】

有子说："礼的应用，以遇事做到和谐为贵。古代贤王治理国家的方法，可贵之处就在于此，小事大事都依着这个原则。如果有的地方行不通，只知道为和谐而和谐办事，不用礼来调节和约束，那也是不可以的。"

【题解】

这段话主要讲述的是治国之道，强调了礼乐应相济为用，"和"是儒家所特别倡导的伦理、政治和社会准则。礼的推行和应用要以和谐为贵，但并不是要为和谐而和谐。礼是社会规范和社会秩序的具体表现，脱离了社会秩序和规范的和谐是行不通的。在人类社会发展的相当长的一段时间里，社会是有等级差别的，秩序和规范是必要的。通过实际的社会规范和秩序，达到社会的和谐。

实际上孔子既是礼的继承者，又是礼的改革者，只不过他不像其他激进的改革者那么冒进，采取全盘否定或整个抛弃的方法罢了。他采用的是礼与"仁"结合的方法。本来，礼的主要内涵就是两方面的，一是区分上下、尊卑、亲疏、远近使之有差别；二是协调上下、尊卑、亲疏、远近使之更和谐。前者重在"分"，后者重在"合"，后者的核心就是一个慈爱仁厚之心，只是这一面始终没有被足够地认识和使用。而孔子则以"仁"这一概念使后者有了坚实的心理基础，加强了礼的协调功能，使等级森严的宗法制度转向充满温情的人际关系，也使礼的两面功能都得到了充分运用。

——葛兆光《中国经典十种》

论语全解全析

有子曰："信近于义^①，言可复也^②。恭近于礼，远耻辱也^③。因不失其亲^④，亦可宗也^⑤。"

【注释】

①近：接近，符合。　②复：实践，履行。　③远：作动词用，"使远离"，也可译为"避免"。　④因：依靠。　⑤宗：主，此处引申为"依靠"。

【译文】

有子说："讲信用要尽量符合道义，这样的话才能兑现。待人谦恭符合礼节规矩，这样才能免遭他人羞辱。亲近那些可靠的人，办事也就有所依靠了。"

【题解】

有子对"信"和"恭"看得很重，认为"信"应建立在"义"的基础之上，答应的事情才能做到。"恭"就是以"礼"相待，对他人保持着足够的尊重，才能免遭他人的羞辱。

子曰："君子食无求饱，居无求安，敏于事而慎于言，就有道而正焉^①，可谓好学也已。"

【注释】

①就：靠近，接近。有道：指有道德、有学问的人。正：改正，纠正（缺点或错误）。

【译文】

孔子说："君子吃饭不追求饱足，居住不追求享受安逸，做事勤快敏捷，说话小心谨慎，向有道德的人学习，随时改正自己的缺点错误，这样就可以说是一

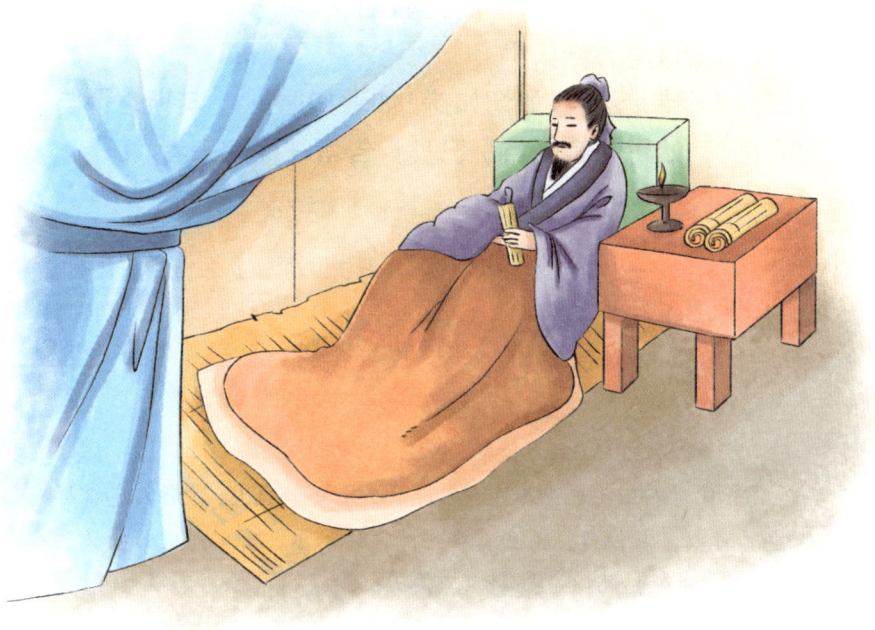

孔子认为，君子要把精力放在勇于追求理想和真理上。

个好学的人了。"

【题解】

本章讲的是君子日常言行的基本要求。孔子觉得身为君子不应过分地追求口腹之欲和安身之所，只需勤勤勉勉地做好本职工作，平时在言行方面谨慎小心一些，多向一些有道德的人学习，改掉自身的缺点，不要只知道死读书，要懂得灵活变通，才算是好学之人。

名家品论语

孔子的学说还有一个值得我们注意的地方——人格的重视。孔子不但希望每一个人能够生存，还希望他能够好好地生活。因为人之所以异于禽兽，在于人有道德的或精神生活，而禽兽只有生物的或物质生活。要发展人性，政治家不但要使人民丰衣足食，还要培养他们的人格，使他们都能修身立德。《大学》所说"自天子以至庶人，一是皆以修身为本"，是孔子的一个基本主张。

——萧公权

子贡曰："贫而无谄①，富而无骄②，何如？"子曰："可也。未若贫而乐，富而好礼者也。"

子贡曰："《诗》云：'如切如磋！如琢如磨'③，其斯之谓与④？"子曰："赐也⑤，始可与言《诗》已矣！告诸往而知来者⑥。"

【注释】

①谄：谄媚，巴结逢迎。　②骄：骄傲自大。　③如切如磋，如琢如磨：出自《诗·卫风·淇奥》。　④其：表示推断语气，可译为"大概"。　⑤赐：子贡的名。子贡姓端木，名赐。孔子对学生一般都称名。　⑥来者：未来的事，这里借喻为未知的事。

【译文】

子贡说："虽贫穷而不去巴结奉承，虽富裕而不骄傲自大，这种人怎么样呢？"孔子说："也算可以了，但是，不如贫穷仍然快快乐乐，富裕而爱好礼义的人。"

子贡说："《诗经》说：'要像加工骨头、牛角、象牙、玉石一样，经过切磋琢磨才能成为精美的器物'，讲的就是这个意思吧？"孔子说："端木赐呀，我可以开始同你谈论《诗经》了。告诉你已经发生的事，你就可以知道未来的事。"

【题解】

本章中，子贡与孔子就贫富问题展开了讨论，孔子希望自己的弟子和其他人

孔子与子贡讨论一个人的财富与其修养之间的关系。

都能做到安贫乐道、富而好礼。在他看来，只要个人能够得到最大限度地发展，无论贫富，只需各安其位，便可保证社会的稳定。另外，子贡能够灵活地运用学到的知识，并能举一反三，也很值得后世之人学习。

子曰："不患人之不己知[①]，患不知人也。"

【注释】

①不己知："不知己"的倒装句。知：了解，理解。

【译文】

孔子说："不怕别人不了解自己的长处好处，怕的是自己不了解别人的好歹。"

【题解】

孔子教育学生，在处世上要有"人不知而不愠"的精神，能够在寂寞中做成应该做的事业，完成应该具有的仁德修养。学，是为了自己的进步，而不要把精力用于怨天尤人上。处世是需要了解别人的，自己心态平和，才能真实地了解别人。不去苛求别人，要把精力用于提升自己的能力上。君子不担心没有人了解自己，不忧虑没有美好的名声，只忧虑自身的修养不够深厚，不能去充分了解别人。

为政第二

子曰："为政以德，譬如北辰①，居其所而众星共之②。"

①北辰：北极星。距地球约 782 光年。由于离得太远，从地球上看它似乎不动，实际它仍在高速运转。 ②共：通"拱"，环绕。

【译文】

孔子说："国君治理国家，用道德教化来推行政治，就像北极星那样，处于它一定的方位上，而群星都环绕在它的周围。"

【题解】

孔子用了一个形象的比喻，阐明了自己的政治主张，即"为政以德"，以道德教化为治国的根本原则。在孔子看来，统治者只要实行德治仁政，就能使得民心归顺，受到人民的拥护和支持，强调了仁德在政治作为中的核心作用。

子曰："《诗》三百，一言以蔽之①，曰'思无邪'②。"

【注释】

①蔽：概括，包含。 ②思无邪：原出《诗经·鲁颂·駉》篇。孔子借用这句话来评论《诗经》。

【译文】

孔子说："《诗经》三百多篇，用一句话来概括它的全部内容，可以说是'思想纯正，里面没有邪恶的东西'。"

【题解】

孔子是在对《诗经》的深入研究以后，才发出了"思无邪"的评价。也就是说，只有思想端正、为人处世真诚的人，才能管理好国家，给诗歌与政治的结合开了先例。

子曰："道之以政①，齐之以刑②，民免而无耻③；道之以德，齐之以礼，有耻且格④。"

【注释】

①道：通"导"，治理，引导。　②齐：整治，约束，统一。　③免：避免，指避免犯错误。无耻：做了坏事，没有（或缺乏）羞耻之心。　④格：正，纠正。

【译文】

孔子说："用行政命令来治理，用刑罚来处罚，百姓虽然能避免犯罪，但是还不能从心里知道犯罪是可耻的；用道德教化来治理，用礼来约束，百姓就会觉得有羞耻之心，就会自觉地改过。"

【题解】

孔子在本章中列举出了礼治与法治这两种不同的治国方针。孔子认为，施行刑罚只能避免人们犯罪，并不能让人们树立起廉耻之心。但是，道德教化既能使百姓循规蹈矩，还能让百姓生出廉耻之心，服从统治者的管理。孔子想用礼制规范人们的思想和行为，进而抑制"犯上作乱"的形成，这也是儒家与法家在治国方略上最大的不同。

孔子在此强调"以德治国"的思想，重视道德修养在构建和谐社会中的重要作用，在我国政治史上有着重要的价值。几千年来，中国历代君主虽然都采用"儒表里法"的治国手段，但无论如何，对道德价值的宣讲和践行，对社会的稳定和人际的和谐都起到了巨大的推动作用。虽然有人认为孔子忽视了政令制度在治理国家中的作用，但德治的理想高于法治的境界是不争的事实。倘若将他的以德治国的思想放到现代，再与法制制度相结合，二者相辅相成，其效果当然会更好。

名家品论语

　　怎么样才能把社会建造好呢？照孔子的理想便是"礼"。假若社会上有一种"礼"的文化，所有人都服从"礼"，那么，各个人便都是好的了。孔子一生的事业在"礼"上。从他小时的游戏"陈俎豆设礼容"，到他壮年发表政治理想在"君君、臣臣、父父、子子"，一直到他政治活动失败了，定礼乐，作为他那"礼的设计"之最后的修订；著《春秋》，作为他那理想的社会中"礼的制裁"之寄托，在他这恓恓惶惶的七十三岁的生涯中，哪一天忘了"礼"？传说中的孔子适周见老子，不是为问"礼"吗？司马桓魋所拔了的树，不也是孔子与弟子习"礼"于其下的吗？在孔子死后三百多年，为司马迁所低回留之而不能去的，不也是因为见了孔子庙堂中的车服礼器，并诸生以时习惯"礼"其家吗？

——李长之《李长之批评文集》

为政第二

子曰："吾十有五而志于学①，三十而立，四十而不惑，五十而知天命②，六十而耳顺，七十而从心所欲，不逾矩。"

【注释】

①有：通"又"，表示相加。十有五：即十加五，十五岁。　②天命：这里的"天命"含有上天的意旨、自然的禀赋与天性、人生的道义和职责等多重含义。

【译文】

孔子说："我从十五岁时开始立志学习，到三十岁时能自立于世，过四十岁时遇事就不迷惑，五十岁时懂得了什么是天命，六十岁时能听得进不同的意见，到了七十岁时才能达到随心所欲，想怎么做就怎么做，再也不会超出规矩。"

【题解】

孔子讲述了自己随着年龄的增长，学习和修养也在逐步提高的过程。这个过程大致可以分成三个阶段：第一阶段主要是筑基和确立方向，即从十五岁立志向学，三十岁奠定了好思想、学业和事业上的基础；到四十岁能够明辨是非，确立正确的奋斗方向。第二阶段是思想境界大提高的阶段，即从五十岁可以看透事物的规律；到六十岁做到宠辱不惊，不再受外在环境的影响。第三阶段是知行合一的阶段，即到了七十岁时，孔子将自己的主观意识和做人的规则融合在一起，并达到了道德修养的最高境界。

孔子十五岁立志向学，一直修身立德，最终达到了道德修养的最高境界。

　　孟懿子问孝^①。子曰："无违。"

　　樊迟御^②，子告之曰："孟孙问孝于我，我对曰，'无违'。"樊迟曰："何谓也？"子曰："生，事之以礼；死，葬之以礼，祭之以礼。"

【注释】

　　①孟懿子：姓仲孙，亦即孟孙，名何忌，"懿"是谥号。鲁国大夫，与叔孙氏、季孙氏共同执掌鲁国朝政。他的父亲孟僖子临终时嘱咐他要向孔子学礼。　②樊迟：姓樊，名须，字子迟，孔子的弟子。生于公元前515年，卒年不详，比孔子小三十六岁。御：赶车，驾车。

【译文】

　　孟懿子问怎样做是孝。孔子说："不要违背父母，不要顶撞父母。"

　　樊迟为孔子赶马车，孔子对他说："孟孙氏问我怎样做是孝，我回答他：不要违背父母，不要顶撞父母。"樊迟说："这是什么意思呢？"孔子说："父母在世时，按礼仪侍奉他们；去世了，要按礼仪为他们办丧事，按礼仪祭祀他们。"

【题解】

　　孔子极其重视孝，要求人们对自己的父母尽孝道，无论他们在世或去世，都应如此。但这里孔子着重讲的是在尽孝时不能违背礼制，否则不是真孝。"无违"是根据当时礼崩乐坏的实际情况提出的，在他看来，孝道属于家庭伦理的范畴，不能越出政治原则上的礼制。他在此处表达的是尽孝并不是随意的，也要受到礼制的规范，依礼行孝才是真的孝。

立德是一个长期的过程，孔子自述他的立德过程："吾十有五而志于学，三十而立，四十而不惑，五十而知天命，六十而耳顺，七十而从心所欲，不逾矩。"在"立德"的长期过程中，大约要经历两个大的阶段：一个阶段是从自然美到修饰美，儿童的本性是纯真的，这可以说是自然美，但有了自然美还应该加以修饰，子夏曾经问孔子："巧笑倩兮，美目盼兮，素以为绚兮，何谓也？"意思是说有了自然美，为什么还要打扮呢？孔子回答说："绘事后素。"先有白底，然后画画。子夏很理解老师的意思，他以为人有了自然美，还应该用礼仪加以修饰，来培养他的德性，这就是从自然美到修饰美的过程。另一个阶段是从外在的规范到内心的愉悦。礼仪总是带有某种约束性、制约性，人们不免感到礼仪对思想和行为的束缚力量，可是习惯成自然，慢慢地人们会安于礼仪，并从中获得心理的愉悦。所以孔子说"七十而从心所欲，不逾矩"。他能从规范中得到心理的愉悦，不再感到规范的束缚，并且无往而非仁。他又说："仁者安仁，知者利仁。"智者认为仁有利，才提倡仁道；仁者是为了仁而仁，并不考虑它有利还是无利，这也是因为他可以从仁中得到心理的愉悦。到此地步，可以说他已进入一种崇高的道德精神境界。

——姜广辉《儒学的道德精神及其对它的现实思考》

孟武伯问孝①。子曰："父母唯其疾之忧②。"

【注释】

①孟武伯：姓仲孙，名彘。是前一章提到的孟懿子的儿子。武是谥号。 ②其：代词，指父母。此句意思是：唯忧父母疾。一说，"其"，指子女。"疾"，指品德行为上的毛病。意思是：父母唯忧其疾，即做父母最担心子女的品行不好。所以，孝顺父母，就要做到自己品德好，不要使父母担忧。另说，"其"指子女，"疾"指疾病。"言父母爱子之心，无所不至，唯恐其有疾病，常以为忧也。人子体此，而以父母之心为心，则凡所以守其身者，自不容于不谨矣。"（朱熹《四书集注》）

【译文】

孟武伯问怎样做是孝。孔子说："对父母，最担忧的是他们的疾病。"

【题解】

天下的父母都是一样的，他们最担心的就是儿女的健康，毕竟没有几个父母不盼着自己的孩子健康成长。因此，当孟武伯向孔子请教如何才算是尽孝的时候，孔子告诉他，为人子女者只要保证好自身的健康，才算是尽孝于父母了。常言道："儿行千里母担忧"，说的就是这个道理。

子游问孝①。子曰："今之孝者，是谓能养。至于犬马，皆能有养；不敬，何以别乎？"

【注释】

①子游：姓言，名偃，字子游。吴国人。生于公元前506年，卒年不详。孔子的弟子。比孔子小四十五岁。

【译文】

子游问怎样做是孝。孔子说："现在所谓孝道，只说能够奉养父母就可以了。但这样却是很不够的，因为对狗对马，也都能做到饲养它；如果对父母只做到奉养而不诚心孝敬的话，那和饲养狗马有什么不一样呢？"

【题解】

孔子认为，孝敬父母不能只在物质上满足他们的需求，还应从心理上满足他们，既然是孝敬父母，除了孝养以外，还要做到"敬"。若是只有孝养，就和在家中养个猫狗差不多。因此，对父母只有奉养而不尊敬，并不是真正的孝。

老人不仅需要物质上的奉养，更需要精神上的满足。

　　子夏问孝。子曰："色难①。有事，弟子服其劳②；有酒食，先生馔③。曾是以为孝乎④？"

【注释】

　　①色：脸色。指和颜悦色；心里敬爱父母，脸面上好看。　②弟子：晚辈，指儿女。　③先生：长辈，指父母。馔：吃喝。　④曾：副词，难道。是：代词，此，这个。

【译文】

　　子夏问怎样做是孝。孔子说："对父母和颜悦色，是最难的。如果仅仅做到有事了，孩子才为父母去做；有了酒饭，再让父母吃，但是，子女的脸色却很难看，难道这能算是孝吗？"

【题解】

　　孔子所提倡的孝、体现在多个方面和各个层次上，他要求为人子女者不仅要从形式上按周礼的原则侍奉父母，而且要从内心深处真正地孝敬父母。这段话意思是说，只有对父母的敬重充溢于心，才能时时处处在眉宇之间、言行之中表现出和悦的神色和敬意。

　　"有事情，小辈们去效劳；有酒食，长者先享用"，只是表面的敬爱。真正的孝是要有爱，内心要始终充溢着敬爱的情感，表现在外就是对父母始终是和颜悦色的。

名家品论语

儒学是从"孝悌"观念出发来践行社会教化的。父母对于子女的爱可以说是发自本性的自然之爱，人在父母养育下长大，也自然产生对父母的爱敬之心。儒家昭示这种爱敬之心，显发之，扩充之，强化之，使之形成一种根深蒂固的观念和情感。

道德规范要求是自觉的、长久有效的信念，如果少时灌输的思想和道德观念，长成即抛之脑后，那就是教化的失败。因而儒学始终抓住"孝"的观念，把它贯彻于人的一生。

"孝"的观念牢固确立，可以帮助其他道德规范的确立，因为自己的身体是父母所遗，寄托着父母的殷切期望，因而自爱自重，不辱没父母，也就理所应当成为"孝"的准绳。如果人们说，亏得某人生了这样的儿子，这就可谓大孝。反之，如果"事君不忠""莅官不敬""朋友不信""战阵无勇"，等等，为父母带来恶名，那就不能称作孝。

——姜广辉《儒学的道德精神及对它的现实思考》

子曰："吾与回言①，终日不违，如愚。退而省其私②，亦足以发。回也不愚。"

【注释】

①回：姓颜，名回，字子渊，又称颜渊。鲁国人。生于公元前 521 年（一说，公元前 511 年），卒于公元前 480 年。是孔子早年最忠实的弟子，被孔子器重、厚爱。比孔子小三十（一说四十）岁。 ②省：观察，考察。

【译文】

孔子说："我给颜回讲学问的一整天，他都不提任何不同的意见，好像是很愚笨。可是课后我考察他私下里的言行，发现他对我所讲的课能充分发挥，颜回并不是愚笨的。"

【题解】

这里讲孔子的教育思想和方法。他提倡启发式的教学，提倡学生也要有主动发明和创造精神，不满意那种"终日不违"、从来不提相反意见和问题的学生，希望学生在接受教育的时候，能够开动脑筋，思考问题，对老师所讲的问题应当有所发挥。所以，他认为不思考问题、不提不同意见的人，是愚人。颜回在实践上能发挥孔子平日所讲授的，所以孔子说他不愚。

颜回大概是个大智若愚的人，他在孔子讲学的时候，不轻易发表自己的见解，不急于去表现自己的敏捷和锐思，显得很沉默，所以他给孔子的初始印象是个迟滞愚钝的人。然而孔子又发现颜回能在回去之后对所讲学问进行细细地琢磨而不

为政第二

23

懈怠，做到洞明之后，还能有所发挥。从"愚"到"不愚"，是孔子对颜回的一个认识过程，反映了颜回的沉静深思，也反映了孔子对学生的考察并非一时一地的，而是长期的观察，可见孔子是非常善于识人的。

子曰："视其所以①，观其所由②，察其所安，人焉廋哉③？人焉廋哉？"

【注释】

①以：根据，原因，言行的动机。一说，"以"，通"与"。引申为与谁，同谁，结交什么样的朋友。　②由：经由，走的道路。指为达到目的而采用的方式方法。③焉：代词，表疑问。哪里，怎么。廋：隐藏，隐瞒。

【译文】

孔子说："了解人，要看他言行的动机，观察他所采取的方法，考察他安心想做什么，这样去了解人怎么能隐瞒得了呢？这样去了解人怎么能隐瞒得了呢？"

【题解】

在此，孔子提出了考察一个人的方法，也就是识人之术，这对领导者而言是很实用的。

孔子在向弟子讲述怎样观察、了解一个人。

论语全解全析

孔子识人法，是对一个人从外到内做全面的了解和深入的考察。即便他人的城府极深，极力想将自己的真实想法掩藏起来，只要我们耐心观察，照样能让他们无所遁迹，乖乖地现出原形。一般情况下，很多人都能做到前两点，可是这并不能真正地了解他人，只有把握其价值观，才能彻底地了解他。

言语是最表面的东西，最不靠谱，就连日常的行为也只是初步判断的标准而已。了解到他人做事时的动机，已经能够较为准确地认识他人。如果能认准其价值观和志趣，当算是真正知人了。

名家品论语

《论语》是一部格言录，其中记载四百九十九段文字，多为孔子所言或与弟子、时人相互问答的话。这些文字不可等量齐观，而至少应该分为四个层次。第一层是孔子个人的人生体悟，最富情趣，值得细加品味。第二层是孔子与一流弟子的对话，智慧之光闪现，生动活泼，最具启发性。第三层是孔子与平凡弟子及时人的对话，较为落实，对于我们往往切中要害。第四层则是某些弟子的个人心得，未必有什么卓越见解。

——傅佩荣《论语心得》

子曰："温故而知新①，可以为师矣。"

【注释】

①故：旧的，原有的。

【译文】

孔子说："随时温习已经学过的知识，由此就能获取更新的更深的知识，这样就可以为人师表了。"

【题解】

孔子在本章中强调了学习的主动性，在学习中应当养成举一反三的能力，对于所学的内容有着精神实质方面的领悟。

在孔子眼中，天下事物是无穷无尽的，但是一个人的见闻却很有限，若是仅靠博闻强识的方法学习，是很难将全天下的知识学完的。若是能够多温习一下学过的知识和技能，总结学习知识的一般规律，再运用到实际当中，就能触类旁通，得到新的收获。即便是以前不曾涉足的领域，也会渐渐地明白过来。如此一来，便会贯通天下之义理，学问自然也会日益充实。倘若有人前来问教，就能应对如流。

所以说，君子求学，在于把握学习的规律，而不在于博闻强记，若是能够做到举一反三，必然能够成就大道。

25

孔子对弟子强调"温故而知新"的重要性。

子曰:"君子不器^①。"

【注释】

①器:器具,只有一种固定用途的东西。比喻人只具备一种知识,一种才能,一种技艺。

【译文】

孔子说:"君子不能像器具那样只有固定在某一方面的用处。"

【题解】

孔子在本章中主张,只有博学多闻才称得上君子的名号。在孔子眼中,君子是有着理想化人格的人,治国安邦的重任应当由他们承担。这些人对内处理国家政务,应是游刃有余;对外周旋于四方,还能做到镇定自若而不辱使命。因此,孔子才会提出君子应当具有多方面的才干,不能只局限于某一方面。尤其是为政者,更应有着通观全局、领导全局的能力,才能成为一名合格的领导者。

子贡问君子^①。子曰:"先行其言,而后从之。"

【注释】

①君子:古代有学问有道德有作为的人,人格品格高尚的人,或有官职、地位高的人都可称为"君子"。

【译文】

子贡问怎样做才是君子。孔子说:"在说之前先去做,然后再按照做了的去说。"

孔子告诫子贡，君子要用实际行动证明自己，而不是夸夸其谈，光说不练。

【题解】

做一个有道德的、博学多识的君子，不能只说不做，而应先做后说。只有先做后说，才可以取信于人。孔子教育学生注重因材施教，有的放矢。这是强调实际行动、反对夸夸其谈的回答，也是对聪明敏捷的子贡的提醒。

孔子被后世称为"至圣先师"，的确有其过人之处。他在对学生有所了解后再加以有针对性地教导。子贡善于言辞，这样的人往往容易去逞口舌之辩或犯言过其实的错误。所以孔子教他先做，做完了之后再说，其中也有"敏于事而慎于言"的意思。

子曰："君子周而不比①，小人比而不周②。"

【注释】

①周：同周围的人相处得很好，合群，团结。比：本义是并列，挨着。在这里有贬义：为私情而勾结，拉帮结伙，结党营私。　②小人：不正派、不道德、人格卑鄙的人。古代也称地位低的人。

【译文】

孔子说："君子能在道义上团结他人但不以私情而互相勾结，小人善于拉拢勾结而不在道义上团结人。"

【题解】

孔子在本章中提出君子与小人之间的区别。他觉得小人喜欢因私利而勾结在一起，很难与其他人融洽相处。但是，君子做事之前总是先为他人着想，更不会像小人那样结党营私，只要有人群的地方，都能快速地融入大众。

子曰："学而不思则罔①，思而不学则殆②。"

【注释】

①思：思考，思维。罔：通"惘"，迷惑，昏而不得。一说，欺罔，蒙蔽，受骗。另说，"罔"，即无，无所得。　②殆：危险。一说，没有信心。

【译文】

孔子说："学习了而不深入加以思考，就会迷惑；但只是去空想而不去学习，那就很危险了。"

【题解】

这句话中孔子主张将学与思结合起来，并指出只有这样才能学到真正的学问，让自己变成既有思想，又有学识的人。

在孔子看来，天下万物皆有其道理，只要用心体会，都能有所得。但在体会之前，必须先从这些事物中分辨出哪些是自己需要的东西，并对其加以学习，通

孔子认为，思考与学习同样重要，不可偏废。

过勤奋的实践，然后再从中有所悟道，这才叫学。等学到了这些道理以后，若是经过反复琢磨和研究，彻底了解了其中的精妙之处，就是思。学与思这二者缺一不可，若是只是埋头学习，而不去思索，永远都不会明白其中的道理，领会不到其精髓之所在，最终还是会迷惘不已。但是，若是每天都不去用心学习，只知道胡思乱想，最终只会落得个身心疲惫，终日惶恐不安。

由此可见，学习的时候必须借助于思考，才能将所学的知识弄透彻；在思考之前得有一定的知识做基础，思索出来的东西才有价值。这两样无论是偏废了哪一个，都很难获得真正的学问。

名家品论语

较言行关系更为微妙的是学与思的关系。因为孔子说过"学而不思则罔，思而不学则殆"（《为政》）这两句意义重大的话，于是一般说孔子是学、思并重，恐怕是似是而非的看法。不错，从《论语》看，孔子是非常重视思的，如"君子有九思"（《季氏》）。但我们要注意《论语》上的"思"，是面对某种行为、事物所应遵循的规范，如"言思忠，事思敬"等。这是把行为、事物与价值连结在一起之思，不同于一般所谓思辨之思。并不是说孔子摒斥思辨之思，"学而不思则罔"的思，即指的是思辨之思。但从"吾尝终日不食、终夜不寝以思，无益，不如学也"（《卫灵公》）的话来看，孔子实际重学更多于重思。王船山《论语训义》，对前引"学而不思则罔"两句，将学与思作分别性地解释：学则不恃己之聪明，而一唯先觉之是效。思则不徇古人之陈迹，而任吾警悟之灵。把《论语》的"学"解释为"一唯先觉之是效"，即是学习前人所积累的经验，这是很恰切的。把此处的"思"解释为"任吾警悟之灵"，在语意上说得稍为含混。王船山真正的意思是说，把所遇到的问题作抽象的思维，古人的陈迹，亦即是经验事实、在抽象中舍掉了，亦即是由抽象而舍象，只是顺着思维的推演，以求得结论，这才是王船山所说的本意。孔子的本意不是学与思并重，而是要学与思结合。

——徐复观《向孔子的思想性格回归》

子曰："攻乎异端①，斯害也已②。"

【注释】

①攻：指学习攻读，专治，钻研。一说，攻击。异端：不同的学说、主张。②斯：代词。这，那。已：语气词，表慨叹，相当"矣"。一说，停止，完毕。按此解释，则此章的意思是：攻击那些邪说，祸害就没有了。

【译文】

孔子说："去攻读钻研邪说，那就有害了。"

【题解】

关于本章，存在有较多的异议。常见的解释主要有三种：一是研究不正的学说，有害无益；二是攻击那些不合道义的学说，危害自然就解除了；三是攻击不同于自己的意见，反而是有害的。这三种解释无论是哪一种，都将学习要走正道，不可驳杂不纯，也不要攻习邪说的意思阐述出来。

子曰："由①，诲女知之乎②？知之为知之，不知为不知，是知也③。"

【注释】

①由：姓仲，名由，字子路，又字季路。鲁国卞（今山东省平邑县东北）人。是孔子早年的弟子。长期跟随孔子，是忠实的警卫。曾做季康子的家臣，后死于卫国内乱。生于公元前542年，卒于公元前480年，比孔子小九岁。　②诲：教导，教育，诱导。女：通"汝"，你。　③知：前五个"知"字，是知道，了解，懂得。最后"是知也"的"知"，通"智"，明智，聪明，真知。之：代词。指孔子所讲授的知识、学问。

【译文】

孔子说："仲由，我教导给你的知识你知道了吗？知道就是知道，不知道就是不知道，这种态度才是明智可取的。"

【题解】

"知之为知之，不知为不知"这句话，可以说是广为人知，常被后人用来衡量对待知识或做人的态度是否诚实，尤其是在做学问的时候，更是来不得半点虚伪和骄傲。

"知之为知之，不知为不知"，说起来相当容易，可是真要做起来的话却是难上加难。对于为政者而言，更需注意这方面的问题，虽然身处高位，但也不能事事尽知。因此，为政者在做决定之前，最好能够得到多方论证以后再行实施，减少犯错的几率。

子张学干禄①。子曰："多闻阙疑②，慎言其余，则寡尤③；多见阙殆，慎行其余，则寡悔。言寡尤，行寡悔，禄在其中矣。"

【注释】

①子张：姓颛孙，名师，字子张，陈国人。孔子晚年的弟子，比孔子小四十八岁，

生于公元前503年，卒年不详。干禄：求仕，谋求做官。干：求，谋。禄：官吏的俸禄，官职。　②阙：空，缺，有所保留。　③寡：少。尤：过错，错误。

【译文】

子张学习如何谋求做官。孔子说："要多听各种意见，把觉得可怀疑的地方避开，谨慎地说出其余的，这样做就能少犯错误；要多观察各种情况，把觉得有危险的事情避开，谨慎地去做其余事情，这样就能减少后悔。说话少出错，做事少后悔，谋求官职的机会就在其中了。"

【题解】

这段话是子张向孔子请教如何做好官。孔子告诉他做官应当谨言慎行，少犯错误、少后悔。在他看来，为政者在说话的时候，应当注意自己的分寸，没有把握的事情，最好不要说也不要做，这才是对人民、对国家负责的态度。

孔子在本章中的意思非常明确，求禄就应先将学问做好。有了学问，才能谈得上从政为官、治理百姓；有学问的人即便不入仕，在其他行业照样能够成为佼佼者。

哀公问曰①："何为则民服②？"孔子对曰："举直错诸枉③，则民服；举枉错诸直，则民不服。"

【注释】

①哀公：鲁国鲁定公的儿子，姓姬，名蒋。"哀"是死后的谥号。在位二十七年（公元前494年至公元前466年）。　②何为：怎样做，做什么。　③举：选拔，推举。直：正直的、正派的人。错：通"措"，放置，安排。一说，废置，舍弃。诸："之于"的合音。枉：不正直、不正派、邪恶的人。

【译文】

鲁哀公问："怎样做才能使人民服从呢？"孔子回答说："选拔正直的人，安排的位置在邪恶的人之上，顺民心，人民便服从了；选拔邪恶的人，安排的位

置在正直的人之上，不顺民心，人民就不服从了。"

【题解】

鲁哀公向孔子请教怎样才能赢得民众的拥护，治理好国家。孔子针对当时鲁国国情，向鲁哀公提出了树立好的榜样、大力荐举贤才的用人思想，这也是孔子以德治国思想的重要组成部分。宗法制度下的选官用吏、唯亲是举，孔子的这种用人思想可以说在当时是一大进步。"任人唯贤"的思想在历史上一直闪耀着光辉。

鲁哀公作为鲁国国君，他关注的自然是怎样才能使人民服从的问题。孔子则以举措之道对之。因为"政者，正也"，为政者如果能秉持公正之心，举用正直贤能的人才，舍弃曲枉不正的人，人民自然会心悦诚服。反之，为政者没有公正之心，以一己之好恶去举用曲枉不正的人，而舍弃正直贤能的人，人民深受其害，自然会怨声载道，即使无力去抗拒强权暴政也会心有不服。

季康子问①："使民敬、忠以劝②，如之何？"子曰："临之以庄则敬③，孝慈则忠，举善而教不能则劝。"

【注释】

①季康子：姓季孙，名肥。"康"是谥号。"子"是尊称。鲁哀公时，任正卿（宰相），政治上最有势力。 ②以：连词，而。劝：努力，勤勉。 ③临：对待。

【译文】

季康子问："要想使人民尊敬我，对我忠实而又努力干，应该怎么做呢？"孔子说："你要用庄重而严肃的态度来对待人民，人民就会尊敬你；你倡导对父母孝顺，对众人慈爱，他们就会忠实于你；你选拔任用善良优秀的人才，又能教

育那些能力差的人，人民就会互相勉励而努力干了。"

【题解】

从表面上看，季康子是在向孔子请教治理百姓的方法，但是孔子却告诉他一些做人的道理，要他努力提高自身的道德修养和品质。乍看之下，这与政治似乎没有关联，实际上仍是在谈论如何为政。

在本章中，季康子问得好，孔子回答得更好。在孔子的眼中，若想让百姓对自己恭敬、忠诚和勤勉，为政者必须把握三大要诀，并从自身做起。也就是说，若想让老百姓对你恭敬，你必须有可敬之处才行；若想让老百姓对你尽忠，你得先是忠孝之人才可；若是想让老百姓勤勉互助，你得先营造出一个公平公正的社会环境才行。倘若为政者失职缺德，下面的人也会跟着做些坏事。

　　或谓孔子曰①："子奚不为政②？"子曰："《书》云③：'孝乎惟孝，友于兄弟，施于有政④。'是亦为政，奚其为为政⑤？"

【注释】

　　①或：代词。有人。　　②奚：疑问词。何，怎么。　　③《书》：指《尚书》。是商周时期的政治文告和历史资料的汇编。孔子在这里引用的三句，见于伪古文《尚书·君陈》篇。　　④施：推，延及，影响于。有：助词，无意义。　　⑤"奚其"句：奚：为什么。其：代词，指做官。为：是。为政：参与政治。鲁定公初年，孔子没有出来做官，所以，有人疑其不为政。

【译文】

有人对孔子说："为什么你不参与政治呢？"孔子说："《尚书》里有句话说：'孝啊就是孝敬父母，并以友爱的态度对待兄弟。倡导孝悌的道理推广到政治方面。'这也算是参与了政治，为什么非得做官才算参与政治呢？"

【题解】

本章反映的主题还是孔子"以德治国"的思想主张。在他看来，治理国家应当以"孝"为本，只有行孝的人才有资格执政，担任国家的官职。孔子在此处将亲情扩充到了人与人之间的仁德友爱之心，更是把治家之道延伸到了治国方略之上，他的这种思想并不受时代的限制，即便是放到现代依然适用。

在孔子眼中，"政"就是使不正的人归于正道，并以此推行于整个国家，使一国之人服从教化，才是为政。国是由家组成的，若是能管理好自己的家庭，保证家人遵纪守法，同样也是为政。这虽然是孔子借以自嘲的托词，但在道理上却没有任何问题。此语思想，与《大学》中"欲治其国者，必先齐其家"的说法是一致的。

子曰："人而无信①，不知其可也。大车无輗②，小车无軏③，其何以行之哉④？"

【注释】

①信：讲信用，说了算数。 ②輗(ní)：古代大车（用牛拉，以载重）车辕前面横木，缚輗以驾牛者。 ③軏(yuè)：古代小车（用马拉，以载人）车辕端上曲，钩衡以驾马者。 ④何以：以何，用什么，靠什么。

【译文】

孔子说："人不讲信用，那怎么可以呢！就好比大车上没有輗，小车上没有軏，它靠什么行走呢？"

【题解】

孔子在本章中说明了诚信在执政过程中的重要性，并用一个形象比喻作为阐述。在他看来，信用是立身之本，守住了信用就等于塑造了自己的完美形象。对一个政府来说，公信力就是政府合法性所在，守住诚信，也就保证了国家安全和社会稳定。守信之人总能用极其严格的要求对待自己，以极为负责的态度对待别人。只要是他们做出的许诺，就一定会说到做到，倘若让这样的人执政，老百姓能不拥护、尊敬他吗？

总之，诚信无论是在古时还是现代都很重要。身为执政者，只有做到诚信才能将国家治理好，适应时代和社会的需求。不仅如此，社会上各行各业都应以诚信作为基础，才能有着光明远大的前途。也只有将诚信作为一笔精神财富和优良

在孔子看来，没有诚信的人就好比缺少铆钉的车子，难以行走天下。

传统，每个人能做到诚实守信，社会才会走向繁荣与安定。

子张问："十世可知也①？"子曰："殷因于夏礼②，所损益可知也③；周因于殷礼，所损益可知也；其或继周者，虽百世可知也。"

【注释】

①世：古时称三十年为一世。这里指朝代。　②殷：就是商朝。商朝传至盘庚（商汤王的第九代孙），迁都于殷（今河南省安阳市），遂称殷。商是国名，殷是国都之名。因：因袭，沿袭。礼：指整个礼仪制度，是规范社会行为的法则、仪式的总称。　③损益：减少和增加。

【译文】

子张问："往后十个朝代礼法制度的事，可以知道吗？"孔子说："商朝继承了夏朝的礼制，所减少的和增加的，可以知道的；周朝又继承了商朝的礼制，所减少的和增加的，也可以知道；将来如有继承周朝的礼法制度，其基本内容不过增增减减，即使传下一百代之后，也是可以知道的。"

【题解】

在本章中，孔子提出了一个重要的概念：损益，指的是增减、兴革。也就是对前代典章制度、礼仪规范等不但要有所继承和沿袭，也要进行适当的改革和变通。

子曰："非其鬼而祭之①，谄也。见义不为，无勇也。"

【注释】

①鬼：这里指死去的祖先。

【译文】

孔子说："不是自己的祖先却要去祭祀它，这就是谄媚。遇到符合正义的事而不去做，就是没有勇气。"

【题解】

孔子提出"义"和"勇"的概念，都是儒家有关塑造高尚人格的规范。《论语集解》注："义，所宜为"。符合仁、礼要求的，就是义。"勇"，就是果敢、勇敢。孔子把"勇"作为实行"仁"的条件之一。"勇"，必须符合"仁、义、礼、智"，才算是勇，否则就是"乱"。

按照周礼，祭祀是国之大事，有着详细的制度。但到了春秋末期，礼崩乐坏，很多诸侯国的国君已经不再遵守周礼所定的祭祀之礼了。不是自己应该祭祀的鬼神而去祭祀，其意在求福，自是一种谄媚之举了。见义不为，一则由于畏难，二则由于避祸。畏难是庸碌者所为，避祸则贤者有时也难免。祸有当避，有不当避，孟子就讲，所恶有甚于死者，故患有所不避也。而在见义之后不能挺身而出，这就是没有勇气了。

八佾第三

孔子谓季氏^①："八佾舞于庭^②，是可忍也，孰不可忍也^③？"

【注释】

①季氏：鲁国正卿季孙氏。此指季平子，即季孙意如。一说，季桓子。②八佾：佾：行，列。特指古代奏乐舞蹈的行列。一佾，是八个人的行列；八佾，就是八八六十四个人。按周礼规定，天子的乐舞，才可用八佾。诸侯，用六佾；卿、大夫，用四佾；士，用二佾。按季氏的官职，只有用四佾的资格，但他擅自僭（超越本分）用了天子乐舞规格的八佾，这是不可饶恕的越轨行为。 ③忍：忍心，狠心。

【译文】

孔子谈到季氏，说："他在家庙的庭院里居然冒用了八佾规格的乐舞，这种事情如果都可以容忍。那还有什么不可以容忍的事情呢？"

【题解】

在春秋晚期，整个周室王朝都陷入了礼崩乐坏的边缘，社会也处在剧烈的动荡变化期，各诸侯国违背周礼、犯上作乱的事情更是层出不穷。季孙氏作为鲁国最有权势的贵族，僭用八佾舞于庭院，就是破坏周礼的典型。孔子对此表现出了极大的愤慨。

三家者以《雍》彻^①。子曰："'相维辟公，天子穆穆'^②，奚取于三家之堂？"

【注释】

①三家：是指鲁国当政的三大贵族，即孟孙氏、叔孙氏和季孙氏。《雍》：《诗经·周颂》中的一篇，是古代天子在举行祭祀之礼时所唱的诗。彻：通"撤"，指的是古代祭礼完毕后的撤祭。　②"相维辟公，天子穆穆"：出自《诗经·周颂·雍》。相：助祭的人。维：助词，可译为"是"。辟公：指诸侯。穆穆：庄严肃穆的意思。

【译文】

孟孙氏、叔孙氏和季孙氏三大家族在祭祖时，唱着《雍》这首诗歌来撤除祭品。对此，孔子说道："《雍》诗说的是'各方诸侯都是助祭，而庄严肃穆的天子才是主祭'。这样的诗句怎能出现在三家祭祀的庙堂之上呢？"

【题解】

本章与前一章谈论的内容差不多，都是在讲鲁国当政者僭礼的事件。孔子对这些以下犯上的越礼行为，依然表现得十分愤慨。在他看来，天子有天子之礼，诸侯有诸侯之礼，作为维持秩序的根本，只有各自依礼行事，才能保证天下太平。孔子在此处面对三家之乱，除了愤慨，也只能无奈地发出一声感叹而已！

子曰："人而不仁，如礼何①？人而不仁，如乐何？"

【注释】

①如礼何："如……何"是古代常用句式，当中一般插入代词、名词或其他词语，意思是"把（对）……怎么样（怎么办）"。

【译文】

孔子说："一个人不讲仁德，如何对待礼呢？一个人不讲仁德，如何对待乐呢？"

【题解】

"礼"是一种社会规范，"乐"是一种社会文化，主要用来表达人们的思想情感，有点类似于现代的文学作品。"礼"可以调整人们的行为，"乐"能陶冶人们的情操。二者的作用均是帮助人们塑造完整的人格，也是追求"仁"的必用之法。

林放问礼之本①。子曰："大哉问！礼，与其奢也②，宁俭；丧，与其易也③，宁戚④。"

【注释】

①林放：姓林，名放，字子上，鲁国人。一说，孔子的弟子。　②与其：连

词。在比较两件事的利害得失而决定取舍的时候，"与其"用在放弃的一面。后面常用"毋宁""不如""宁"相呼应。 ③易：本义是把土地整治得平坦，在这里指周到地治办丧葬的礼节仪式。 ④戚：心中悲哀。

【译文】

林放问礼的根本是什么。孔子说："意义重大啊，你提出的问题。从礼节仪式来讲，与其奢侈，不如节俭；从办丧事来说，与其在仪式上搞得很隆重而完备周到，不如真正从心里悲哀地悼念死者。"

【题解】

孔子在这里阐述了"礼"的真义："礼"是以真诚的情感为基础的，而不是虚文浮饰的事物。林放问礼之本，孔子在这里没有正面回答他的问题。但仔细一想，孔子明确说明了礼之根本的问题不在形式而在内心。即不能只停留在表面仪式上，真实、真诚、真心才是礼的根本。

林放提的问题很大，本来不是三言两语就能讲清楚的，即使讲解了，也有可能因为受知识和阅历的限制而难以理解和领悟。孔子的回答是智慧的，他不去空泛地谈论礼的根本是什么，而是就现实中的礼仪的奢华铺排和丧礼的仪式周全发论。礼贵在得宜适中，铺张奢侈和俭约节省代表两个极端，都不是尽善尽美，但俭可以避免繁文缛节，比较接近礼的本源，就是真诚的心意。丧礼强调要真诚心意，更甚于其他礼，所以孔子特别加以说明。知道礼之本后，就不会为虚荣心所驱使去做舍本逐末的事了。

子曰："夷狄之有君①，不如诸夏之亡也②。"

【注释】

①夷狄：泛指我国古代除了中原汉族以外的其他少数民族。　②诸夏：是对当时中原地区各诸侯国的总称。亡：通"无"，没有。

【译文】

孔子说："在偏远落后的国家，即使有君主统治，也不如中原诸国没有君主。"

【题解】

孔子这两句话乃是针对当时华夏诸国君不君、臣不臣现象的伤时之语。孔子的思想里有明确的"夷夏观"，后世则逐渐演变成"夷夏之防"的观念。孔子的本义是在提倡礼乐文明的传统。

夷狄是古代用于指文化落后的边远地区，没有所谓的礼乐教化。当时诸夏是周朝诸国，为华夏文明区。春秋时期，周朝曾经五年没有天子；鲁国曾经九年没有国君。孔子的思想是以礼乐文化为中心，认为那些落后地区的蛮族，虽然也有君主，但没有文化，不如华夏文明区，即使没有了君主，但传统的文化精神还是在世世代代相传。所以孔子这句话的意思就是说，有政权的存在而没有文化的精神，那有什么用呢？

季氏旅于泰山①。子谓冉有曰②："女弗能救与③？"对曰："不能！"子曰："呜呼！曾谓泰山不如林放乎④？"

【注释】

①旅：祭山，这里作动词用。　②冉有：名求，字子有。孔子的学生。当时正在季氏门下做事。　③女：通"汝"，你。救：阻止，挽回。　④泰山：此处指泰山之神。

【译文】

季孙氏要去祭祀泰山，孔子就对冉有说："你不能加以阻止吗？"冉有回答说："不能。"孔子说："哎！难道说泰山之神还不如林放懂礼吗？"

【题解】

在这一章，孔子对当时季孙氏的"僭礼"行径进行抨击，谈论的仍旧是礼的问题。祭祀泰山在古代是天子和诸侯的专权，这是礼的规定。季孙氏只是鲁国的大夫，竟然也去祭祀泰山，而冉有身为季氏的家臣却不能阻止。孔子对这样"僭礼"的行径，不说季氏如何，也不再谴责冉有该如何，而是唏嘘感叹：难道泰山之神还不如林放懂礼？因为林放作为一个普通人，尚且懂得问礼之根本，而身居上位

的季孙氏却不遵循礼，而且还认为神灵会接受他这种无礼的人的欲求。

子曰："君子无所争，必也射乎①！揖让而升②，下而饮，其争也君子。"

【注释】

①射：本是射箭。此指射礼——按周礼所规定的射箭比赛。有四种：一是大射（天子、诸侯、卿、大夫，选属下善射之士而升进使用），二是宾射（贵族之间，朝见聘会时用），三是燕射（贵族平时娱乐之用），四是乡射（民间习射艺）。②揖：作揖。拱手行礼，以表尊敬。

【译文】

孔子说："君子之间没有可争的事情。如果有争那一定是射箭比赛吧！就算是射箭相争，也是互相作揖，谦让，然后登堂；射箭比赛完了走下堂来，又互相敬酒，这种争法就是君子之争。"

【题解】

孔子在本章中强调了君子之争应该是有法则、有秩序的公平竞争。

孔子强调，如果非要竞争不可，也不必回避，只是君子之争，必须遵循公开、平等、公正等原则。只有这样，竞争的结果才会得到大家的认可，竞争才会有积极的意义，才会对于社会的发展起到推动作用。如果采取不正当的手段竞争，从个人的角度讲，不是君子所为；从社会的角度讲，将会极大破坏社会风气和社会秩序，造成严重恶果。

面对当前由于竞争不公导致的严重社会问题，我们有必要重新阅读《论语》，孔子的君子不争、争必公平的思想，能给我们更多的启迪。社会的发展离不开竞争，人们自身修养的提高也离不开竞争。

对于个人而言，没有竞争对手就不知道自己的修养达到了何种境界，只有参与竞争才能提高自己。所以，在展开竞争之前，应当保证竞争的公平、公正，不能为了取胜而不择手段。

子夏问曰："'巧笑倩兮①，美目盼兮②，素以为绚兮③。'何谓也？"子曰："绘事后素。"曰："礼后乎？"子曰："起予者商也④！始可与言《诗》已矣！"

【注释】

①倩：容貌美丽。　②盼：眼睛黑白分明，形容眼神很动人。　③素：白色。绚：文采华丽。这是《诗·卫风·硕人》中的诗句，但据传原诗中只有前两句，第三句可能是逸诗。　④起：启发。

【译文】

子夏问道："'迷人的笑脸多美呀，顾盼生姿的眼神多动人啊，这就好像是在洁白的画布上描绘着美丽的图案！'这几句诗的意思是什么呢？"孔子说："绘画之前应当先准备好白色的画布，而后才能在上面作画。"子夏说："照您这么说，礼仪规范就是在有了仁德之心以后才产生的了？"孔子说："卜商啊，能够启发我的人就是你啊！现在可以和你讨论《诗经》了。"

【题解】

孔子通过绘画的比喻，让子夏体悟到了"仁"和"礼"的关系。在他看来，外在的礼节仪式与内心的真实情感应该是统一的，就好比绘画一般，只有在洁白的画布之上才能绘出绚丽多彩的图案。同时，孔子还对子夏能够从"绘事后素"中体会出"礼后乎"的道理做出了表扬。

子曰："夏礼，吾能言之，杞不足征也①；殷礼，吾能言之，宋不足征也②。文献不足故也③，足，则吾能征之矣。"

【注释】

①杞：古国，现在河南省杞县一带。杞国的君主是夏朝禹的后代。征：证明，引以为证。　②宋：古国，现在河南省商丘市南部一带。宋国的君主是商朝汤的后代。　③文：指历史文字资料。献：指贤人。古代，朝廷称德才兼备的贤人为"献臣"。

【译文】

孔子说："夏朝的礼，我能说出来，但是，夏朝的后代杞国现在施行的礼仪却不足以作为考证的证明；殷代的礼，我能说出来，但是，殷的后代宋国现在施行的礼仪却不足以作为考证的证明。因为文字资料有些不足，熟悉夏礼、殷礼的贤人也不太多。如果文、献足够的话，我就能用它来作考证的证明了。"

【题解】

在本章中，孔子表明了自己熟知夏商两朝的礼制，只要有着足够的典籍资料，就能对他的理解做出证明，反映出了孔子实事求是的态度，也是治国的精神。凡事都应以事实为根据，以现有的法律制度为准绳，做到实事求是。按照现代的观点而言，实事求是就是按照事物的实际情况说话、办事、做学问。其中的"是"字就蕴含着科学、真理与理想等三重内涵。例如，我们大家所探索、研究、追求的若是客观事物的本来面貌，以及事实的真相，这就属于科学的范畴；追求的若是客观事物的合理关系，做出公平、正义、合理的判断，这个属于真理的范畴；倘若是为了验证客观事物的发展前途，以及人们所追求的理想目标，则属于理想的范畴。无论是哪一种"是"，它们都有着一个共同的依据，即事实。

名家品论语

孔子想重建古代的宗教礼仪，于是到杞国去求访夏代的古俗遗物，到宋国去求访商代宗教习俗礼仪，但是并无所获。他说："夏礼，吾能言之，杞不足征也；殷礼，吾能言之，宋不足征也。文献不足故也。足，则吾能征之矣。"换句话说，孔子根本上是个历史学家，他力图从当时尚存的风俗古物以及文献之中，去研究并保存已然湮没的古代礼仪制度。

孔门的学术研究，结果发展成为历史丰厚的遗产，而当时其他学派，在此方面，则全副缺如。因此我个人相信，儒家之能战胜其他学派如道家、墨家，一半是由于儒家本身的哲学价值，一半也由于儒家的学术地位。儒家为师者确是可以拿出东西来教学生，而学生确实可以学而有所收获。那套真实的学问就是历史，而其他学派只能夸示一下自己的意见与看法，"兼爱"也罢，"为己"也罢，没有具体的内容。

——林语堂《孔子的思想和品格》

子曰："禘^①，自既灌而往者^②，吾不欲观之矣。"

【注释】

①禘：周礼的一种，旧天子丧，新天子奉其神主入庙，并历代君主大祭于太庙，是一种极为隆重的祭礼，也只有天子才能举行。　②灌：祭礼开始时，向代表受祭者献酒的仪式，也是禘礼中的第一次献酒。

【译文】

孔子说："举行禘祭的仪式，在完成第一次献酒以后，我就不想再看下去了。"

【题解】

禘礼是一种非常隆重的祭礼，只有天子才能举行。可是，鲁公举行的禘礼已然超越了诸侯礼制的规范，属于僭越的行为。此外，孔子此言也道出了鲁国内礼乐崩坏的程度，表达了自己对现状的不满。

或问禘之说^①。子曰："不知也。知其说者之于天下也，其如示诸斯乎^②！"指其掌。

【注释】

①禘之说：关于禘祭的规定。　②示：有两种解释，一是"展示、摆放、摆明"的意思；二是通"视"，看得见。这里取第一种。斯：指后面的"掌"字。

孔子指着自己的手掌说：知道禘礼的人治理天下，就像把东西放在这里一样容易。

【译文】

有人问孔子关于禘祭的规定。孔子说："不知道。懂得禘祭之礼的人，在治理天下时，应该像把东西放在手心里一样容易吧！"他一边说，一边指着自己的手掌。

【题解】

在孔子看来，鲁国的禘祭之礼是不符合礼制的。别人问他关于禘祭的事情，他故作不知，是想借机启发别人，只有循规蹈矩、谨守本分，才能治理好国家。

祭如在，祭神如神在。子曰："吾不与祭^①，如不祭。"

【注释】

①与：参与。

【译文】

祭祀祖先就如同祖先真的在那里，祭祀神就如同神真的在那里。孔子说："如果我不亲自参加祭祀，由别人来代祭，那就如同没祭祀一样。"

【题解】

孔子在本章中阐述，在祭祀祖先或者鬼神的时候，应像面对祖先鬼神一样恭敬，强调参加祭祀的人，应当在内心有着虔诚的情感。

不论是祭祀，还是从事其他任何事情，心怀恭敬、真心投入都是一种美德，并且也是取得成功的高效之举。实际上，古人对此十分重视，不论是皇帝还是官员，都强调敬诚与投入的重要性，并且有不少人身体力行。比如皇帝这个职业，最应该心怀敬诚之心，可是又最容易让人产生放纵懈怠之情。汉文帝以偏远地方不受宠的代王身份入据大统，因为没有势力拥

孔子诚信祭祀。

戴，因此对皇帝这个职业的性质了解得最为清楚。所以在做皇帝以后，对管理国家、处理政务、对待臣下、善待民众等方面，都怀有深深的敬诚之心。

王孙贾问曰①："'与其媚于奥②，宁媚于灶③'，何谓也？"子曰："不然，获罪于天，无所祷也。"

【注释】

①王孙贾：卫国权臣。据传他本是周朝王室贵戚，只因得罪过周王，只能从仕于卫国。在本章中，他用的是比喻，带有强烈的挑衅意味。　②奥：屋内西南角的神，此处历来被人视作尊位。　③灶：灶神。王孙贾在本章中将卫灵公比作奥神，并以灶神自喻，暗示孔子逢迎自己要比巴结卫灵公及南子获得的好处多。

【译文】

王孙贾向孔子问道："'与其奉承奥神，还不如巴结灶神'，这句话是什么意思？"孔子说："不是这样的。倘若得罪了上天，无论你到哪里祷告求情都没有用。"

【题解】

在古时，人们认为奥神的地位要比灶神高。王孙贾本是卫国的权臣，在本章中，他将卫灵公比作奥神，将其身边有权势的臣子比作灶神，其言下之意是想劝解孔子，奉承卫灵公不如奉承自己。孔子对此不以为然，他觉得一个人做事绝对不能违背道理，只要顺道而行，根本就不用谄媚于人。否则，极易得罪于天，对自己没有一点好处。

名家品论语

孔子对于传统宗教的态度的进步一方面比较清楚地表现在他对于鬼神的态度，即他对于鬼神是否存在持怀疑态度。他的学生子路向他问鬼神，他说："未能事人，焉能事鬼？"子路又向他问死，他说："未知生，焉知死。"（《论语·牛讲》）他又说："敬鬼神而远之，可谓知矣。"（《论语·雍也》）从这些话里，可见他是肯定人生，注重现实生活的。他认为迷信鬼神，就是不智，就是愚。但是他对于"丧""祭"礼还是照旧重视，认为是不可改变的。他一方面"不语怪力乱神"（《论语·述而》），一方面说："祭如在，祭神如神在"（《论语·八价》）、"所重民、食、丧、祭"（《论语·尧曰》）。"丧礼"是有关于鬼的，"祭礼"是有关于神的。鬼神可以不存在，但是与原来宗教有关的丧祭礼，仍要原封保存，这是对于人的一种教育。他的学生曾子说："慎终追远，民德归厚矣。"（《论语·学而》）在这一方面，孔子也是在旧框子中，加上新内容。

——冯友兰

子曰："周监于二代①，郁郁乎文哉②！吾从周③。"

【注释】

①监：通"鉴"，借鉴。二代：指夏、商二朝。　②郁郁：细致完善。文：

指礼乐制度。　③从：赞同，接受。

【译文】

孔子说："周朝的礼仪制度是参照夏朝和商朝修订的，内容细致完善。我遵从周朝的礼仪制度。"

【题解】

孔子对夏、商、周的礼仪制度，有着极深的造诣。在他看来，整个社会的历史都是延续的，在王朝更迭交替的时候，必然会有所承继和沿袭。而周礼就是在夏、商二朝礼制的基础之上发展起来的，有着完备的礼乐制度。因此，孔子主张天下之人都应遵从周礼。

子入太庙[1]，每事问。或曰："孰谓鄹人之子知礼乎[2]？入太庙，每事问。"子闻之曰："是礼也。"

【注释】

①太庙：古代指供奉祭祀君主祖先的庙。开国君主的祖先称太祖，太祖的庙叫太庙。因为周公（姬旦）是鲁国最初受封的君主，所以，当时鲁国的太庙，就是周公庙。　②孰谓：谁说。鄹：又写为"郰"。春秋时鲁国的邑名，在今山东省曲阜市东南一带。孔子的父亲叔梁纥在鄹邑做过大夫。鄹人：指叔梁纥。鄹人之子：即指孔子。

【译文】

孔子进入太庙助祭，对每件事都询问。有人说："谁说鄹邑人的儿子知道礼呢？一进入太庙，做每件事都要问一问。"孔子听到，说："这样做，就是礼啊。"

【题解】

孔子到了周公的太庙以后，每件事都要问。别人虽然知道孔子熟知周礼，可是对他还是产生了些许怀疑。不过，从孔子的回答中，我们可以看出，孔子并没有将自己当作"礼"学专家看待，而是虚心地向人请教。同时，这也说明了他对祭祀大典的诚敬谨慎，这才是真正的懂礼。

子曰："射不主皮[1]，为力不同科[2]，古之道也。"

【注释】

①射不主皮：射：射箭。周代仪礼制度中有专门为演习礼乐而举行的射箭比赛，称"射礼"。这里的"射"即指此。皮：指用兽皮做成的箭靶子。古代，箭靶子叫"侯"，用布做或用皮做。《仪礼·乡射礼》："礼射不主皮。"射礼比赛，

应当以射箭是否"中的"为主，而不是过于用力去射，把皮靶子穿透。这与作战比武的"军射"不同。那是提倡用力射的，有"射甲彻七札（穿透甲革七层）"之说。　②力：指每个人天生的力气。科：指等级，类别。

【译文】

孔子说："在举行射礼比赛时，射箭主要不在于射穿那个皮靶子，因为每个人的力气大小有所不同，自古以来就是这个道理。"

孔子借射礼教导弟子们要注意养德。

【题解】

孔子此处讲的"射"并不是军事上的射箭，而是周礼的一种，是周朝贵族们经常举行的一种礼节仪式。孔子在本章中阐明了"射礼"重在能否射中目标，而非能否射穿箭靶。其主要意思还是在说，只要懂得了礼制的核心意义，至于如何去做就要因人而异了。

子贡欲去告朔之饩羊①。子曰："赐也，尔爱其羊，我爱其礼。"

【注释】

①去：去掉，废除。告朔：朔为每月的第一天。周天子于每年秋冬之交向诸侯颁布来年的历书，历书会指明来年有无闰月、每月的朔日是哪一天，这就是"告朔"。饩(xì)羊：诸侯接受历书后，藏于祖庙。每逢初一，便杀一头羊祭于庙。羊杀而不烹叫"饩"（烹熟则叫"飧"）。告朔饩羊是古代延续下来的一种祭礼制度。

【译文】

子贡想把每月初一告祭祖庙的羊省去不用。孔子说："赐呀！你可惜的是那只活羊，而我可惜这种礼。"

【题解】

在古时，天子每年在秋冬之际都会向各诸侯国颁发来年的历书，而各诸侯国在领受历书后应将其藏放于祖庙，并按照规定每月初一都要杀一只活羊进行祭庙。当时鲁国的君主已不亲自到祖庙之中进行"告朔"了，只是杀只羊走走形式而已。对此，子贡才提出了免掉"饩羊"的奉供。可是，子贡的这种想法却遭到了孔子的反对，说明孔子对于这些古礼的重视。

名家品论语

什么是"礼"？古人解释说"礼，履也"，就是一个人必须遵守的规范和履行的责任。一方面，它是一套外在的制度（即通常所说的"礼制"）；另一方面，它还是一套内在的观念（即后人常说的"道德准则"）。古代中国社会结构和希腊、罗马不太一样，维系古代社会结构稳定的不是奴隶主贵族和平民奴隶两大阶层的对立，而是由亲疏远近的血缘关系和上下分明的等级关系混融起来的各阶层的和谐。周王朝尤其如此，它是由长幼分宗、婚姻系连、嫡庶区别等一系列形式建成的一个巨大金字塔式结构，塔尖、塔身、塔基之间既有层层压迫的等级关系，也有互相依存的亲缘关系，使这些关系不至于混乱无序的制度叫作"宗法制度"，而礼就是宗法制度，支持它得以成立的观念就是宗法观念。

——葛兆光《中国经典十种》

子曰："事君尽礼①，人以为谄也②。"

【注释】

①事：侍奉，服务于。　②谄：谄媚，用卑贱的态度向人讨好、奉承。

【译文】

孔子说："侍奉君主，完全是按照周礼的规定，可别人却以为这样做是对君主谄媚。"

【题解】

本章从侧面反映出了当时的君臣关系，即臣事君主多无礼。倘若有人以礼事君，就极易遭到小人的诽谤。对此，孔子也是深感无奈。

定公问①："君使臣②，臣事君，如之何③？"孔子对曰："君使臣以礼，臣事君以忠。"

【注释】

①定公：鲁国的君主，姓姬，名宋，谥号"定"。襄公之子，昭公之弟，继昭公而立。在位十五年（公元前509年—公元前495年）。鲁定公时，孔子担任过司寇，代理过宰相。鲁定公的哥哥昭公，曾被贵族季氏赶出国外。因此，鲁定公询问孔子，如何正确处理君臣关系，以维持政权。　②使：使用。　③如之何：

孔子告诫鲁国公，君主对臣子要以礼相待。

如何，怎样。"之"是虚词。

【译文】

鲁定公问："君主使用臣，臣侍奉君主，应当怎样呢？"孔子回答："君主使用臣应当以礼相待，臣侍奉君主应当以忠诚相待。"

【题解】

在本章中，孔子阐述了君臣之礼的主要内容，即国君依礼启用臣子，而臣子则应尽忠于国君。

子曰："《关雎》乐而不淫[1]，哀而不伤。"

【注释】

[1]《关雎》：《诗经》第一篇的篇名。因它的首句是"关关雎鸠，在河之洲"故名。"雎鸠"，是古代所说的一种水鸟。"关关"，是雎鸠的鸣叫声。这是一首爱情诗。古代用这首诗作为对婚礼的祝贺词。淫：放纵，放荡，过分。

【译文】

孔子说："《关雎》篇，它的主题表现了快乐，而不放荡；忧愁，而不悲伤。"

【题解】

《关雎》是《诗经》中的名篇，诗中承认了男女之爱是自然而正常的情感，

但是对此应当加以克制，使其符合社会的美德。孔子此言既是赞美本诗表达的情感适度，哀乐而不失其正，也是他对"中庸"之道的推崇。

　　哀公问社于宰我①。宰我对曰："夏后氏以松②，殷人以柏，周人以栗，曰使民战栗③。"子闻之曰："成事不说，遂事不谏④，既往不咎⑤。"

【注释】

　　①社：土地神。这里指的是制作代表土地神的木头牌位。宰我：姓宰，名予，字子我。鲁国人。孔子早年的弟子。　②夏后氏：本是部落名。相传禹是部落领袖。禹的儿子启，建立了我国历史上第一个朝代——夏朝。后世指夏朝的人，就称"夏后氏"。以：用。松：古人以为神要凭借某种东西才能享受人对神的祭祀，而把这种所凭借的东西称为"神人"（木制的牌位）。夏代人用松木来做土地神的神主。一说，是指栽树以作祭祀。夏代人居住在河东（今山西省西南部），山野适合栽松树；殷代人居住在北亳（今河南省商丘市以北），山野适合栽柏树；周代人，居住在酆（今陕西省长安县西北、西南一带），山野适合栽栗树。　③战栗：因害怕而发抖，哆嗦。这里，宰我"让老百姓战栗"的解释有牵强之处，孔子不满。　④遂：已经完成，成功。谏：规劝，使改正错误。　⑤咎：责备。

【译文】

　　鲁哀公问宰我，祭祀土地神的神主要用什么木料做牌位。宰我回答："夏朝人用松树，商朝用柏树，周朝用栗子树。用栗的意思是说：让老百姓战栗。"孔子听后，批评宰我说："已经做过的事情不要再说了，已经完成的事不必再劝谏了，已经过去的事就不要再去责备追究了。"

古代立国时，都要建一座祭祀土神的庙，里面供奉神灵的牌位，大多选用当地生长的树木。在鲁哀公问社于宰我时，其将周朝用栗木做牌位理解成了"使民战栗"的意思，这是对周礼的一种妄解。孔子对宰我的这番解释提出了批评，但也提出了事已至此，没有必要再追究下去了。

子曰："管仲之器小哉①！"或曰："管仲俭乎？"曰："管氏有三归②，官事不摄③，焉得俭？""然则管仲知礼乎？"曰："邦君树塞门④，管氏亦树塞门；邦君为两君之好，有反坫⑤，管氏亦有反坫。管氏而知礼⑥，孰不知礼？"

【注释】

①管仲：名夷吾，齐桓公时任上卿（相当于宰相），为齐桓公称霸于诸侯起了不小的作用。器：器量，器度。 ②三归：汉代刘向《说苑》说三归为"管仲筑三归之台，以自伤于民"，即"有三处居所"的意思。 ③摄：兼任。④树塞门：树，树立，建立。塞门：在大门口处筑起的一道短墙，以区别内外，也指屏风、照壁等。⑤反坫：古代君主招待别国国君时，用于放置酒杯的土台。 ⑥而：如果。

【译文】

孔子说："管仲的器量太小啦！"有人问："管仲节俭吗？"孔子说："管仲有三处豪华的宅邸，他手下的人都是专职，官员编制严重超员，这怎么能算是节俭呢？""那么管仲懂礼仪吗？"孔子说："国君在宫门前建有照壁，管仲也在自家建个照壁；国君为了招待外国君主，就在堂上设置了放置酒杯的土台，管仲也在自己家里设有这种土台。如果说管仲知礼的话，那么还有谁不知礼呢？"

【题解】

在整部《论语》中，孔子对管仲的评论一共有四处，其中有批评的内容，也有肯定的部分。在本章中，孔子主要就节俭和知礼两方面对管仲提出批评，其目的主要是宣扬儒家思想中的"节俭"和"礼制"。

子语鲁大师乐①，曰："乐其可知也：始作，翕如也②；从之③，纯如也④，皦如也⑤，绎如也⑥，以成⑦。"

【注释】

①语：作动词用，说，告诉。大师：太师，乐官名。　②翕：和顺，协调。
③从：通"纵"。　④纯：和谐。　⑤皦：清晰，或音节分明。　⑥绎：连续不断。
⑦以成：以之而成，即以从之纯如、皦如、绎如三者而成。

【译文】

孔子对鲁国乐官说道："音乐是可以了解的。在音乐开始演奏时，各种乐器合奏的声音洪亮而优美；随后慢慢打开节奏，音乐也会变得悠扬悦耳、音节分明、气势连绵不断，直至完成。"

【题解】

乐是孔子倡导礼制的重要内容之一。在本章中，孔子就鲁国乐官演奏音乐的全过程谈到了自己的感受。从孔子的评价中，我们不难看出他在音乐方面的造诣丝毫不逊色于鲁国当时的大乐师，这也为他宣传礼乐教化打下了坚实的基础。

鲁国乐官奏乐。

仪封人请见①，曰："君子之至于斯也，吾未尝不得见也。"从者见之②。出曰："二三子何患于丧乎③？天下之无道也久矣，天将以夫子为木铎④。"

【注释】

①仪：仪，地名。封人：典守边疆的小官。请见：请求会见。　②从者：本文指孔子随行的弟子。见之：领他去见（孔子）。　③丧：失掉官位。　④木铎：以木为舌的铜铃，古代用此召集人民，宣布政教法令，在本章中有导师之意。

【译文】

仪地的一个小官请求会见孔子，他说："凡是到这里来的君子，我没有不求见的。"孔子随行的学生们就领他去见了孔子。待出来以后，他对孔子的学生们说："你们几位为什么担心先生会失去官职呢？天下的秩序混乱已经很长时间了，夫子就是上天派下来用以教化万民的啊。"

【题解】

从本章的语言描述中我们可以看出，当时的孔子已经非常有影响力了，而且慕名前来请教的人也很多，仪封人只是其中之一。他在见过孔子之后，就觉得孔子是上天派下来教化天下万民的，并做出了孔子必将垂教万世的预言。

子谓《韶》①："尽美矣②，又尽善也③。"谓《武》④："尽美矣，未尽善也。"

【注释】

①韶：传说上古虞舜时的一组乐舞，也叫"太韶"。古解："韶"就是"绍（继承）"，舞乐主题表现了"舜尧之道德"，即指虞舜通过禅让继承帝位。故舞乐中有一种祥和之气，可以称为"尽善"。　②美：指乐舞的艺术形式，音调声音之盛美。③善：指乐舞的思想内容，蕴藉内涵之美。　④武：周代用于祭祀的"六舞"之一，是表现周武王战胜殷纣王的一组音乐和舞蹈，也叫"大武"。古解：武王用武除暴，为天下所乐。《诗经·周颂》中有《武》篇，为武王克殷后作，乃赞颂武王武功的乐舞歌词。孔子认为武王伐纣虽顺天意民心，但毕竟还是经过征战，故说"未尽善"。

【译文】

孔子谈到《韶》这一乐舞时说："美极了啊，又好极了。"谈到《武》这一乐舞时说："美极了，还不够很好。"

【题解】

因为乐教对孔子个人及他的学生，都有非常重要的地位，所以他曾和当时的乐人不断有交往。前面"子语鲁太师乐"一章，及《卫灵公》"师冕见，及阶，子曰，阶也"一章，可以证明。《微子》"大师挚适齐，亚饭干适楚"一章，必系孔子对于鲁国这七位乐人的风流云散发出了深重的叹息，所以他的学生才这样把叮咛郑重地记下来。孔子对音乐的欣赏，《论语》上有很多记载。

孔子不仅欣赏音乐，而且曾对音乐做了一番重要的整理工作。所以他说，"吾自卫反鲁，然后乐正，《雅》《颂》各得其所"（《子罕》）；这使诗与乐，得到了它原有的配合与统一。《史记·孔子世家》说"三百五篇，孔子皆弦歌之，以求合《韶》《武》《雅》《颂》之音，礼乐自此可得而述"，这种陈述也是可信的。

"尽善尽美"一词后来成为著名的成语，是孔子就《韶》乐和《武》乐表达了他的美学理想。他重视艺术的形式美，更注重艺术内容的善。

一个时代的国家精神往往可以从当时的音乐中感受到，因为音乐是人心的流荡，浸染着当时的风俗。《韶》相传是舜帝时的音乐，雍容和雅。《吕氏春秋·古乐篇》载："帝舜乃命质修《九韶》《六列》《六英》以明帝德。"由此可知，舜作《韶》主要是用以歌颂帝尧的圣德，并示忠心继承。《韶》乐表达了尧舜时代以德治国、清明和泰的气象；《武》，是周武王之乐，武王之有天下，由于伐纣而得，其乐演奏起来，虽然宏大壮美，但犹有杀伐之声，不如舜的音乐那样调和。说明孔子崇尚和平，反对武力战争，故评论《韶》乐尽美而又尽善，《武》乐尽美而未尽善。

子曰："居上不宽①，为礼不敬②，临丧不哀，吾何以观之哉？"

【注释】

①上：上位，高位。宽：待人宽厚，宽宏大量。　②敬：恭敬，郑重，慎重。

【译文】

孔子说："居高位时待人不宽厚，举行礼仪时不恭敬，参加丧礼时不真心表示哀悼，让我如何能看得下去呢？"

【题解】

这一章充分反映了孔子以礼治国的思想。身居上位的人基于恕道，为人要宽厚，多为百姓着想，不能过分苛刻。因为水至清则无鱼，人至察则无徒。为人太过精明，在下位的人就不容易发挥他的才能。在礼的范围之内，居于上位者要爱护下面的人，下面的人也就会由衷地对身居上位的人恭敬。参加丧礼而没有一点哀戚之意，表现得与自己毫不相关，又何必去呢？孔子提出的居上不宽、为礼不敬、临丧不哀这三点，是有感于当时社会风气的颓败现象，说像这个样子的社会，就没有什么可看了，感叹当时文化思想的衰落。

在这一章里，孔子所说的实际上是"礼"要以内在的真实感情为基础，认为人的道德内在性是自我实现的必要条件，不能化为一套外在的力量。在古代历史中，在上位者有一套完整的维护统治的政治制度、礼仪制度和行为规范，可是，如果没有内在的真实感情、对他人的爱和尊敬，那么这一切都不过是为了维护统治，实现无限膨胀的私欲的规定而已。

从孔子的学说来看，"礼"是外在的形式，而"仁"是内在的内容，没有仁的内容而徒有礼的形式，那么这个礼就没有了积极的意义，没有了价值。"仁"是什么呢？仁的核心是爱，是对人要有爱心。怎么爱？爱，不仅仅是亲人之爱、恋人之爱，它的基础是道德的理性和感情的真实性，是一种自觉的对于他人的尊重和爱护。

里仁第四

子曰："里仁为美^①，择不处仁^②，焉得知^③？"

【注释】

①里：邻里。周制，五家为邻，五邻（二十五家）为里。这里用作动词，居住。仁：讲仁德而又风俗淳厚的地方。一说，有仁德的人。文中的意思就是：与有仁德的人居住在一起，为邻里。 ②处：居住，在一起相处。 ③焉：怎么，哪里，哪能。

【译文】

孔子说："居住在有仁德的地方才是最美好的。如果不选择有仁德的地方居住，哪能算得上是明智呢？"

【题解】

本章从居住的环境、朋友的选择等方面，揭示了外部环境对于个人修养的重要影响。在孔子看来，周围的环境对人的发展有着重大的影响。因此，他提出了居必择仁的原则。只有多与有仁德的人交往，才能在耳濡目染之下，受到他们的熏陶，培养自己的德行，这才是明智的选择。所谓近朱者赤、近墨者黑，就是这个道理。

子曰："不仁者，不可以久处约^①，不可以长处乐^②。仁者安仁，知者利仁^③。"

【注释】

①约：贫困，简约。　②乐：安乐，富裕。　③知：通"智"。

【译文】

孔子说："没有仁德的人，不能够长久过穷困生活，也不能够长久过安乐生活。有仁德的人才能够安心于实行仁德，有智慧的人才能够善于利用仁德。"

【题解】

本章孔子突出地强调了做人以仁为本的思想，认为没有仁德的人长久地处在贫困或安乐之中都会更加堕落，只有仁者才能安于仁，也只有智者才会行仁。有了仁的本心，就能在任何环境下做到矢志不移，保持节操。

贫富沉浮可能大多数人都会经历，但每个人对处在这样的境遇中有着不同的心态。不仁之人，不可以久处贫困，久困则为非。也不可以长处富乐，长富则容易滋生骄奢淫逸之心。仁者宅心仁厚，为仁无所希求，只求心安理得，不会因为身处贫困而忧心悲戚，也不因为身居富贵而骄奢凌人，有着平和的心态和不易的情操志向，是为安仁。智者有洞明之见，认识到仁对他有长远的利益而实行仁。

名家品论语

　　最重要的是，孔子赋予"仁"新的意义，此一概念后来变为中国哲学的核心问题。后来有关理气问题的讨论，可说都是为了有助于人如何体仁。甲骨文中未发现"仁"字；孔子以前的典籍中，也只是偶一见之，且其意都是指特殊的慈爱之德性，尤其是统治者与臣属间的慈爱。然而至孔子时，这些意义乃大为转变。首先，"仁"成为孔子谈论时的主题，在《论语》中"仁"出现次数共达105次。其他主题，甚至包含孝道在内，都未曾受到孔子师生如此的注目。尤有甚者，他不像古人将"仁"视作一特殊的德目，而是将之转化成总德。当然，在少数的例子中，孔子仍将仁当成一特殊的德目，其意如同慈爱。但在大多数的例子里，孔子认为仁人即是完人，即是真正的君子，即是全律之人，因为仁者"己欲立而立人，己欲达而达人"。为仁要经由"忠"与"恕"，方可达成社会与个人之和谐融洽。此是贯穿孔子说训之线索，本质上它即是金律，同时也是行仁之最佳途径。

——陈荣捷《孔子的人文主义》

子曰："唯仁者能好人^①，能恶人^②。"

①好：喜爱，喜欢。　②恶：厌恶，讨厌。

【译文】

孔子说："只有有仁德的人，才能公正得当地喜爱某一个人，憎恨某一个人。"

【题解】

孔子认为只有仁德之人处事才是最公正的，这样的人没有私心。因为大公无私，所以能够真正地知道好恶，因而会有正确的爱和恨。而不仁之人心存私利，其所好者往往未必是善的，而其所恶者未必是恶的，不能真正做到好善恶恶。

子曰："苟志于仁矣①，无恶也②。"

【注释】

①苟：假如，如果。志：立志。　②恶：坏，坏事。

【译文】

孔子说："一个人如果他立志去实行仁德，那他就不会再去做坏事了。"

【题解】

这是紧接上一章而言的，仍然强调仁是做人的根本。孔子勉励人们立志行仁，就能够远离一切坏事。既不会犯上作乱、为非作歹，也不会骄奢淫逸。可以有益于国家，有利于百姓。

仁者立志于仁，以爱人之心为本，故能以仁厚待人。遇到好人，固然能以善心待之。遇到恶人，亦能以善心仁德劝之改恶向善。所以，一个人如果能立志于仁，就不会有向恶之心、从恶之行。

子曰："富与贵，是人之所欲也；不以其道得之，不处也①。贫与贱，是人之所恶也；不以其道得之，不去也②。君子去仁，恶乎成名③？君子无终食之间违仁④，造次必于是⑤，颠沛必于是⑥。"

【注释】

①处：享受，接受。　②去：避开，摆脱。　③恶：相当于"何"。疑问代词。怎样，如何。　④终食之间：吃完一顿饭的工夫。违：违背，离开。　⑤造次：紧迫，仓促，急迫。必于是：必须这样做。是：代词。这，此。　⑥颠沛：本义是跌倒，僵卧。引申为穷困，受挫折，流离困顿。

【译文】

孔子说："发财与升官，是人们所向往的，然而若不是用正当的方法去获得，

君子是不能够接受的。生活穷困和地位卑微，都是人们所厌恶的，然而若不是用正当的方法去摆脱，君子是受而不避的。君子假如离开了仁德，如何能成名呢？君子就是连吃完一顿饭的工夫也不能违背仁德的。即使是在最紧迫的时刻也必须按仁德去做某件事，即使是在流离困顿的时候也必须按仁德去做的。"

【题解】

在孔子看来，仁者不一定就是富贵的人，无论身处何种境况之下，他们都不会违背"仁"。即便是想获得荣华富贵，也会通过正当的手段获得。否则，他们宁可苦守清贫，也不会谋取那不义之富贵。

子曰："我未见好仁者、恶不仁者。好仁者，无以尚之^①；恶不仁者，其为仁矣，不使不仁者加乎其身。有能一日用其力于仁矣乎^②？我未见力不足者。盖有之矣^③，我未之见也。"

【注释】

①尚．通"上"，用作动词，超过的意思。　②力：精力，力量。　③盖：或许，大概。

【译文】

孔子说："我从未见过喜爱仁德的人和厌恶不仁德的人。喜爱仁德的人，那就没有比这更好的了；厌恶不仁德的人，他实行仁德，只是为了不使不仁德的事物加在自己身上。有谁能在某一天把他的力量都用在仁德方面吗？我没见过力量

孔子教导弟子们要积极践行仁道。

不够的。或许有这样的人，只是我没有见过罢了。"

【题解】

这一章是孔子教导人们为仁的方法。他认为只要努力去做，就能达到仁。真正为仁，"我未见力不足者"，强调了道德修养要依靠自觉的努力。而且重要的是从当日起就去做，今天行仁了，今天就得到了仁，这种思想一直影响着明代王阳明"知行合一"的心学。

仁不是人天生就有的德行，需要全力以赴才有可能达成。好仁的人，凡事都能依于仁，积极主动地去追求仁，没有人能比这样的人更勤于思考、勤于践行仁的了。讨厌不仁之人虽然比不上好仁者的积极主动，但能做到远离不仁者，洁身自好，不使不仁者的习气沾染到自己身上，而不为恶，亦得为仁。仁德之道关键在于践行，一个人倘若终日行仁德之事，是不会感到力量不足的。

子曰："人之过也，各于其党①。观过，斯知仁矣②。"

【注释】

①党：本指古代地方组织，五百家为党。引申为朋辈，意气相投的人，同类的人。　②斯：代词。那。仁：通"人"。一说，仁德。句中的意思则是：观察一个人犯的什么错误，就能知道是不是有仁德的了。

【译文】

孔子说："人的错误，各自同他一类的人一样。观察一个人犯的什么错误，就能知道是哪一类的人了。"

【题解】

在本章中，孔子觉得只要自身努力去做了就是为仁，道德的修养要依靠自觉努力才能提高，是在向人们传授为仁的方法。

子曰："朝闻道①，夕死可矣。"

【注释】

①闻：听到，知道，懂得。道：此指某种真理、道理、原则。也即我们所说的儒家之道。

【译文】

孔子说："早上明白了真理，晚上就死去，也是可以的。"

【题解】

孔子在本章中强调，为人要向善，对于自己的理想，应当有着矢志不渝的精神。

子曰："士志于道①，而耻恶衣恶食者，未足与议也。"

【注释】

①士：读书人，一般的知识分子，小官吏。

【译文】

孔子说："士有志于道，以穿的衣服不好、吃的饭菜不好为耻辱，这种人是不值得与他谈论的。"

【题解】

本章讨论的依然是"道"的问题，孔子觉得一个人若是沉迷于物质享受，是不会有远大前途的。像这种只顾眼前利益与安危的人，根本没有领悟道的精神，再与他

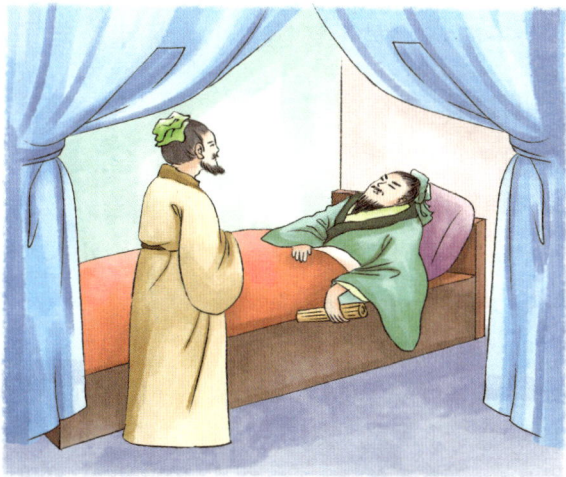

孔子教导弟子们要矢志不渝地追求"道"。

们谈论"道"的问题，也只是徒劳无功而已。

子曰："君子之于天下也，无适也，无莫也^①，义之与比^②。"

【注释】

①适、莫：各家有三种解释：一是"适"，厚。"莫"，薄。"无适无莫"，是一视同仁，对人用情无亲疏厚薄，不要有的亲近，有的冷淡。二是"适"通"敌"，指敌对。"莫"，通"慕"，爱慕。"无适无莫"，是"无所为仇，无所倾慕"。三是"适"，相合，往到，适从。"莫"，不肯，没有。"无适无莫"是无可无不可，没有一定要做的，也没有一定不要做的，而是唯义是从，只要符合义——合情合理，合于正义，该做便做，不该做便不做，怎么干合适恰当就怎么干。这是朱熹《四书集注》的说法。本书取此说。
②义之与比：与义靠近，向义靠拢，也就是"与义比之"。比：通"毕"，从，靠近，亲近。

【译文】

孔子说："君子对于天下事情的处理，没有一定非要做的，也没有一定不去做的，而是服从于义。"

【题解】

在本章中，孔子对君子提出了一项基本要求，即"义之与比"。也就是说，君子若是行仁的话，在做人方面会很公正，不会偏私于哪一方，在做事方面也不会固执己见，保证事情通达顺畅。

子曰："君子怀德，小人怀土；君子怀刑^①，小人怀惠。"

【注释】

①刑：指法度，典范。

【译文】

孔子说："君子关心的是道德教化，小人关心的是乡土田宅；君子关心的是法度，小人关心的是实惠。"

【题解】

在孔子看来，君子行仁，自然怀德，对于国家的法度十分关心。然而，小人只知道满足于现状以及小恩小惠，其考虑的只有自己的利益。

孔子为弟子分析君子与小人的心理。

名家品论语

就"君子"一词的字面意义而言，乃"统治者（君）之子"的意思，由此引申而有"居上位者"的含义。理论而言，人是否尊贵，乃由其地位——尤其是血缘地位——所决定。在《论语》一书中，此语词共出现107次。在某些场合，它仍然意指统治者。然而在大多数的用法里，孔子却用之描述道德高超的人。换言之，对孔子而言，尊贵与否已不再是血缘之事，而是人格的问题——此种观念实等于一种社会革命，当然，如说成是演进，也许更为恰当。然而，因孔子之故，此新的观念乃能确立不移。他一再提及尧、舜、周公等圣王乃人格的典范，此想法似乎意味着他总是反观过去。然而就实而论，此乃他在寻求理想的人格，而非诉求超自然的存有所致。

——陈荣捷《孔子的人文主义》

子曰："放于利而行①，多怨。"

【注释】

①放：通"仿"，仿照，效法，依照。引申为一味追求。

【译文】

孔子说："为了追求私利而行动，会招来许多人的怨恨。"

【题解】

在本章中，孔子道出了义与利的关系，这也是待人处世之道的核心问题之一。他认为，作为君子，道总是大于利，利总是归于义，如果唯利是图，做任何事都

孔子认为，一个人唯利是图，就难免与人相争。

容易招致来自各方的怨恨。一个人行事倘若全以利益为考量，任意发展，必然会导致怨恨交集。因为天下之利有限，难免引人相争。"终身只恨聚无多，及到多时眼闭了。"有了诸多的欲求，总会感觉不满足，起心动念纯在私利，必然招致仇怨，实乃得不偿失，何况又偏离了人生正途。

子曰："能以礼让为国乎①？何有②！不能以礼让为国，如礼何③！"

【注释】

①礼让：礼节和谦让。　②何有：何难之有，不难的意思。　③如礼何：把礼怎么办？即如何实行礼制呢？

【译文】

孔子说："能用礼让的原则来治理国家吗？难道这有什么困难吗？如果不能用礼让的原则来治理国家，又怎么能实行礼制呢？"

【题解】

本章讲治国者必须礼让，因为礼主敬，依礼而行就会处事合宜；谦让生和，就会上下无争。能做到礼让，治国也就没有困难了。礼是人际关系的具体规范，让是人与人互相尊重的明确表现。懂得礼让，就会去尊重他人的意愿和权利，就会设身处地为他人考虑，也就能够有发乎真心的关怀和仁爱。因为对他人有仁爱和尊重，他人亦会反过来给以尊重和仁爱。如此便可得人心，民心悦服，则国家自然得以大治。

子曰："不患无位，患所以立①；不患莫己知，求为可知也。"

【注释】

①立：站得住脚，有职位，在社会有立足之地。

【译文】

孔子说："不担忧没有官职地位，担忧的是没有自己能用以站得住脚的学问与本领；不担忧没有人知道自己，只求自己能成为值得别人知道的人。"

【题解】

这一章说明了君子求职在己。孔子并非不想身居官职，而是希望他的学生首先立足于自身的学问、修养、才能的培养，具备足以胜任官职的素质。

子曰："参乎！吾道一以贯之。"曾子曰："唯①。"子出，门人问曰："何谓也？"曾子曰："夫子之道，忠恕而已矣②！"

【注释】

①唯：在这里是应答词。是的。　②忠：忠诚，真挚诚恳。恕：不计较别人的过错，对别人宽容。

孔子教导弟子们治理国家要讲究礼让。

【译文】

孔子说:"曾参啊!我所主张的'道'是由一个根本的宗旨而贯彻始终的。"曾子说:"是的。"孔子走出去以后,别的弟子问曾参:"老师的话说的是什么意思?"曾子说:"老师所主张的道,不过是忠恕罢了。"

【题解】

曾参勤奋好学,深得孔子真传,对于孔子所言的道自然比较清楚。更何况,孔子一向都以忠恕之道自律,在他看来,待人忠恕才是仁的基本要求。而且,这在孔子思想的各个方面均有体现。因此,曾子的解释还是比较合理的。

名家品论语

"忠恕之道"体现出一种人格平等的精神。在儒家伦理思想中,"亲亲尊尊"伦理原则在现实生活中体现出一种等级性的不平等。但在理论上,"忠恕之道"从"修身"到"平天下",从"内圣"到"外王",从"能近取譬"到"仁者无不爱也"的过程,内在地蕴含着一种基于家族亲缘和社群生活的人格平等精神,由此将一切社会关系家庭伦理化,即所谓"四海之内,皆兄弟"。

——胡启勇《"忠恕之道"及其实践困境》

子曰:"君子喻于义①,小人喻于利②。"

【注释】

①喻:知道,明白,懂得。义:公正合宜的道理或举动,合乎正义。 ②利:私利,财物。

【译文】

孔子说:"君子懂得义,小人只知道私利。"

【题解】

本章从义利的角度来区别君子与小人。小人追求个人利益,而君子亦会追求个人利益,但会先考虑所得是否合于义,以义为原则来规范自己的行为。这种义利观在中国历史上影响深远。

孟子说,鸡叫就起来,孜孜不倦行善的,是舜一类人;鸡叫就起来,孜孜不倦求利的,是跖一类人。要知道舜和跖的区别,没有别的,就在利和善之间。

子曰:"见贤思齐焉①,见不贤而内自省也②。"

【注释】

①贤：贤人，有德行有才能的人。齐：平等，向……看齐，与……同等。②省：反省，内省，检查自己的思想行为。

【译文】

孔子说："看见贤人，就应该想到要向贤人看齐；看到不贤的人，就应该自我检查反省。"

【题解】

本章孔子勉励世人要以贤人为榜样，不断学习；以贤人为标准，坚持自我反省。看到贤人有高于自己的地方，立刻省察自己应该如何改善，加以学习，想着与之齐等。看到不贤的人，亦看不贤的人，亦应该自我反省：我亦如此不贤吗？有则改之，无则加勉，凭借反省的精神加以改善，才能德学俱进。

子曰："事父母几谏①。见志不从，又敬不违，劳而不怨②。"

【注释】

①几：委婉，轻微，隐微。　②劳：操劳，辛劳。一说，忧愁。

【译文】

孔子说："侍奉父母，假如他们有什么地方做得不对，要委婉地进行开导劝说。看到父母从心里不愿听从意见，还是要恭恭敬敬的，而不要违背；为父母而操劳，也不要抱怨。"

孔子认为侍奉父母要敬而不违，劳而无怨。

在本章中，孔子谈到了孝敬父母时的具体做法。在他看来，做子女的侍奉父母是天经地义的事情。不过，做子女的对于父母的要求也不能一味地服从，否则就是愚孝。对的，我们当然要听，可是不对的地方，我们就得婉转地提出来，不能直言规劝。若是他们能够知错改错，自是再好不过。可是，他们若是一时难以接受，也不能强迫他们改变自己的观点，否则就是忤逆的表现。

子曰："父母在，不远游①，游必有方②。"

【注释】

①游：离家出游。如"游学""游宦"。　②游必有方：指让父母知道所游的确定地方，而不要无固定地方地随处漂泊，致使父母挂念担心。方：方向，方位。

【译文】

孔子说："父母在世，不要远离自己的家乡；非要离开家乡不可，也必须有一个固定的地方。"

【题解】

在先秦时期，"父母在，不远游"可以说是有关孝道的具体标准之一，并对后世有着深远的影响，甚至还成为子女们处世进退的前提。对于现代的人们而言，这种原则虽然已经失去了其实际意义，但在行止之间心存父母还是很有必要的。

子曰："三年无改于父之道，可谓孝矣。"

【译文】

孔子说："做子女的若是能够长期按照父母的原则行事，那他就算是个孝子了。"

子曰："父母之年，不可不知也；一则以喜，一则以惧①。"

【注释】

①惧：父母年纪大了就必定日益衰老、接近死亡，故忧惧担心。

【译文】

孔子说："父母的年龄，不可以不知道的。一方面为他们长寿而欢喜，另一方面为他们年高而担心。"

论语全解全析

【题解】

孔子讲到关心父母的年龄也是尽孝的方式之一。人生七十古来稀，子女成人自立，父母逐渐衰老，尽孝时间并不多，是以父母之年不可不知。知而喜者，父母能得高寿，子女也能承欢；知而惧者，父母之年愈高，在世日愈少，担忧子欲养而亲不待，尽孝应当及时。

子曰："古者言之不出①，耻躬之不逮也②。"

【注释】

①古者：古代的人，也往往指古代有统治地位的、做官的人。　②耻：羞愧，耻辱。在这里是意动用法，以……为耻。"行"比"言"难，"行"往往赶不上"言"；说了话，如果做不到，就会感到失信的耻辱。躬：亲身，亲自。这里指自己的行动。逮：赶上。

【译文】

孔子说："古代的人是不轻易把话说出来的，认为说出的话却做不到是耻辱的。"

【题解】

在本章中，孔子强调了做人应当谨言慎行，更不要轻易许诺，说到的事情就得做到。

子曰："以约失之者①，鲜矣②！"

【注释】

①约：约束，谨慎节制。这里指以一种立身处世的原则标准经常约束自己。失：过失，犯错误。　②鲜：少。

【译文】

孔子说："时时能约束自己的人，过失就少了。"

【题解】

孔子在这里谈到了自我约束和节制在为人处世中的重要性。

子曰："君子欲讷于言①，而敏于行②。"

【注释】

①讷：说话迟钝。这里的意思是说话要谨慎。 ②敏：敏捷，迅速。

【译文】

孔子说："君子说话应当谨慎小心，做事时则应勤奋敏捷。"

【题解】

本章讲到了人们在工作生活中最重要的两条准则，即"言"和"行"。言的准则是要慎重、实在，当然说话就要慢一些；行的准则是要落实，当然就要快一些。君子沉默寡言，似乎不会说话，其实并非内心迟钝木讷，而是言语谨慎。但是办事必须敏捷，先行其言，而后从之。

子曰："德不孤，必有邻①。"

【注释】

①邻：邻人，邻居。这里指思想品格一致，志向相同，能共同合作的人。

【译文】

孔子说："有道德的人是不会孤立的，必定有很多同他相亲近的人。"

【题解】

这句话是孔子对于人们努力修养道德的勉励。在他看来，品德高尚的人永远不会被孤立，总能找到志同道合的人。

子游曰："事君数①，斯辱矣②；朋友数，斯疏矣。"

【注释】

①数：屡次，多次。这里指频繁地提意见，过分地反复进行劝谏。 ②斯：副词。就。

【译文】

子游说："侍奉君主，如果频繁地提出不同意见，就会招来羞辱；对待朋友，如果频繁地提出不同意见，就会造成朋友的疏远。"

【题解】

子游的这段话表达出了孔子关于侍奉君主以及与朋友交往时的见解。无论是侍奉君主还是交友，都要讲究一个度，如不能适可而止，往往会出现适得其反的结果。

公冶长第五

子谓公冶长①："可妻也②。虽在缧绁之中③，非其罪也。"以其子妻之④。

【注释】

①公冶长：姓公冶，名长，字子芝。鲁国人（一说，齐国人）。孔子的弟子，传说懂得鸟语。　②妻：本是名词，在这里做动词用。把女儿嫁给他。　③缧绁：捆绑犯人用的黑色的长绳子。这里代指监狱。　④子：指自己的女儿。

【译文】

孔子说到公冶长："可以把女儿嫁给他。他虽然被囚禁在监狱中，但不是他有罪过。"于是便把女儿嫁给了公冶长。

【题解】

通过孔子将自己的女儿嫁给公冶长一事，说明了公冶长是个贤德之人。

子谓南容①："邦有道②，不废③；邦无道，免于刑戮④。"以其兄之子妻之。

【注释】

①南容：姓南宫，名适，一作"括"，又名绍，字子容。鲁国孟僖子之子，孟懿子之兄（一说，弟）。本名仲孙阅，因居于南宫，以之为姓。谥号敬叔，故也称南宫敬叔。孔子的弟子。　②邦有道：指社会秩序好，政治清明，局面稳定，政权巩固，国家太平兴盛。　③废：废弃，废置不用。　④刑戮：泛指受刑罚，受惩治。戮：杀。

【译文】

孔子谈论南容，说："国家有道的时候，他会被任用做官；国家无道的时候，他也会避免受刑戮。"于是把哥哥的女儿嫁给了南容。

【题解】

在此孔子说得比较具体，南容善于处世，在治世能有作为，在乱世能保全自己。正因如此，他才将自己的侄女嫁给了南容。

子谓子贱①："君子哉若人②！鲁无君子者，斯焉取斯③？"

【注释】

①子贱：姓宓，名不齐，字子贱。孔子的学生。　②若人：这个人，代指子贱。③斯焉取斯：从哪里养成这种好品德？前一个"斯"字作"这个人"；后一个"斯"字作"这种品德"。焉：哪里。

【译文】

孔子评论子贱时说道："这个人是君子啊！如果鲁国没有君子的话，那他该从哪里获得这种好品德呢？"

【题解】

在此句话中，孔子称赞子贱为真君子。

子贡问曰："赐也何如①？"子曰："女②，器也③。"曰："何器也？"曰："瑚琏也④。"

【注释】

①赐：子贡自称表示对师尊的敬意。　②女：通"汝"，你。　③器：器具，代指有用之才。　④瑚琏：古代祭祀时用来盛粮食的器具，竹制，镶有玉饰。

【译文】

子贡问孔子道："你觉得我这个人怎么样？"孔子说："你就像一件器具。"子贡又问："像什么器具呢？"孔子说："宗庙里盛粮食的瑚琏。"

【题解】

在本篇之中，孔子对自己的多位弟子都作了评价，从内容上看大部分是以勉励和赞扬为主，本章也不例外。

或曰①："雍也仁而不佞②。"子曰："焉用佞？御人以口给③，屡憎于人。不知其仁，焉用佞？"

【注释】

①或：代词。有的人。 ②雍：姓冉，名雍，字仲弓。鲁国人。生于公元前522年，卒年不详。孔子的弟子。佞：强嘴利舌，花言巧语。 ③御：抗拒，抵抗。这里指辩驳对方，与人顶嘴。给：本义是丰足，指言语敏捷。口给：指嘴巧，嘴快话多。

【译文】

有的人说："冉雍啊，他有仁德，而不能言善辩。"孔子说："何必要能言善辩呢？能说会道的人同人家顶嘴，嘴快多话，常常引起别人的厌恶和不满。我不知道冉雍是不是做到有仁德，但哪里用得上能言善辩呢？"

【题解】

在本章中，孔子就别人对冉雍的评价，表达了自己的见解。他觉得为人处世在于"仁"，根本不需要伶牙俐齿。

子使漆雕开仕①。对曰："吾斯之未能信②。"子说③。

【注释】

①漆雕开：姓漆雕，名开，字子开（一说，字子若）。蔡国人（一说，鲁国人）。公元前540年生，卒年不详。孔子的弟子。 ②"吾斯"句："吾未能信斯"的倒装。这话是说自己还没有达到"学而优则仕"的程度。斯，做官的事。信：信心。相信：自信。 ③说：通"悦"。

【译文】

孔子让漆雕开去做官。漆雕开回答："我对做官还没有信心。"孔子听了这话很高兴。

孔子称自贡是瑚琏之器。

【题解】

在本章中，孔子鼓励漆雕开从政做事，但是漆雕开却觉得自己尚未达到"仁"的要求，没有充分的把握，他想过一段时间再去做官，充满了谦谨的态度。

子曰："道不行，乘桴浮于海①。从我者②，其由与？"子路闻之喜。子曰："由也，好勇过我，无所取材③。"

【注释】

①桴：用来在水面浮行的木排或竹排，大的叫筏，小的叫桴。 ②从：跟随，一同。 ③材：通"才"，才能。

【译文】

孔子说："我的主张若无法推行下去，我就坐着木排漂流于海外。但能够跟随我的，恐怕只有仲由吧？"子路听了这话非常高兴。孔子又说道："仲由的勇敢远远超过了我，不过，在其他方面就没有什么可取的才能了。"

【题解】

在本章中，孔子表达了自己不能行道于国的感叹，同时也表明了自己对仲由的信任与深厚的情感。

孟武伯问子路仁乎？子曰："不知也。"又问。子曰："由也，千乘之国，可使治其赋也①。不知其仁也。""求也何如？"子曰："求也，千室之邑②，百乘之家，可使为之宰也③。不知其仁也。""赤也何如④？"子曰："赤也，束带立于朝⑤，可使与宾客言也⑥。不知其仁也。"

【注释】

①治其赋：指负责军事工作。赋：兵赋。　②千室之邑：指有一千户人家的城邑，本章指公邑，不同于卿大夫的采邑。　③宰：古代县、邑一级的行政长官。本章指卿大夫的家臣。　④赤：姓公西，名赤，字子华。孔子的学生。　⑤束带：整理衣服，束紧衣带。本章指穿上礼服或朝服。　⑥宾客：这里主要是指外宾。

【译文】

孟武伯问："子路算得上仁德吗？"孔子说："不知道。"孟武伯又问一遍，孔子才说道："仲由啊，一个拥有千辆兵车的大国，可以让他去负责军事。至于他有没有仁德，我可就不知道了。"孟武伯继续问道："那冉求怎么样呢？"孔子说："求呢，一个拥有千户规模的城邑，或是一个具备百辆兵车的大夫封地，

孔子和孟武伯谈论弟子们的才能。

都可以让他当总管。至于他算不算得上仁德，我也不清楚。"孟武伯又问："那公西赤怎么样啊？"孔子说："赤呀，若是让他穿上礼服，立于朝廷之上，可以让他招待宾客，他有没有仁德我也不知道。"

【题解】

在本章中，通过综合比较，孔子对子路、冉求、公西赤三个学生分别进行了评价。

子谓子贡曰："女与回也孰愈①？"对曰："赐也何敢望回②？回也闻一以知十，赐也闻一以知二。"子曰："弗如也③。吾与女弗如也④。"

【注释】

①女：通"汝"，你。孰：谁。愈：胜过，更好，更强。 ②望：比。 ③弗：不。 ④与：动词。赞同，同意。

【译文】

孔子问子贡："你与颜回两人相比，谁更强一些？"子贡回答："我怎么敢同颜回比呢？颜回听到一件事后可以推测知道十件事，我听到一件事只能推测知道两件事。"孔子说："你是不如他！我赞同你的说法，你是不如他！"

【题解】

孔子既对颜回的领悟能力进行了赞许，也对子贡能有自知之明给予了褒奖。

宰予昼寝。子曰："朽木不可雕也，粪土之墙不可杇也①，于予与何诛②？"子曰："始吾于人也，听其言而信其行；今吾于人也，听其言而观其行。于予与改是③。"

【注释】

①杇(wū)：通"圬"。本指用灰泥抹墙的工具。俗称"抹子"。这里作动词用，指粉刷墙壁。 ②与：通"欤(yú)"。语气词，在这里表停顿。诛：谴责，责备，指责。 ③是：代词。此，这。在这里指代观察人的方法。

【译文】

宰予白天睡大觉。孔子说："真像是腐朽的木头实在不能再雕刻什么了，粪土的墙壁不能再粉刷了。对于宰予这个人，何必再加以谴责他呢？"孔子又说："开始时，我对于人，是听了他说的话便相信他的行为；现在，我对于人，是听了他的话还要再观察他的行为。宰予这个人使我改变了观察人的方法。"

孔子批评宰予白天睡觉。

【题解】

从表面上看，孔子对宰予白天睡觉一事大加非难，但事实上并非如此。我们可以结合《八佾第三》中宰我的言行做出推断，孔子这是在借"昼寝"之事，责备其不该夸夸其谈。

名家品论语

在孔子思想中，仁心之表现为事功，以遂民之情，适民之欲。因而改造经济物质环境、建立社会秩序与政治制度等适度满足人群的普遍需求，如前述文化生活环境设计之部分者，古往今来政治家的心力，无不集中于此。孔子自不例外，故赞许管仲之功曰："如其仁！如其仁！"而孔子恓恓惶惶，志在行道，然具体言之，仍不外祈求前述文化生活环境构想之全部实现，以顺其道德化的事功，而达到老安、少怀、友信的目的。尽管孔子和管仲对事功显现之层次境界有高低之不同，但他们都希望对事功有所创建，可以说殊无二致。于是孔门弟子中遂有事功派之产生，如子路、子贡、冉求、宰子、子张等，即其著者。

—— 《孔子奠定中国人文思想之基础》

子曰："吾未见刚者！"或对曰："申枨①。"子曰："枨也欲②，焉得刚？"

【注释】

①申枨：姓申，名枨，字周，鲁国人。孔子的弟子。一说，就是申党（见《史记·仲尼弟子列传》）。另作"申棠"。　②欲：欲望多。

77

孔子与人谈论申枨。

【译文】

孔子说:"我没见过刚强不屈的人。"有人回答:"申枨是刚强的人。"孔子说:"申枨啊,他这个人欲望太多。怎么能刚强?"

【题解】

在孔子看来,人们有着太多的欲望,很容易为此屈服而变得不刚强了。

子贡曰:"我不欲人之加诸我也①,吾亦欲无加诸人。"子曰:"赐也,非尔所及也②。"

【注释】

①诸:"之于"的合音。 ②尔:你。

【译文】

子贡说:"我不愿别人把某事强加在我身上,我也愿意不把事情强加在别人身上。"孔子说:"赐啊,这不是你所能够做到的。"

【题解】

在本章中,子贡道出了"己所不欲,勿施于人"的道理,表明了他的志向。但是,孔子却告诉他,有些事情的主动权并不在自己这里,是没有办法决定别人做什么的。

子贡曰："夫子之文章①，可得而闻也；夫子之言性与天道②，不可得而闻也。"

【注释】

①文章：指孔子经常讲述的有关诗、书、礼、乐等方面的知识。性：指人的本性。　②天道：天命。

【译文】

子贡说："先生讲授的《诗》《书》《礼》《乐》等方面的知识，可以听得到；先生关于人性和天命方面的言论，我们是听不到的。"

【题解】

在本章中，子贡觉得孔子讲的礼、乐、诗、书等内容都是有形的，可以通过听闻学到。

子路有闻，未之能行，唯恐有闻①。

【注释】

①有：通"又"。

【译文】

子路听到了什么事，还没有来得及做，只怕又听到另有什么事要去做。

【题解】

本章形象地表述了子路急切率直、勇于力行的精神。

子贡问曰："孔文子何以谓之'文'也①？"子曰："敏而好学，不耻下问，是以谓之'文'也。"

【注释】

①孔文子：卫国的执政上卿，姓孔，名圉，字仲叔。文：是谥(shì)号。古代帝王、贵族、大臣等死后，根据他生前的品德、事迹，所给予的表示褒贬的称号称谥号。子：是对孔圉的尊称。孔圉死于鲁哀公十五年（公元前480年）。

【译文】

子贡问："孔文子的谥号为什么称'文'呢？"孔子说："他聪敏，爱好学习，有时向下面的人请教而不以为耻，所以就称他为'文'。"

子谓子产①："有君子之道四焉：其行己也恭，其事上也敬，其养民也惠，其使民也义。"

【注释】

①子产：名侨，字子产，郑国大夫，是郑穆公的孙子，公子发之子，担任过正卿（相当于宰相）。生年不详，卒于公元前522年。是春秋末期杰出政治家。他在郑简公、郑定公时，执政二十二年之久，有过许多改革措施，因而得到人民的拥护。当时曾被孔子称为"仁人""惠人"。

【译文】

孔子说到子产："他具有君子的四种道德：在行为方面，他自己很庄重，谦逊谨慎；他侍奉君主时，恭敬顺从；他对待人民，注意给予恩惠与利益；他服务于人民，注意合乎义理。"

【题解】

孔子既对子产具有的四种君子之德做了赞美，同时也是在说为政之道。

子曰："晏平仲善与人交①，久而敬之②。"

【注释】

①晏平仲：姓晏，名婴，字平仲，夷维（今山东省密县）人。齐国大夫，历任灵公、庄公、景公三世重臣，曾任宰相，是当时著名政治家。生年不详，卒于公元前500年。死后，谥号为"平"，故称他"晏平仲"。传世有《晏子春秋》，系战国时人收集晏婴的言行编辑而成。善：在某一方面具有特长，擅长，长于。②之：代词。代晏婴。一说，"之"指代朋友。此句意思是：晏婴与友处久，仍敬友如新。

【译文】

孔子说："晏平仲善于同别人交往，相处时间愈久，别人就愈尊敬他。"

晏平善于与人交往，很受他人尊敬。

孔子对齐国大夫晏婴的交友方式做了点评。

子曰："臧文仲居蔡①，山节藻棁②，何如其知也③？"

【注释】

①臧文仲：姓臧孙，名辰，"文"是他的谥号。蔡：国君用以占卜的大龟。蔡这个地方产龟，因此把大龟叫蔡。居：作动词用，"藏"的意思。　②山节藻棁：把斗拱雕成山形，在棁上绘上水草花纹。这是古时天子用以装饰宗庙的做法。节：柱上的斗拱。棁：房梁上的短柱。　③知：通"智"。

【译文】

孔子说："臧文仲不仅为一只大乌龟盖了间房子，还将屋内的斗拱雕刻成山形，在梁柱上画着藻草，他这怎能算作是一种聪明呢？"

【题解】

按照周朝的礼制规定，占卜吉凶的大龟只有国君才能珍藏，那些刻有山形的斗拱和画有水藻的梁柱也是国君才能用的庙饰。但臧文仲却妄自擅用，这是违反礼制的。所以，当人们都喜欢称他为"智者"时，孔子却觉得他的做法很不明智。

名家品论语

均以疏贫，和以济寡，安以扶倾，这是孔子"拨乱世"的具体方针。孔子认为，富则易骄易暴，贫则易忧易盗；国家的不安，就是由这富贫众寡的不均所致。解决的办法，除了要求"大人"和"小民"各自克己，以求达到"富而无骄""富而好礼""贫而无谄""贫而乐道"外，为政的人还应设法"均"之"和"之。

——庞朴《论孔子的思想中心》

子张问曰："令尹子文三仕为令尹①，无喜色；三已之②，无愠色。旧令尹之政，必以告新令尹。何如？"子曰："忠矣。"曰："仁矣乎？"曰："未知，焉得仁？""崔子弑齐君③，陈文子有马十乘④，弃而违之⑤。至于他邦，则曰：'犹吾大夫崔子也。'违之。之一邦，则又曰：'犹吾大夫崔子也。'违之。何如？"子曰："清矣。"曰："仁矣乎？"曰："未知，焉得仁？"

①令尹：楚国的官职名，相当于宰相。子文：姓斗，名穀於菟，字子文，是楚国著名的贤相。三：虚数，不一定只指三次，而是代表多次，几次。仕：是做官，担任职务。 ②三已：多次被免职。已，本义是停止，完，毕。这里指罢免，去职。 ③崔子：指齐国大夫崔杼。他把齐庄公杀了。弑：古时称臣杀死君主或子女杀死父母。齐君：指齐庄公。姓姜，名光。 ④陈文子：齐国的大夫，名须无。崔杼杀死齐庄公时，陈文子离开齐国，两年后又返回。 ⑤违：离别，离开。

【译文】

子张问孔子："令尹子文几次担任宰相时，从没表现出高兴的脸色；几次被罢免，也没表现出怨恨的脸色。每次免职时一定要把自己旧日的一切政令公务告诉新任的宰相。这个人怎么样呢？"孔子说："够得上忠啊。"子张说："够得上仁了吗？"孔子说："不知道。这怎么能算是仁呢？"子张又问："崔子杀了齐庄公，陈文子有四十匹马，舍弃不要，离开齐国。到了另一国，说：'这里的执政者好比我国的大夫崔子一样。'又离开了。再到另一国，又说：'这里的执政者好比我国的大夫崔子一样。'又离开了。那么，这个人怎样呢？"孔子说："够得上清白了。"子张说："够得上仁了吗？"孔子说："不知道。这怎么能算是仁呢？"

【题解】

孔子强调了"仁"的本体性。在孔子看来，"仁"是天地之道最本质的事物，也是最根本的做人之道。

季文子三思而后行①。子闻之，曰："再②，斯可矣。"

【注释】

①季文子：鲁国的大夫，姓季孙，名行父。"文"是他死后的谥号。生年不详，卒于公元前568年。历仕鲁文公、鲁宣公、鲁成公，鲁襄公时担任正卿。史称他"无衣帛之妾，无食粟之马，无金玉重器，忠于公室者也"。因他世故太深，过于谨慎，遇事计较祸福利害太多，容易徇私，私意起而反惑。所以，孔子才说了这番话。孔子还曾说："事有贵于刚决，多思转多私。"也是这个意思。 ②再：再次，第二次。做副词用，后面省略了动词"思"。

【译文】

季文子要三次考虑以后才去做某一件事。孔子听到这事，说："不要考虑三次，考虑两次，就可以了。"

【题解】

孔子告诉大家，凡事都应有一个度，思考也不例外。

孔子不赞成人们像季文子一样过分慎重。

子曰："宁武子^①，邦有道，则知^②；邦无道，则愚^③。其知可及也，其愚不可及也。"

【注释】

①宁武子：卫国人，庄公之子，文公、成公时的大夫。姓宁，名俞。"武"，是他死后的谥号。 ②知：通"智"。 ③愚：本义是愚笨。这里指装傻。

【译文】

孔子说："宁武子，当国家有道的时候，他显得很聪明；当国家无道的时候，他就开始装傻。他的那种聪明，别人是可以达到的；他的那种装傻，别人可就做不到了。"

【题解】

在本章中，孔子觉得在治世之下应当积极进取，为国为民谋福。

子在陈^①，曰："归与！归与！吾党之小子狂简^②，斐然成章，不知所以裁之^③！"

【注释】

①陈：国名，大约在今河南东部和安徽北部一带。吾党：我的家乡。党是古代地方组织的名称，五百家为党。 ②狂简：志大而富于进取，但是有些不切实际。③裁：节制。

【译文】

孔子在陈国，说："回去吧！回去吧！我家乡的那些年轻人，身怀大志但行为却粗率简单，尽管他们文采斐然，却不知道如何节制自己！"

【题解】

孔子曾在陈国住了三年，饱受困顿，还曾一度断粮。通过此事之后，他也知道了自己的道很难实行。于是，他大发感慨道：只要自己回去就有很多事情可以做，尤其是自己的那些胸怀大志、各具才能的弟子们，还等着自己培养、教导呢。

子曰："伯夷、叔齐不念旧恶①，怨是用希②。"

【注释】

①伯夷、叔齐：是殷朝末年一个小国的国君孤竹君的两个儿子，姓墨胎。兄伯夷（一说，名允，字公信，"夷"是谥号），弟叔齐（一说，名智，字公达，"齐"是谥号）。　②是用：因此。希：通"稀"，少。

【译文】

孔子说："伯夷、叔齐不记恨过去的仇恨，怨恨因此就减少了。"

【题解】

在孔子看来，冤冤相报，仇恨就不会有被平息的那一天，也不会产生真正意义上的胜利者。但若运用宽恕和仁爱，则能改变这一切，让人们放弃仇恨。

子曰："孰谓微生高直①？或乞醯焉②，乞诸其邻而与之。"

【注释】

①微生高：鲁国人，姓微生，名高。人们认为他是个直率的人。　②醯：醋。

【译文】

孔子说："谁说微生高这个人非常直爽？有人向他借点醋，他却跑向自己的邻居那里讨了点来给人家。"

【题解】

在本章中，微生高为了讨好来人就从邻居家给他借了点醋，孔子觉得他这种行为是故意逢迎对方，有做作之嫌，不能算作真正的直率。

子曰："巧言、令色、足恭，左丘明耻之①，丘亦耻之。匿怨而友其人②，左丘明耻之，丘亦耻之。"

孔子表示自己的是非好恶观与丘明相同。

【注释】

①左丘明：春秋时鲁国人，担任过鲁国的太史（朝廷史官），乃鲁左史倚相之后，与孔子同时或较早于孔子。　②匿：隐藏起来，不让人知道。

【译文】

孔子说："花言巧语，假装出一副和颜好看的脸色，表现出过分的恭敬，对这种人，左丘明以为可耻，我孔丘也以为可耻。把怨恨隐藏在心里不动声色，表面上却假装出一副与人友善要好的样子，对于这种人，左丘明以为他可耻，我孔丘也以为他可耻。"

【题解】

孔子再次提到了巧言令色者，表达出了自己对这类人的憎恶。

颜渊、季路侍①。子曰："盍各言尔志②？"子路曰："愿车马衣轻裘③，与朋友共，敝之而无憾。"颜渊曰："愿无伐善④，无施劳⑤。"子路曰："愿闻子之志！"子曰："老者安之，朋友信之，少者怀之。"

【注释】

①季路：即子路。因侍于季氏，又称季路。侍：服侍，陪从在尊长身边站着。《论语》中，单用"侍"字，指孔子坐着，弟子站着。用"侍坐"，指孔子坐着，

弟子也坐着。用"侍侧"，指弟子陪从孔子，或立或坐。 ②盍：何不。 ③裘：皮衣。 ④伐：夸耀，自夸。 ⑤施：表白。一说，"施"，是施加给别人。句中"无施劳"，是不把劳苦的事加在别人身上，即自己不辞劳苦，对劳累的事不推脱。

【译文】

颜渊、子路在孔子身边侍立。孔子说："何不各自说说你们自己的志向？"子路说："愿意有车马乘坐，愿意穿又轻又暖的皮衣，并且拿出来与朋友共同享用，就是用坏了穿破旧了，也从不抱怨。"颜渊说："我愿意不夸耀自己的长处，也不表白自己的功劳。"子路说："愿意听听老师您的志向。"孔子说："使年老的人们得到安康舒适，使朋友们互相得到信任，使小孩子们得到关怀养护。"

【题解】

在本章中，孔子和他的弟子表述了各自的志向。

子曰："已矣乎①！吾未见能见其过而内自讼者也②。"

【注释】

①已：罢了，算了。下面的"矣""乎"，都是表示绝望的感叹助词。 ②讼：责备，争辩是非。

【译文】

孔子说："罢了吧！我还没见过看到自身的错误而能发自内心自我责备的人。"

孔子向弟子们阐述自己的理想。

【题解】

许多人有了过失却不知反省，从来不在内心责备检讨自己。在孔子看来，人们只有具备了内省自责的意识，才能及时地改正自己的缺点，得到进步。

子曰："十室之邑①，必有忠信如丘者焉，不如丘之好学也。"

【注释】

①十室：十户人家。古时，九夫为井，四井为邑，一邑共有三十二户人家。"十室之邑"极言其小，是指尚且不满三十二家的小村邑。

【译文】

孔子说："就是十户人家的小村庄里，也一定有像我这样讲究忠信的人，只是不如我这样爱好学习啊。"

孔子以自身为例，勉励弟子们努力学习。

雍也第六

子曰："雍也可使南面①。"

【注释】

①南面：古时尊者的位置是坐北朝南，天子、诸侯等听政时皆面南而坐。此以"南面"代指卿大夫之位。

【译文】

孔子说："冉雍这个人，可以让他去一个地方做官。"

仲弓问子桑伯子①，子曰："可也，简②。"仲弓曰："居敬而行简③，以临其民④，不亦可乎？居简而行简，无乃大简乎⑤？"子曰："雍之言然。"

【注释】

①桑伯子：人名，此人生平不可考。　②简：简要，不烦琐。　③居敬：为

孔子与仲弓讨论子桑伯的行事风格。

人严肃认真，依礼严格要求自己。行简：指推行政事简而不繁。　④临：面临，面对。此处有"治理"的意思。　⑤无乃：岂不是。大：通"太"。

【译文】

仲弓问子桑伯子这个人怎么样。孔子说："此人还可以，办事简要而不烦琐。"仲弓说："居心恭敬严肃而行事简要，像这样来治理百姓，不是也可以吗？（但是）自己马马虎虎，又以简要的方法办事，这岂不是太简单了吗？"孔子说"冉雍，这话你说得对。"

【题解】

子桑伯子办事简明扼要、不烦琐、不拖拉、果断利落。不过，任何事情都不可太过分。如果在办事时，一味追求简要，却马马虎虎，就有些不够妥当了。所以，孔子听完仲弓的话以后，认为仲弓说得很有道理。

哀公问："弟子孰为好学？"孔子对曰："有颜回者好学，不迁怒①，不贰过②。不幸短命死矣，今也则亡③，未闻好学者也。"

【注释】

①迁怒：指自己不如意时，对别人发火生气；或受了甲的气，却转移目标，拿乙去出气。迁：转移。　②贰：二，再一次，重复。　③亡：通"无"。

【译文】

鲁哀公问："你的学生中谁是最爱好学习的呢？"孔子回答："有一个叫颜回的学生，很好学，他从来不拿别人出气，不犯同样的过错。但不幸的是他短命死了。现在就没有像他那样的人了，也没听到有好学的人啊。"

【题解】

这里，孔子极为称赞他的得意门生颜回，认为他好学上进，自颜回死后，已经没有如此好学的人了。在孔子对颜回的评价中，他特别谈到"不迁怒""不贰过"这两点，可以看出孔子教育学生，重在培养他们的道德情操。

孔子认为门下弟子中颜回最好学。

子华使于齐①，冉子为其母请粟②。子曰："与之釜③。"请益④。曰："与之庾⑤。"冉子与之粟五秉⑥。子曰："赤之适齐也⑦，乘肥马，衣轻裘⑧。吾闻之也，君子周急不继富⑨。"

【注释】

①子华：即公西赤。　②冉子：即冉求。"子"是后世记录孔子和他的弟子的言行时加上的尊称。粟：谷子，小米。　③釜：古代容量名。一釜当时合六斗四升。古代的斗小。一斗约合现在二升，一釜约等于现在一斗二升八合。一釜粮食仅是一个人一月的口粮。　④益：增添，增加。　⑤庾：古代容量名。一庾合当时二斗四升，约合现在四升八合。一说，一庾当时合十六斗，约合现在三斗二升。⑥秉：古代容量名。一秉合十六斛，一斛合十斗。"五秉"，就是八百斗（八十石）。约合现在十六石。　⑦适：往，去。　⑧衣：穿。　⑨周：周济，救济。继：接济，增益。

【译文】

子华出使齐国，冉求为子华的母亲请求给些小米。孔子说："给他六斗四升。"冉求请求再多增加些。孔子说："再给他二斗四升。"冉求却给了他小米八十石。孔子说："公西赤到齐国去，乘坐肥马驾的车，身穿又轻又暖的皮衣。我听说过，君子应周济贫困急需的人，而不要使富人更富裕。"

【题解】

孔子以"仁爱"为出发点，提出了"君子周急不继富"的观点。在他看来，最需要帮助的人是那些穷人，而不是那些富人。当你接济穷人的时候，就好比"雪中送炭"，救人于危难之间，能真正起到作用。如若你去接济富人，充其量只是锦上添花，没有什么意义。而且，有些"锦上添花"的事，完全是趋炎附势，还不如雪中送炭，给那些真正有需要的人带去一些实际帮助的好。所以，孔子认为雪中送炭还是君子应当具备的美德。

原思为之宰①，与之粟九百②，辞。子曰："毋③！以与尔邻里乡党乎④！"

【注释】

①原思：孔子的弟子。姓原，名宪，字子思。鲁国人（一说，宋国人）。生于公元前515年，卒年不详。孔子在鲁国任司寇（司法官员）时，原思在孔子家做过总管（家臣）。孔子死后，原思退隐，居卫国。之：指代孔子。　②之：代指原思。九百：九百斗。　③毋：不要，勿。　④邻里乡党：古代以五家为邻，二十五家为里，五百家为党，二千五百家为乡。这里泛指原思家乡的人们。

【译文】

原思在孔子家做总管，孔子给他小米九百斗，原思推辞不要。孔子说："不要推辞！拿去给你家乡的人们吧！"

【题解】

此章和上一章一样，都反映了孔子处理钱财的态度，自己有所富余，便去周济邻里乡党中穷困的人。原思为孔子的弟子，他做孔子的家臣时，孔子给他九百斗粟的俸禄。原思生活简朴，要不了那么多，就加以推辞。孔子便体贴地教导他将多余的粮食分给乡里邻居，因为君子在独善之后，有能力还应该去兼善他人。

子谓仲弓曰："犁牛之子骍且角①。虽欲勿用，山川其舍诸②？"

【注释】

①"犁牛"句：犁牛：杂色的耕牛。子：指小牛犊。骍：赤色牛。周代崇尚赤色，祭祀用的牛，要求是长着红毛和端正的长角的牛，不能用普通的耕牛来代替。这里用"犁牛之子"，比喻冉雍（仲弓）。据说冉雍的父亲是失去贵族身份的"贱人"，品行也不好。孔子认为，冉雍德行才学都好，子能改父之过，变恶为美，是可以做大官的（当时冉雍担任季氏的家臣）。　②山川：指山川之神。这里比喻君主或贵族统治者。其：表示反问的语助词。怎么会，难道，哪能。舍：舍弃，不用。

【译文】

孔子谈论仲弓说："耕牛生了一个小牛犊，长着整齐的红毛和周正的硬角，虽然不想用它作为牺牲祭品，但山川之神怎么会愿意舍弃它呢？"

孔子认为，人的出身并不是最重要的，重要的在于自己应有高尚的品德和突出的才干。只要具备了这样的条件，就会受到重用。这也从另一方面说明，作为统治者，选拔重用人才，不能只看出身而抛弃贤才，反映了举贤才的思想和反对任人唯亲的主张。

子曰："回也，其心三月不违仁①；其余则日月至焉而已矣②。"

【注释】

①三月：不是具体指三个月，而是泛指较长的时间。 ②日月：一天，一月。泛指较短的时间，偶尔。至：达到，做到。

【译文】

孔子说："颜回啊，他的心可以在长时间内始终不违背仁德，其余的弟子们只能在短时间内做到仁德而已。"

【题解】

在本章中，孔子再次表扬了颜回的好学和良好的修养境界。在他看来，多数人在言行上可能只会偶尔地展露一下仁的境界，而且他们的修养也不够，是很难长久保持着仁的意境。但是，颜回则不同，他能长时间保持着仁的境界，他的这种坚持是很难得的。

季康子问①："仲由可使从政也与？"子曰："由也果，于从政乎何有？"曰："赐也可使从政也与？"曰："赐也达，于从政乎何有？"曰："求也可使从政也与？"曰："求也艺，于从政乎何有？"

【注释】

①季康子：即季孙肥，春秋时期鲁国的正卿。"康"是谥号。

【译文】

季康子问："仲由可以参与政事吗？"孔子说："仲由呀，办事果断，参与政事有什么困难呢？"又问："端木赐可以参与政事吗？"孔子说："端木赐呀，通情达理，参与政事有什么困难呢？"又问："冉求可以参与政事吗？"孔子说："冉求呀，多才多艺，参与政事有什么困难呢？"

【题解】

孔子对于自己的学生是十分了解的。当季康子向他询问子路、子贡、冉有可否从政时，他将三人各自的长处说了出来，希望季康子能够人尽其才，将他们安排到最适合的位置，让他们的优点能够得到最大限度地发挥。说到底，这样做也是为了避免人才的浪费，这对于优秀的管理者而言非常重要。

季氏使闵子骞为费宰①。闵子骞曰."善为我辞焉。如有复我者，则吾必在汶上矣②。"

【注释】

①闵子骞(qiān)：姓闵，名损，字子骞。孔子的学生。费：季氏的封邑，在今山东省费县西北。 ②汶：汶水，即今山东大汶河。汶上：暗指齐国。

【译文】

季氏派人通知闵子骞，让他当季氏采邑费城的长官。闵子骞告诉来人说："好好地为我推辞掉吧！如果再有人为这事来找我，那我一定逃到汶水那边去。"

【题解】

本章讲述的是闵子骞拒绝做官的故事，反映了他宠辱不惊、明哲保身的超然态度，实在是极富智慧的处世哲学。宋代大儒朱熹对闵子骞的这一做法深表赞赏，他说：处乱世，遇恶人当政，"刚则必取祸，柔则必取辱"。即是说在乱世从政，刚直或者屈从都要受害取辱。孔子主张"道不同不相为谋"，闵子骞就是这样做的。

伯牛有疾①，子问之，自牖执其手②，曰："亡之，命矣夫！斯人也而有斯疾也！斯人也而有斯疾也！"

【注释】

①伯牛：姓冉，名耕，字伯牛。孔子的弟子。 ②牖(yǒu)：窗户。

【译文】

冉伯牛病了，孔子去探望他，从窗户里握着他的手，说道："没有办法，真是命呀！这样的人竟得这样的病呀！这样的人竟得这样的病呀！"

【题解】

这一章孔子以极其沉痛的语气与他的得意门生冉伯牛诀别。最令人痛心的是，好人

而得恶病，孔子只能归之为天命。孔子虽为圣人，但对生老病死也只能是一筹莫展。他对冉伯牛的不幸而牵挂、担忧、焦虑，然而又感到无可奈何。

名家品论语

伯牛，姓冉，名耕，是孔子弟子中道德修养较高的一个。鲁定公时，孔子代理鲁相，推伯牛担任中都宰。后来，伯牛不幸因病死了。孔子对他的死非常痛惜，死前曾亲自去看望过他。

为什么孔子从窗口里握伯牛的手呢？古代礼节，生了病的人要居住南面窗下，但同尊长相见，必须向北行礼。君主前来看望时，则要把床移到南面窗下，使君主得以南面来看视病人。当时伯牛知道孔子要来探病，就特地把床移到南面窗下，以便孔子面南，受伯牛的礼拜。可是孔子表示谦虚，同时也不忍病人勉强起床行礼，所以就不进入室内，而是在南面窗外看望了病人，从窗口里握了他的手。

"斯人也而有斯疾也！"这么好的一个人怎么就得了这么样的病！后来就衍成为成语"斯人斯疾"作为吊唁的一句常用语，羞叹好人因不治之症而亡。

——李长之《李长之批评文集》

子曰："贤哉！回也。一箪食①，一瓢饮，在陋巷。人不堪其忧，回也不改其乐。贤哉！回也。"

【注释】

①箪(dān)：古时盛饭食用的一种圆形竹器。食：饭。

【译文】

孔子说："品德好呀，颜回呀！一竹筒子饭，一瓢水，住在简陋狭小的巷子里。一般人都忍受不了这种困苦忧愁，颜回却能做到不改变他一往爱学乐善的快乐。品德好呀，颜回啊！"

【题解】

在本章中，孔子对颜回能够做到淡泊自守很是高兴，尤其是在贫困的环境下，他依然不改其道，显得悠然自得。夫子此言既是对颜回的肯定，也是对他的褒扬。颜回所表现出来的人生态度，值得我们深思和学习。

我们想知道孔子的生活，也可以在颜回生活里窥见一部分出来。孔子夸奖颜回说："贤哉，回也！一箪食，一瓢饮，在陋巷。人不堪其忧，回也不改其乐。贤哉，回也！"对于生活之乐趣，再三夸奖。由此可知颜回生活，确实如此。由此看来，儒家生活就是乐趣所在。子曰："饭疏食饮水，曲肱而枕之，乐亦在其中矣；不义而富且贵，于我如浮云。"孔子弟子日记孔子的生活说："子之燕居，申申如也，夭夭如也。"这都是说生活之舒美，其中有说不出的乐趣。那种生活之合适，是非常自得的，有很好的兴趣，有自然的乐趣。"乐"之一字，在《论语》中一见屡见再见以至多见。如"智者乐水，仁者乐山；智者乐，仁者寿"。"知之者不如好之者；好之者不如乐之者"。还有一条是应该注意的。孔子说："君子坦荡荡；小人长戚戚。"君子的生活，是坦然的；而小人生活，则是戚戚然的。君子自然是好人；小人自然是坏人。在这句话里面，孔子直接表示出来，生活之乐不乐，与人的好坏有很大关系。凡是君子则坦坦而乐；小人就戚戚以忧。与仁者不忧，差不多的意思。把这所有谈生活之乐的，各个小条，归并在一块儿，我们就知道孔子的生活是乐的。

——梁漱溟《孔的人生旨趣》

冉求曰："非不说子之道①，力不足也。"子曰："力不足者，中道而废。今女画②。"

【注释】

①说：通"悦"，喜欢，爱慕。 ②女：通"汝"，你。画：画线为界。画地以自限，则止而不进。

【译文】

冉求对孔子说："我并非不喜欢您所讲的道理，而是我的力量不够。"孔子说："力量不够的话，是走到中途力量用尽用完不得已而停止，但是现在你是给你自己画了一条停止的界线。"

【题解】

从这段对话中可以看出什么是最好的老师，最好的老师是让学生产生希望和自信。冉求对学习理论失去了信心，孔子则以学走路为喻对他进行开导和帮助。孔子告诉他，并非他的能力不够，而是他思想上的畏难情绪在作怪，自己给自己设置了障碍，只要努力去做，肯定能够克服一切困难，达到学习的目标。

子谓子夏曰："女为君子儒，无为小人儒。"

【译文】

孔子对子夏说："你要做个君子式的儒者，不要做小人式的儒者。"

【题解】

在本章中，孔子提出了"君子儒"和"小人儒"之区别，并要求子夏做君子儒，不要做小人儒。"君子儒"是指懂得大道、有仁德、有高尚人格的人；"小人儒"则是指只知眼前利益、不懂大道、品格平庸的人。

儒家讲求修身、齐家、治国、平天下。君子儒者，为治国平天下而学，以利天下人为己任，有着大器和大胸襟。小人儒者，为一己之私利而学习，器量狭小。子夏有文学特长，孔子希望他进而学道，故说"你要学做君子儒，不要学做小人儒"。

子游为武城宰①。子曰："女得人焉尔乎②？"曰："有澹台灭明者③，行不由径④。非公事，未尝至于偃之室也⑤。"

【注释】

①武城：鲁国的城邑。即今山东省嘉祥县。 ②焉耳：犹言"于此"。耳：通"尔"。 ③澹台灭明：姓澹台，名灭明，字子羽。武城人。为人公正。后来成为孔子的弟子。传说澹台灭明容貌甚丑，孔子曾以为他才薄。而后，澹台灭明受业修行，闻名于世。孔子叹说："吾以貌取人，失之子羽。" ④径：小路，捷径。引申为正路之外的邪路。 ⑤偃：即子游。姓言名偃，字子游。这里是子游自称。

【译文】

子游任武城县官。孔子说："在你管辖的地区内你得到什么人才了吗？"子游说："有个名叫澹台灭明的人，走路从来不抄小道，不是为了公事，从不到我的居室来。"

【题解】

孔子问子游的这段话是在表彰澹台灭明为人奉公守法且有所不为的高尚品格，同时也反映出他举贤才的标准：任用正直诚实、公私分明的人。孔子极为重视发现贤才、使用人才。当时社会处于大动荡、大变革时期，各诸侯国都重视接纳各种人才，尤其是能够帮助他们争夺土地的有用之才，但孔子赞许的是有仁德、有正直品质的贤才。

子曰："孟之反不伐①，奔而殿②。将入门，策其马③，曰：'非敢后也，马不进也。'"

鲁国与齐国交战失利，孟之反勇于殿后。

【注释】

①孟之反：姓孟，名侧，字子反（《左传》作"孟之侧"，《庄子》作"孟子反"）。鲁国的大夫。伐：夸耀功劳。　②奔：败走。殿：殿后，即行军走在最后。鲁哀公十一年（公元前484年），齐国进攻鲁国，鲁军迎战，季氏宰冉求所率领的右翼军队战败。撤退时，众军争先奔走，而孟之反却在最后作掩护。故孔子称赞孟之反：人有功不难，难得不夸功为难。　③策：鞭打。

【译文】

孔子说："孟之反不夸耀自己。败退时，他留在了最后面，快要进城门时，他鞭打了一下自己的马说：'不是我勇敢要殿后，是马跑不快不往前进啊。'"

【题解】

在本章中，孔子对孟之反居功不自夸的谦逊精神进行了赞扬。在孔子看来，谦逊是一种修养和美德，人们只有做到谦逊不自夸，才能保持着不骄不躁的心态，在面对困境和顺境时保持着平和，为自己的成功多加一个砝码。

子曰："不有祝鮀之佞①，而有宋朝之美②，难乎免于今之世矣！"

【注释】

①祝鮀(tuó)：姓祝，名鮀，字子鱼。卫国的大夫。因他擅长外交辞令，能言善辩，又会阿谀逢迎，受到卫灵公的重用。　②而：通"与"。宋朝：宋国的公子朝，貌美闻名于世。《左传·昭公二十年》及《定公十四年》记述公子朝与襄夫人宣美私通，并参与发动祸乱，出奔到卫国。又以貌美，与卫灵公夫人南子私通，而受到宠幸。

孔子说："如果没有祝鲍的能言善辩，没有宋朝的美貌，是难以在当今之世受宠又免遭灾祸的。"

【题解】

孔子这段话是对于衰败的社会风气的感叹。人有爱美之心，但也有可能因为美色而带来祸患，宋公子朝因容貌俊美而惹乱。乱世纷纷，巧言如簧之人方能如鱼得水。孔子重视人的内在道德修养，故对当时只注重外表、虚夸欺世的颓丧世风深深感慨。

名家品论语

君子的修养有两个部分，一是学习"诗书六艺文"；一是躬行实践。在前一方面，他大概可以和其他人相比，但在后一方面，他也还没有完全成功。关于"君子"必须兼具此两方面，以下这段话表示得最明白："子曰：'质胜文则野，文胜质则史。文质彬彬，然后君子。'"（《雍也》）此处的"文"字含义较广，大致相当于我们今天所说的"文化教养"，在当时即所谓"礼乐"，但其中也包括了学习诗书六艺之文。"质"则指人的朴实本性。如果人依其朴实的本性而行，虽然也很好，但不通过文化教养终不免会流于"粗野"（道家的"返璞归真"、魏晋人的"率性而行"即是此一路）。相反地，如果一个人的文化雕琢掩盖了他的朴实本性，那又会流于浮华（其极端则归于虚伪的礼法）。前者的流弊是有内容而无适当的表现形式；后者的毛病则是徒具外表而无内涵。所以孔子才认为真正的"君子"必须在"文""质"之间配合得恰到好处。

——余英时《儒家"君子"的理想》

子曰："谁能出不由户？何莫由斯道也？"

【译文】

孔子说："谁能够走出屋子而不经过房门呢？为什么没有人走这条必经的仁义之路呢？"

【题解】

孔子一心想恢复周初的礼乐制度，只是社会发展到春秋末期已经世风日下，人心不古。各诸侯国各竞其力，争夺霸权，仁义道德几殆荡然之境。面对这种状况，孔子一方面大力推行他的仁礼学说，一方面对效果甚微深深忧虑。他以人出门必须经由房门来比喻说明他的道是人生正途，只可惜没有什么人能真正循行他的学说。

子曰："质胜文则野①，文胜质则史②，文质彬彬③，然后君子。"

【注释】

①质：质地，质朴、朴实的内容，内在的思想感情。孔子认为，仁义是质。文：文采，华丽的装饰，外在的礼仪。孔子认为，礼乐是文。　②史：本义是宗庙里掌礼仪的祝官，官府里掌文书的史官。这里指像"史"那样，言辞华丽、虚浮铺陈，心里并无诚意。含有浮夸虚伪的贬义。　③彬彬：文质兼备相称，文与质互相融合，配合恰当。

【译文】

孔子说："内在的素质胜过外在的文采，就未免粗野；外在的文采胜过内在的质朴，就未免有些浮夸虚伪了。只有把文采与素质互相融合、配合恰当，然后才能成为君子。"

【题解】

这是孔子的传世名言。它高度概括了文与质的合理互补关系和君子的人格模式。文与质是对立统一、相辅相成的。未经加工的质朴是朴实淳厚的，但容易显得粗野。后天习得的文饰，虽然华丽可观，但易流于虚浮。

质朴与文采是内容与形式的关系，是同样重要的，只有文、质双修，才能成为合格的君子。孔子的文质思想经过两千多年的历史实践，成为中国人"君子"形象最为鲜明的写照，对后世产生了深远的影响。

名家品论语

(朱熹)在他著的《语类》中也这样说，明白原文的字面是一件事，体会其意义又是一件事。一般读者最大的弱点就是只了解字表面，而未能把握住书中真正的好处。他又说，读书的正当办法是要费心思索。最初，你会觉得如此了解，是要大费精力，但是等你一般的理解力够强大之后，再看完一本书，就轻而易举了。最初，一本书需要一百分精力去读，其次只需八十、九十分精力就够了，再次只需六十或七十分就够了，最后以四十、五十分的精力也就够了。把阅读与思索，在求知识的进程上看作相辅相成的两件事，这是儒家基本的教育方法。关于这两种方法，孔子本人也提到过，在《论语》上也有记载。

——林语堂《孔子的智慧》

子曰："人之生也直①，罔之生也幸而免②。"

【注释】

①直：正直，无私。　②罔：诬罔，虚妄。指不正直的人。

【译文】

孔子说："一个人能够很好地生存，是由于他正直；不正直的人也能生存，生存方式不同，不过他是由于侥幸而避免了祸患。"

【题解】

孔子认为，人生在世最重要的就是走得直、行得正、做得端，光明磊落才会不负此生。而扭曲人性，委屈做人，简直是生不如死。并且，与枉曲之人相比，正直的人多行正义之事，所以很少会惹祸上身。不正直之人因私心太重，谎言较多，很容易招来他人的反感和打击，他们之所以才能存于世间，很多时候是因为侥幸而已。

子曰："知之者不如好之者①，好之者不如乐之者。"

【译文】

孔子说："对任何事业都一样知道它的人，不如爱好它的人；爱好它的人，不如以实行它为快乐的人。"

【题解】

知之、好之、乐之是学习的三个层次，这段话强调了爱好和兴趣在人们学习中至关重要的作用。孔子认为，对于学习，无论是知识还是技艺，了解它的人不如爱好它的人，而爱好它的人不如学习时乐在其中的人。后人说，兴趣是最好的导师，说的就是这个意思。只有真心喜爱学习，才能够将要学的东西扎实掌握，并在学习的过程中感受有所成、有所获的快乐。

子曰："中人以上，可以语上也①；中人以下，不可以语上也。"

【注释】

①语：告，讲，说。

【译文】

孔子说："对有着中等水平以上才智的人，可以说一些高深的知识学问；对有中等水平以下才智的人，就不可以说那些高深的知识学问。"

【题解】

孔子曾多次提到过人与人之间是有差别的。他觉得，具有中等才智以上的人，就可以给他们讲授高深的学问，但是，中等才智以下的人，就不能给他们讲授高深的学问了。孔子根据弟子们不同的资质，分别授予不同层次和方面学问的做法，孔子的这个思想，在教育学上便叫作因材施教。其完整的内涵是根据学生们不同的认知水平、学习能力以及自身的特点，进行有针对性的教学，将学生们的长处充分挖掘出来，尽量弥补学生在其他方面的不足，激发出学生学习的兴趣，从而促进学生的全面发展。

　　樊迟问知①。子曰："务民之义②，敬鬼神而远之，可谓知矣。"问仁。曰："仁者先难而后获，可谓仁矣。"

【注释】

①知：通"智"，聪明，智慧。　②务：从事于，致力于，一心一意去专力倡导。

【译文】

　　樊迟问怎样才是聪明。孔子说："专心致力于倡导人民应该遵从的仁义道德，尊敬鬼神，但要敬而远之，不可沉迷于靠鬼神求福，就可以说是聪明了。"樊迟又问怎样才是有仁德，孔子说："有仁德的人，首先付出聪明智慧和艰苦的努力，获得怎样的结果全不计较，便可以说是具备仁了。"

【题解】

　　本章孔子提出了"智""仁"等重要观念的一些具体体现。

　　面对现实，以回答现实的社会问题、人生问题为中心，是孔子思想的一个突出特点。他提出了"敬鬼神而远之"的观点，主张应该在尊敬鬼神时保持人的责任意识，远离了宗法社会传统的神权观念。他不迷信鬼神，自然也不主张以卜筮向鬼神问吉凶。所以，孔子是力求以实事求是的态度看待人生与社会的。

　　樊迟先后几次问到"仁"，孔子的答案不尽相同。孔子不但善于因材施教，而且会因时因地因事因状况而做出不同的解答来启发弟子。

　　子曰："知者乐水①，仁者乐山②；知者动，仁者静；知者乐，仁者寿。"

【注释】

①知者乐水：水流动而不板滞，随岸赋形，与智者相似，故曰。　②仁者乐山：山形巍然，屹立而不动摇，与仁者相似，故曰。

【译文】

孔子说："聪明智慧的人爱水，有仁德的人爱山；聪明智慧的人活跃，有仁德的人沉静；聪明智慧的人常乐，有仁德的人长寿。"

【题解】

这是孔子的一段极为著名的言论。孔子以水和山为喻，来说明智者和仁者的内心与外在特征，是非常聪明和贴切的。这里所说的"智者"和"仁者"，是指那些有修养的"君子"。水流婉转流动，充满动感和变化；智者运用其才智以治世，贵在变通灵动，好比水之变动不居，故乐水。山安稳凝重不动，充满了化育万物的涵容和厚重；仁者以仁为归，贵在择善而从，故乐山。智者心思活跃，灵动而快乐；仁者守仁，其心宁静而不忧，故寿。

子曰："齐一变，至于鲁；鲁一变，至于道①。"

【注释】

①"齐一变"句：变：进行政治改革，推行教化。当时，齐强鲁弱，但是齐国施行霸道，急功近利，孔子认为齐离王道甚远。而鲁国重礼教、崇信义。周公的礼法犹存，仁厚而近于王道。孔子曾说："周礼尽在鲁矣。"所以孔子有此说。

【译文】

孔子说："把齐国政治教化改变一下，便达到像鲁国这样；把鲁国改变一下，就能达到先王之道了。"

【题解】

孔子这段话对齐鲁两国的政治、社会的历史和现实作了评论，并提出了"道"

的观念。此处所讲的"道"是天下的最高原则。在春秋时期，齐国的经济发展较快，而且实行了一些改革，成为当时最富强的诸侯国。与齐国相比，鲁国经济的发展比较缓慢，但意识形态和上层建筑保存得比较完备。所以孔子说，齐国改变就达到了鲁国的样子，而鲁国再一改变，就达到了先王之道。这反映了孔子对周礼的无限崇尚之情。

子曰："觚不觚，觚哉！觚哉！"

【译文】

孔子说："觚不像个觚的样子，这还叫觚吗！这还叫觚吗！"

【题解】

在这里，孔子用觚不觚来影射当时君不君、臣不臣、父不父、子不子的礼崩乐坏的社会现实。觚是古代的酒器，可装二升酒。形状上圆下方，腹部有棱角。后来棱角变成圆形，虽然仍旧名为觚，却已是名不副实了。孔子的思想中，周礼是根本不可更变的。从井田到刑罚、从音乐到酒具，周礼规定的一切都是尽善尽美的，是神圣不可改更的。在这里，孔子感叹当今事物名不副实，主张"正名"。看到社会混乱的状况，孔子感时伤世。

孔子用不像觚的觚影射"礼崩乐坏"的社会现象。

宰我问曰："仁者，虽告之曰：'井有仁焉①。'其从之也？"子曰："何为其然也？君子可逝也②，不可陷也；可欺也，不可罔也③。"

【注释】

①井有仁：井里掉进一个有仁德的人。一说：仁，通"人"。　②逝：往，去。　③罔：诬罔，被无理陷害，愚弄。

【译文】

宰我问道："对于有仁德的人，虽然告诉他：'有一位仁人掉到井里了。'

他会跟着跳下去吗？"孔子说："为什么要他那样做呢？君子可以去井边看一看，设法救人，不可以也跟着陷下去；君子可能被欺骗，却不可能被愚弄。"

【题解】

因白天睡觉而受到孔子批评的宰我，向孔子提出了一个很尖锐的问题：一个有仁德的人，如果别人告诉他井里掉下一位仁人，他是不是会跟着跳下去呢？孔子没有正面回答。他认为君子会想方设法救助落难的人，但不会陷自己于危险境地。然后批评宰我问的问题不道德，说君子可以被人用正当的理由欺骗，但不可以被愚弄。

子曰："君子博学于文，约之以礼，亦可以弗畔矣夫①。"

【注释】

①畔：通"叛"。矣夫：语气词，表示较强烈的感叹。

【译文】

孔子说："君子广泛地学习文化知识，再用礼来加以约束，这样也就不会离经叛道了。"

【题解】

本章清楚地说明了孔子的教育目的。他当然不主张离经叛道，那么该怎么做呢？他认为应当广泛地学习古代典籍，而且要用"礼"来约束自己。说到底，他是要培养懂得"礼"的君子。后来孟子亦说过："动容周旋中礼者，盛德之至也。"

子见南子①，子路不说②。夫子矢之曰③："予所否者④，天厌之！天厌之！"

【注释】

①南子：卫灵公夫人。当时把持着卫国的朝政，行为不端。关于她约见孔子一事，《史记·孔子世家》有较生动的记载。②说（yuè）：通"悦"。③矢：通"誓"。④所……者：相当于"假如……的话"，用于誓词中。

【译文】

孔子去见南子，子路不高兴。孔子发誓说："我假若做了什么不对的事，让上天厌弃我吧！让上天厌弃我吧！"

【题解】

南子是卫灵公的夫人，她名声不太好，还恃宠擅权，想要孔子帮忙辅政，却又无真心任用之意。孔子不得已而见了她，子路十分不高兴。孔子便对天发誓，说他去见南子并没有做什么不正当的事。这件事显示出孔子很重视师生之间的关系和感情。从这里可以看出孔子是一个十分真诚的人。

子曰："中庸之为德也①，其至矣乎！民鲜久矣。"

【注释】

①中庸：中：折中，调和，无过无不及，不偏不倚。庸：平常，普通，循常规常理（顺其自然）而不变。

【译文】

孔子说："中庸作为一种道德，是最最高尚了！人民缺少这种道德已经很久了。"

【题解】

"中庸"是儒家思想的核心范畴之一。但在《论语》中，却仅此一处提及。从孔子称"中庸"为至德，可见他对这一思想的重视。中庸属于哲学范畴，也是道德行为的高度适度状态，是最高的德行。宋儒说，不偏不倚，选择行为之恰到好处，谓之中；就日常生活之长期坚持，谓之庸。中庸就是不偏不倚的、平常的道理。中庸又被理解为"中道"，即不偏于对立双方的任何一方，使双方保持均衡状态。中庸又称为"中行"，即人的气质、作风、德行都不偏于一个方面，对立的双方互相牵制、互相补充。

中庸是一种高度和谐的思想。调和与均衡是事物发展过程中的一种状态，这种状态是相对的、暂时的，却是人们应当追求的。孔子揭示了事物发展过程的这一状态，并概括为"中庸"，是一种完满状态。

子贡曰："如有博施于民而能济众，何如？可谓仁乎？"子曰："何事于仁，必也圣乎！尧、舜其犹病诸①！夫仁者，己欲立而立人，己欲达而达人。能近取譬②，可谓仁之方也已。"

【注释】

①尧、舜：传说是上古两位贤明的君主，也是孔子心目中圣德典范。病：忧虑，犯难，心有余而力不足。 ②能近取譬：近：指切近的生活，自身。譬：比喻，比方。能够就自身打比方，推己及人。

【译文】

子贡说："如果有人长久地给人民许多好处，又能广泛周济众人，怎么样呢？可以说是仁人吗？"孔子说："何止是仁人，那一定是圣人了！尧、舜尚且对自身做不到这样而感到为难呢。作为仁人，如果自己想要立身，就要帮助别人也立身；自己想要通达，也要帮助别人一起通达。凡事都能从贴近的生活中将心比心，推己及人，可以说是实行仁的一种方法啊。"

【题解】

在本章中，子贡说："如果有人能够博施济众，是不是就是仁者呢？"对于这个问题，孔子给予了极高的评价，他还告诉子贡，博施济众就连尧、舜这样的先圣都很难做到，如果能有人做到博施济众的话，那就不仅仅是仁人那么简单了，简直就是圣人。

另外，孔子对于子贡的这种想法也作了更加精辟的解说。他告诉子贡，若想实现博施济众的理想，首先应该成为一个"仁者"，而仁者的标准是"己欲立而立人，己欲达而达人"。这个标准很高，要求一个人具有卓越的才能去"立"别人，并且有愿意"立人"的高尚品格，"己欲达而达人"也是如此。能做到这一点，便是仁者。仁者再进一步，就是追求博施济众的圣境。将"己欲立而立人，己欲达而达人"的做法推己及人，在普天之下推行仁义，就有可能实现博施济众的终极目的。

孔子与弟子探讨"仁人"的境界。

论语全解全析

述而第七

子曰："述而不作①，信而好古，窃比于我老彭②。"

【注释】

①述：传述，阐述。作：创造，创作。 ②窃：私下，私自。第一人称的谦称。我老彭：老彭：指彭祖，传说姓钱，名铿，是颛顼（五帝之一）之孙陆终氏的后裔。"老彭"前加"我"，是表示了孔子对"老彭"的尊敬与亲切。一说，"老彭"指老子和彭祖两个人。

【译文】

孔子说："只传述旧的文化典籍而不创作新的文化精髓，相信而且喜爱古代的文化，我把自己比作老彭。"

【题解】

孔子的一生虽然都致力于文化遗产的整理，以及文化教育的普及，但他却在总结自业时，只是说了"述而不作"而已。其实，这是他对传统文化的尊重，是他谦虚的说法而并非真的只是述而不作，如以"仁"解"礼"就是孔子的创作。此外，他对教育事业的发展也有着不小的贡献，这些都是他的创作。

子曰："默而识之①，学而不厌②，诲人不倦③，何有于我哉③？"

【注释】

①识：牢记，记住。潜心思考，加以辨别，存之于心。 ②厌：通"餍"。本义是饱食。引申为满足。 ③诲：教诲，教导，诱导。 ④"何有"句：即"于我何有哉"。这是孔子严格要求自己的谦虚之词，意思说：以上那几方面，我做到了哪些（一说，还有什么困难或遗憾）呢？

【译文】

孔子说："默默地记住所见所闻所学的知识，学习永无止境、永不满足，又有耐心地教导别人而不倦怠，这三方面我做到了哪些呢？"

【题解】

在本章中，孔子讲到了为学和为师的基本原则。在为学时，"默而识之"说的是要默默地记住知识；"用心不厌"则是要求学生不要产生自满的心理。在为师时，"诲人不倦"是对学生有耐心和爱心。

这种"学而不厌，诲人不倦"的为学、为师思想，对我国教育思想的形成与发展有着极为重要的意义。

子曰："德之不修，学之不讲，闻义不能徙①，不善不能改②，是吾忧也。"

【注释】

①义：这里指正义的、合乎道义义理的事。徙：本义是迁移。这里指徙而从之，使自己的所作所为靠近义，做到实践义、走向义。 ②不善：不好。指缺点，错误。

【译文】

孔子说："品德不去修养，学问不去讲习，听到了义却不能去做，对缺点错误不能及时加以改正，这些都是我所忧虑的事情。"

【题解】

在本章中，孔子将道德修养、读书学习和知错即改三个问题相提并论，希望人们能行道德方面的修养，多对学问进行研习，同时还要及时地改正自己的过失或"不善之举"，这样才能不断地完善自己，提高自身的修养。

子之燕居①，申申如也②，夭夭如也③。

【注释】

①燕居：指独自闲暇无事时候安居、家居。燕，通"宴"，安逸，闲适。②申申：衣冠整齐，容貌舒展安详的样子。如也：像是……的样子。 ③夭夭：脸色和悦愉快、斯文自在、轻松舒畅的样子。

【译文】

孔子在家闲居，衣冠整齐，容貌舒展安详，脸色显出和悦轻松、自然愉快的样子。

【题解】

本章描写了孔子在闲居时十分舒适自如的本色。这很符合孔子曾反复强调过的淡定生活意境，不仅是闻道以后感悟到的人生乐趣，还是发自内心的自得之乐。这种平静与尽显圣人的中和之气，需要极高的精神境界才能做到。

孔子在家闲居的时候，穿戴很整齐，态度很温和。

子曰："甚矣吾衰也！久矣吾不复梦见周公①。"

【注释】

①周公：姓姬，名旦，周武王之弟，鲁国国君的始祖。他是孔子最敬佩的古代圣人之一。

【译文】

孔子说："我衰老得很厉害呀！我已经好久都没梦见周公了。"

【题解】

周公是孔子最景仰的人之一，孔子时常以其为榜样，更以恢复周礼为己任。在本章，孔子看似在慨叹自己已经很久没有梦到周公了，实则叹息自己虽已步入迟暮之年，但是目的依然未能实现，内心难免有些惆怅。

子曰："志于道，据于德，依于仁，游于艺①。"

【注释】

①游：这里有玩习、熟悉的意思。艺：六艺。指礼（礼节）、乐（音乐）、射（射箭）、御（驾车）、书（写字）、数（算术）。孔子用这六个方面的知识技艺来培养教授学生。

【译文】

孔子说："以道作为志向，以德作为根据，以仁作为凭借，以六艺作为活动范围教授学生。"

【题解】

在孔子看来，培养弟子就应以道为方向，以德为立脚点，以仁为根本，以六艺为境，只有这样才能使弟子们得到全面的发展。

子曰："自行束脩以上①，吾未尝无诲焉②！"

【注释】

①行：实行，做到。束脩(xiū)：是捆在一起的一束干肉。每束十条。古代人们常用来作为见面的薄礼。脩：干肉。　②未尝：未曾，从来没有。

【译文】

孔子说："只要愿意亲自来送十条干肉作为薄礼的人，我从来没有不教诲的。"

【题解】

孔子的这段话意在说明，只要是有心向学的人前来求教，他都愿意教授对方知识，而并非有些人理解的那样，只有先交了学费孔子才肯授以学问。如果是那样的话，哪里会有颜回这类贫民弟子呢？他在此处强调的就是"有教无类"的教育思想。正因为如此，他才成了中国历史上第一个将教育普及到贫民子弟的人。

子曰："不愤不启①，不悱不发②；举一隅不以三隅反③，则不复也。"

【注释】

①愤：思考问题有疑难之处，苦思冥想，仍然没想通，仍然领会不了的样子。②悱：想说而不能明确地表达，说不出来的样子。　③隅：角落，角。这里比喻已知的一点，去进行推论，由此及彼，触类旁通。这句就是成语"举一反三"和词语"启发"的由来。

【译文】

孔子说："教学生直到他苦思冥想而仍领会不了的时候，再去开导他；不到他想说而又说不出来的时候，不去启发他。告诉他方形的一个角，他都不能由此推知有另外三个角，那就不要再重复去教他了。"

【题解】

这一章孔子既讲了教学方法，也讲了学习方法。主要是讲教育者要激发学生主动思考的能力，让受教育者开启活泼的心灵、生动的智慧，能够独立思考。这是一种典型的启发式的教学思想。他反对填鸭式的机械教学做法。要求学生能够举一反三，这是符合教学的基本规律的。

论语全解全析

子食于有丧者之侧①，未尝饱也。

【注释】

①有丧者：有丧事的人。指刚刚死去亲属的人家。孔子在有丧事的人面前，因同情失去亲人的人，食欲不振，吃饭无味，故云"未尝饱也"。

【译文】

孔子在有丧事的人旁边吃饭，从未吃饱过饭。

【题解】

这一章说明了孔子是一位感情真挚而且深厚的人，伟大的人性情感必定是细腻而且长久的。在有丧事的人身边吃饭，孔子从没有吃饱过。可见孔子是非常顾忌别人感受的。

子于是日哭①，则不歌。

【注释】

①哭：指给别人吊丧时哭泣。一日之内，由于心里悲痛，余哀未忘，就不会再唱歌了。

【译文】

孔子在那一天吊丧哭泣过，就不再唱歌了。

【题解】

此章和上章表达了同一个主题：孔子是一位感情真挚而且深厚的人，伟大的人性情感必定是细腻而且长久的。在这一天内，余哀未能忘记，自身不能歌。这也从一个侧面反映出孔子的日常生活，在没有哀戚的事情时，孔子是很快乐的，经常唱歌。

子谓颜渊曰："用之则行，舍之则藏①，惟我与尔有是夫！"子路曰："子行三军②，则谁与③？"子曰："暴虎冯河④，死而无悔者，吾不与也。必也临事而惧，好谋而成者也。"

【注释】

①舍：不用，舍弃。 ②行：神，居……之位。这里犹言指挥，统帅。三军：当时一个大国的所有军队。每军一万二千五百人，三军相当于三万七千五百人。③与：在一起，共事。 ④暴：徒手搏击。句中指赤手空拳与老虎搏斗。冯：涉水。句中指无船而徒步趟水过大河。暴虎冯河：是用来比喻那种有勇无谋，冒险行事，

而往往导致失败的人。

【译文】

孔子对颜渊说："用我，我就去；不用我，就隐藏起来。只有我和你能够做到这样吧！"子路在一旁插言说："老师您如果统帅三军去作战，那么，您要和谁在一起呢？"孔子说："赤手空拳要和老虎搏斗，没有船要趟水过大河，这样做死了都不知后悔的人，我不和他在一起。我要共事的人必须是遇事小心谨慎，严肃认真，善于筹划谋略而能争取成功的人。"

【题解】

这段师生之间的问答很有趣。子路见孔子盛赞颜回，于是说自己也有长处，想夫子若是率领三军，必然会选择与自己一起共事。孔子却再一次指出他鲁莽冒失的缺点。短短几句话，反映出了人物的性格。

子曰："富而可求也，虽执鞭之士^①，吾亦为之。如不可求，从吾所好^②。"

【注释】

①执鞭之士：指手里拿着皮鞭的下等差役。当时主要指两种人，一种是市场的守门人，执鞭以维持秩序；一种是为贵族外出时执鞭开路、让行人让道的差役。②从：顺从，听从。

【译文】

孔子说："财富如果是可以求得的，就是去当一名手拿皮鞭的下等差役，我也去做。如果不可以求得，我还是做我所爱好做的事。"

【题解】

孔子在这里又提到了富贵和道的关系问题。只要是合乎于道，富贵就可以去追求；不合乎于道，富贵就不能去追求。那么，他就做自己喜欢做的事情。从此处可以看出，孔子不反对做官，不反对富有，但是必须符合道。

子之所慎：齐^①、战、疾。

【注释】

①齐：通"斋"，古代祭祀之前，先要整洁身心，叫作斋戒。

【译文】

孔子所谨慎小心对待的事有三件：斋戒、战争、疾病。

孔子对待斋戒、战争、疾病这三件事非常小心谨慎。

【题解】

在孔子看来，斋戒是否敬诚，关于神灵对人的态度，而战争和疾病直接关系到人的生死。这三件事，都是性命攸关的大事，不可不慎。

子在齐闻《韶》[1]，三月不知肉味[2]。曰："不图为乐之至于斯也！"

【注释】

①韶：传说是虞舜时创作的乐曲，水平很高，音乐境界很优美。参见《八佾第三》第二十五章注。　②三月：比喻很长时间，不是实指三个月。

【译文】

孔子在齐国听到了演奏《韶》乐，三个月吃肉都吃不出什么滋味，说："没想到虞舜时创作的音乐竟然达到这么迷人的地步。"

【题解】

孔子的音乐素养相当高，具有极高的音乐鉴赏能力。音乐有着穿越时空的感召力，可以直接作用于心灵，修养心性。

《韶》乐是赞美舜的乐章，是当时的经典古乐。孔子听了《韶》乐以后，在很长时间内品尝不出肉的滋味，这当然是一种夸张的说法，但同时也表明了孔子对于音乐教化的重视。

冉有曰："夫子为卫君乎①？"子贡曰："诺。吾将问之。"入，曰："伯夷、叔齐何人也？"曰："古之贤人也。"曰："怨乎？"曰："求仁而得仁，又何怨！"出，曰："夫子不为也。"

【注释】

①为：帮助，赞成。卫君：卫出公辄。辄是卫灵公之孙，太子蒯聩之子。蒯聩得罪了卫灵公的夫人南子，逃亡晋国。灵公死，辄为君。晋国想借把蒯聩送回之机攻打卫国，被卫国抵御，蒯聩也被拒绝归国。这种情势客观上造成蒯聩与辄父子争夺君位，与伯夷、叔齐互相推让君位恰成对比。子贡引以发问，试探孔子对卫出公辄的态度。

【译文】

冉有说："老师会赞成卫国的国君吗？"子贡说："嗯，我去问问老师吧。"子贡进入孔子房中，问道："伯夷和叔齐是怎样的人呢？"孔子说："他们是古代贤人啊。"子贡说："他们会有怨悔吗？"孔子说："他们追求仁德，便得到了仁德，又怎么会有怨悔呢？"子贡走出来，对冉有说："老师不会赞成卫国国君的。"

【题解】

孔子反对一切破坏礼制秩序的战争，认为为了个人欲望而使成千上万的百姓遭殃，是极大的不仁。卫国灵公太子之子辄即位后，其父与其争夺王位，展开了战争。子贡想试探孔子的态度，因为这件事恰好与伯夷、叔齐两兄弟互相让位的史实形成鲜明对照。这里，孔子赞扬了伯夷、叔齐，也就表明了对卫出公辄父子不义之战的不满。

子曰："饭疏食①，饮水，曲肱而枕之②，乐亦在其中矣！不义而富且贵，于我如浮云。"

【注释】

①饭：作动词用。吃。疏食：指粗粮，粗糙的饭食。　②肱：由肩到胳膊肘这一部位，一般也泛指胳膊。

【译文】

孔子说："吃粗粮，喝冷水，弯起胳膊垫着当枕头，乐趣就在其中了。用不义的手段得到富与贵，对于我，那些富贵如同天上的浮云。"

【题解】

这一章孔子表明的是自己对于人生快乐的理解，再次申明了自己坚持以仁义为主体的理想。孔子提倡"安贫",是为了"乐道",认为"饭疏食,饮水,曲肱而枕之"的生活对于有理想的人来讲,可以说是乐在其中的。同时,他还提出,不义的富贵荣华,如天上的浮云一般,自己是不会追求的。

子曰:"加我数年①,五十以学《易》②,可以无大过矣。"

【注释】

①加:通"假",给予。　②《易》:《易经》,又称《周易》的书,其中卦辞和爻辞是孔子以前的作品,古代一部用以占筮(卜卦)的书。

【译文】

孔子说:"给我增加几年的寿命,让我在五十岁的时候去学习《易经》,就可以没有大过错了。"

【题解】

《周易》虽是古代的卜筮之书,却具有切近的现实经验和辩证的哲学思想,追求天人的对应交感、阴阳的相辅相成,穷理尽性而达变,对人生具有现实的指导意义。孔子对于《周易》的学习表明他具有活到老学到老、乐天知命而又积极进取的精神。孔子说:"五十而知天命",这里说"五十以学《易》,学《周易》"和"知天命"都是对于人生意义的探求,对于天人之际的思索。他认真研究《周易》,是为了使自己的言行符合于"天命"。《史记·孔子世家》中说,孔子"读《易》韦编三绝"。他非常喜欢读《周易》,曾把穿竹简的皮条翻断了很多次。孔子坚持学习、自强不息的奋发进取精神,值得后人学习。

子所雅言①,《诗》《书》②、执礼,皆雅言也。

【注释】

①雅言:古代西周人的语言,相当于今天的普通话。　②《诗经》,是中国古代诗歌开端,最早的一部诗歌总集,收集了西周初年至春秋中叶(公元前11世纪至公元前6世纪)的诗歌,共311篇,其中6篇为笙诗,即只有标题,没有内容,称为笙诗六篇(《南陔》《白华》《华黍》《由庚》《崇丘》《由仪》),反映了周初至周晚期约五百年间的社会面貌。　《尚书》又称《书》《书经》,是我国第一部上古历史文件和部分追述古代事迹著作的汇编。《尚书》分为《虞书》《夏书》《商书》《周书》。战国时期总称《书》,汉代改称《尚书》。

【译文】

孔子有用雅言的时候,读《诗经》《尚书》和执行礼事,都用雅言。

此章是就孔子从事主要活动所用的语言来说明孔子对于文明传统的尊重。春秋时期，各个诸侯国的语言不统一，各有方言。雅言是中夏通用的语言，类似于今天的普通话，是正音。语言是一种文化的工具，中国的语言文字是中华文明的一大特征，孔子对此是非常尊重的，在讲述《诗经》《尚书》或者行礼时都用雅言，便于阐发本义，倡导传统文化和道德。后世曾经想把中国语文拼音化，不但不可行，从文化自尊上也应该好好向孔子学习。

叶公问孔子于子路①，子路不对②。子曰："女奚不曰③：其为人也，发愤忘食，乐以忘忧，不知老之将至云尔④。"

【注释】

①叶公：姓沈，名诸梁，字子高，楚国的大夫。他的封邑在叶城（今河南省叶县南三十里有古叶城），为叶尹，故称叶公。　②不对：不回答。对：是应答之意。③女：通"汝"，你。奚：何，为什么。　④云尔：如此而已，罢了。

【译文】

叶公向子路问到孔子，子路没回答。孔子说："你为什么不说：'他的为人啊，发愤时，竟忘记吃饭；快乐时，便忘记忧愁；简直连自己的衰老也会感觉不到，如此而已。'"

孔子对子路说，自己是个发愤忘食、乐以忘忧，不知老之将至的人。

论语全解全析

【题解】

这一章中子路没有回答别人打听孔子的问话，也很难回答，因为很难用言语来概括描述孔子。孔子自己几句朴实平易的话无意当中向我们展现了一个乐观进取、具有伟大人格和人生境界的圣人形象。孔子自述其心态："发愤忘食，乐以忘忧"，这是求知日新到了忘我忘情的境界，这种人格和境界为后世树立了榜样、开辟了方向，让人们能够充实地走好自己的人生之路。

子曰："我非生而知之者，好古，敏以求之者也。"

【译文】

孔子说："我不是一生下来就是有知识的人，而是爱好古代文化，勤奋敏捷地去求得知识的人。"

【题解】

孔子再一次声明自己是经过后天孜孜不倦地学习而有成就的，否定自己是生而知之的人。这既是一种谦逊的美德，更是给了他的学生以极大的鼓励和希望。有没有"生而知之者"，这里不作讨论，但孔子用自己的实践告诉人们，他之所以成为学识渊博的人，在于他对于古代的典章制度和文献图书有真切的爱好，而且勤奋学习。连孔子都说自己是"制以求之"的人，普通人更应该虚心向学，孜孜以求。

名家品论语

在这段夫子自道的文字里，我们不难看出孔子生活的快乐、热情及其力行的精神。孔子有好几次说他自己不是圣人，只是"学而不厌，诲人不倦"而已。这表示孔子是有其道德的理想，自己知道自身负有的使命，因此深具自信。

——林语堂《孔子的品格》

子不语：怪[1]、力[2]、乱[3]、神[4]。

【注释】

①怪：怪异之事。　②力：施暴逞强、以力服人。　③乱：叛乱。　④神：鬼神之事。

【译文】

孔子不谈论怪异、暴力、变乱、鬼神一类的事。

孔子的言谈中很少有对怪异之事、勇力、叛乱及鬼神的崇信。因为怪异之事难以明白、鬼神之事不可捉摸，无从谈起；勇力不值得夸耀，故也不谈；而叛乱时以下犯上，不合乎礼，向为孔子所反对，所以也不谈论。

子曰："三人行①，必有我师焉！择其善者而从之②，其不善者而改之。"

【注释】

①行：行走。 ②善：优点。从：顺从，学习。

【译文】

孔子说："如果三个人在一起走，其中必定有可以作我的老师的人。选择他的优点长处，而跟从他学习；看到有什么不好的地方，就检查、反省自己并加以改正。"

【题解】

孔子这句极为著名的话，已经成为历代有志之士、好学之士的座右铭。凡有一点特长的人，他都认为有可资借鉴取法之处。就是有错误的人，他也认为可以作为反面教材，观照自己的言行有无同样的不足。他喜欢以别人为师，总觉得自己的知识不够。

这句话的道理很简单，就是为学者要谦虚好学，可是做起来非常不容易。因为人往往自以为是，免不了虚荣和傲慢。孔子之所以能成为伟大的思想家和教育家，离不开这种谦虚好学的精神。能够虚心向别人学习，这种精神已经十分可贵，更可贵的是，不仅要师人之善，还要以别人的缺点为借鉴，这是平凡而伟大的真理，对于指导我们处世待人、修身养性、增长知识，都是有益的。

名家品论语

"三人行，必有我师焉"。孔子注意学习别人的优点与长处，哪怕是一德之优、一技之长。《论语》中记载，孔子在和别人一起唱歌时，如果发现谁唱得好，必定要他重唱，然后自己随着唱。另一条是随时修正错误，孔子提出"过则勿惮改"，有了错误不要害怕改正，他很欣赏颜回的"不贰过"精神，同样的错误不会犯第二次。他的学生都有乃师的作风，"子路人告之以有过，则喜"。子贡说："君子之过也，如日月之食焉。过也，人皆见之；更也，人皆仰之。"人难免要犯错误，伟人也是如此。伟人不怕他有过错，有了过错可以改正，改正了，人们仍然会敬仰他。如果文过饰非，或诿过他人，那就会令人失望了。

——姜广辉《儒学的道德精神及对它的现实思考》

子曰："天生德于予，桓魋其如予何①？"

【注释】

①桓魋(tuí)：宋国的司马(主管军政的官)。孔子离开卫国去陈国，经过宋国，和弟子们在大树下演习礼仪，桓想杀孔子，砍掉大树，孔子离去。弟子催他快跑，孔子便说："天生德于予，桓魋其如予何？"

【译文】

孔子说："我的品德是上天所赋予的，桓魋能把我怎样呢？"

【题解】

这一章表现了孔子的自信和清醒的使命感。孔子在卫国不被重用，便离开卫国前往陈国，途中经过宋国。桓魋是宋国的大夫，他听说以后，带兵要去杀害孔子。当时孔子正与弟子们在大树下演习周礼。桓魋便派人砍倒大树，而且要杀孔子，孔子便离开了宋国。在逃跑途中，弟子们劝他快点逃，孔子便说了这句话。这实际上是孔子自觉历史使命感和崇高的理想所产生的浩然之气，以及临危不惧的大勇气概。

子曰："二三子以我为隐乎①？吾无隐乎尔②。吾无行而不与二三子者③，是丘也。"

【注释】

①二三子：这里指孔子的弟子们。　②尔：有两种不同的看法，一种认为是指代诸弟子，另一种则认为如果在此处指代诸弟子，与下一句的"二三子者"就重复了，所以此处的"乎尔"应该是语气助词，无实意。　③与：朱熹将此处的"与"解释为"示"，也就是展示的意思。也有一些人认为应该为"与"字的本义，就是与弟子们在一起的意思。

【译文】

孔子说："你们大家以为我对你们有什么隐瞒不教的吗？我没有什么隐瞒不教你们的。我没有一点不向你们公开的，这就是我孔丘的为人。"

【题解】

前面几章是讲孔子是如何好学的，而这一章讲的是孔子的教育之道是注重言传身教。弟子们以为夫子之道高深而难以企及，疑惑老师似乎总有某种神方妙诀隐藏不授，所以孔子讲了这样一句话。

孔子为万世师表，树立了作为教师的职业道德的楷模。他教育学生的方法，一是靠言传身教，自己的知识、学问、道德、文章，都可以向学生传授，没有什

孔子与弟子们说，自己是个对弟子倾囊相授、毫无保留的人。

么隐瞒和保留的；二是把学习融入日常生活，循循善诱，诲人不倦，让学生亲身去体验和感悟。

子以四教：文^①、行^②、忠^③、信^④。

【注释】

①文：文化知识，历史文献。 ②行：行为规范，道德修养，社会实践。 ③忠：忠诚老实。 ④信：讲信用，言行一致。

【译文】

孔子从四个方面教育学生：历史文献、行为规范、忠诚老实、讲究信用。

【题解】

孔子教育学生，有四个方面的要点，分别是：文献知识、行为规范、忠于职守、言而有信。在他看来，教授学生文化知识固然重要，但是对其修养品行进行重塑则更为重要。学习文化知识，只是为了以后的品行塑造打下基础。学生们只有学得多了，才会懂得更多的道理，才会遵照这些道理约束自己的言行，这是一个由浅入深的过程。

孔子以"文、行、忠、信"这四项为主要的教学内容，并配合循序渐进的教育方式，取得了很好的效果，他成功地培养出一大批的优秀弟子，为社会造就许多人才。这些人才，在孔子去世以后，或著书立说，或从政治国，对后世产生深远影响。他们以自己的成就，彰显出孔子的成功与伟大。

子曰："圣人，吾不得而见之矣；得见君子者，斯可矣①。"子曰："善人，吾不得而见之矣；得见有恒者②，斯可矣。亡而为有，虚而为盈，约而为泰，难乎有恒矣。"

【注释】

①斯：就。　②有恒：有恒心。这里指保持好的操守。

【译文】

孔子说："圣人，我是不能看到了；能够看到君子，这也就可以了。"孔子又说："善人，我是看不到的了；能看到有一定操守的人就可以了。没有却装作有，空虚却装作充盈，本来穷困却装作富裕，这样的人很难保持好的操守。"

【题解】

这一章表明了孔子对当时现实的感叹。对于春秋末期"礼崩乐坏"的社会状况，孔子认为在此社会背景下，难以找到理想中的"圣人""善人"，而那些以无作有、空虚却假装充实、贫困却冒充富裕的人却比比皆是，在这样的情况下，能看到"君子""有恒者"就心满意足了。

名家品论语

古代儒家学者对于保护自然资源是非常自觉的，《论语》记载："子钓而不纲，弋不射宿"，是说孔子只用鱼竿钓鱼，不用大挂网拦河捕鱼，并且反对偷猎归林的宿鸟。孟子主张"数罟不入洿池"，"斧斤以时入山林"。捕鱼不用很细密的渔网，避免把小鱼捕上来；采伐树木要遵守一定的时节，以免妨害树木的生长。荀子说："草木荣华滋硕之时，则斧斤不入山林，不夭其生，不绝其长也；鼋鼍鱼鳖鳅鳣孕别之时，网罟毒药不入泽，不夭其生，不绝其长也。"就是说，在草木生长季节，不准进山采伐；在鱼类繁殖季节，不准在河里张网投毒，等等。这种爱护自然资源，保护生态平衡的思想是非常可贵的。

——姜广辉《儒学的道德精神及对它的现实思考》

子钓而不纲①，弋不射宿②。

【注释】

①纲：动词，用大绳系住网，断流以捕鱼。　②弋(yì)：用带生丝的箭来射鸟。宿：归巢歇宿的鸟。

【译文】

孔子只用鱼竿钓鱼，而不用大网来捕鱼；用带的箭射鸟，但不射归巢栖息的鸟。

【题解】

孔子捕鱼而不用绳网，射鸟而不射已经入巢栖息的鸟，这种不妄杀滥捕的做法，是将仁德之心推及到一切物事，是一种最朴实的生活态度，足见孔子仁德的境界。

子曰："盖有不知而作之者，我无是也。多闻，择其善者而从之；多见而识之①，知之次也②。"

【注释】

①识：记住。 ②知之次也：即"学而知之者，次也"的意思。"次"即次一等。孔子主张"生而知之者，上也；学而知之者，次也。"参阅《季氏第十六》第九章。

【译文】

孔子说："可能有什么都不懂却在凭空妄作的人，可我不是这样的人。多听，选择其中好的跟着来学习；多看，记在心里。这样学而知之，在知识上，比'生而知之'的人是仅次一等的。"

【题解】

这一章是孔子关于学习的方法论。他主张对自己所不知的，应该多听、多看，努力学习。反对那种本来什么都不懂，却在那里凭空杜撰的做法。注重实践，反对空谈，他自己是这样做的，同时也要求他的学生这样去做。

互乡难与言①，童子见，门人惑。子曰："与其进也，不与其退也。唯何甚！人洁己以进，与其洁也，不保其往也。"

【注释】

①互乡：地名，今在何处，已不可考。

【译文】

互乡这地方的人难以同他们交谈，孔子却接见了互乡的一个童子，弟子们都觉得疑惑。孔子说："我是赞成他求上进，不赞成他退步，何必做得太过呢？别人修饰容仪而来要求上进，就应该赞成他的这种做法，而不要总是抓住他的过去不放。"

【题解】

孔子知道互乡这个地方的人闭塞保守，很难打交道，很多道理可能行不通。

所以他说"与其进也，不与其退也""人洁己以进，与其洁也，不保其往也"，这从一个侧面体现出孔子与人为善的处事态度和宽容精神，对有进取之心的人加以鼓励，而不拘泥于别人过去的过失。正是抱着人皆可教，错皆可改，凡事"成人之美"的愿望，孔子才能有"诲人不倦""有教无类"的教育态度。

子曰："仁远乎哉？我欲仁，斯仁至矣！"

【译文】

孔子说："仁，距离我很远吗？只要我想要做到仁，仁就随着心念到了。"

【题解】

孔子在本章中再次强调了修养靠的是自觉。"仁"是内在的品德，外在的情感表现为关怀、仁爱他人。如果一个人真想成为仁者，只要其内在自觉地朝着这个方向努力，就一定能够做到，因为"仁"就在我们的身边。

陈司败问①："昭公知礼乎②？"孔子曰："知礼。"孔子退，揖巫马期而进之③，曰："吾闻君子不党④，君子亦党乎？君取于吴⑤，为同姓，谓之吴孟子⑥。君而知礼，孰不知礼？"巫马期以告。子曰："丘也幸，苟有过，人必知之。"

【注释】

①陈司败：陈国的司寇（主管司法的官员）。一说，姓陈，名司败，是齐国大夫。②昭公：鲁国国君，姓姬，名稠，公元前541年至公元前510年在位。"昭"是死后谥号。 ③揖：拱手行礼，作揖。巫马期：姓巫马，名施，字子期。孔子的弟子。鲁国人。 ④党：偏袒，包庇，有偏私。 ⑤取：通"娶"。 ⑥吴孟子：鲁昭公夫人。春秋时，国君夫人的称号，一般是用她出生的国名加上她的姓。吴孟子姓姬，便应称"吴姬"。

【译文】

陈司败问："鲁昭公知礼吗？"孔子说："知礼。"孔子出来后，陈司败向巫马期作了个揖，走近他说："我听说君子是不会偏袒包庇别人的，难道君子也会偏袒包庇别人吗？鲁君娶了一个吴国女子，是同姓，却称她为'吴孟子'。如果说鲁君知礼，还有谁不知礼呢？"巫马期把这些话告诉孔子。孔子说："我真的很幸运，如果有了过错，人家一定会知道。"

【题解】

孔子为鲁昭公娶同姓之女这一失礼的行为故作不知，表明了他是"为尊者讳"，不直说君主不知礼。但他的袒护行为被人指了出来，他的弟子还特意告诉了他。在这种情况下，孔子承认错误说："丘也幸，苟有过，人必知之。"流露出磊落坦荡的君子之风。事实上他通过这种方式已经表示了鲁昭公失礼，但孔子的做法没有失礼。

子与人歌而善，必使反之①，而后和之。

【注释】

①反：复，再。

【译文】

孔子与别人一起唱歌，如果唱得好，一定请他再唱一遍，然后自己又和他一起唱。

【题解】

孔子注重生活的艺术化，作为音乐爱好者，音乐也是他授课的内容之一。上音乐课的时候，同样抱着平易近人的态度，没有任何架子，他并不认为自己作为老师就应该是全知全能的，故会不断地吸取他人的长处。一个唯有感觉自己不足的人才能成其伟大。

子曰："文，莫吾犹人也①。躬行君子，则吾未之有得。"

【注释】

①莫：大概，差不多。

【译文】

孔子说："就书本上的学问来说，大概我同别人差不多。身体力行地去做一个君子，那我还没有达到。"

【题解】

这段话，实际上是他在告诫弟子们，学识修养是永无止境的，而提高修养贵在躬行。我们在前面说过，个人的道德修养在很大程度上取决于主观思想，但这并不是全部，这种主观思想只有与实践相结合，才能将个人道德修养加以提高和完善。

子曰："若圣与仁，则吾岂敢！抑为之不厌①，诲人不倦，则可谓云尔已矣②！"公西华曰："正唯弟子不能学也！"

【注释】

①抑：只不过是。　②云尔：这样说。

【译文】

孔子说："如果说到圣和仁，那我怎么敢当！不过是朝着圣与仁的方向去努力做而不厌倦，教导别人不知疲倦，那是可以这样说的。"公西华说："这正是我们弟子学不到的。"

【题解】

孔子认为学而不知满足是知，教诲别人而不知疲倦是仁，两者结合起来是圣的境界。在前面的章节中，孔子已经谈到"学而不厌，诲人不倦"，本章又说到"为之不厌，诲人不倦"，可见其思想确实是一以贯之的。他谦称道，说起圣与仁，自己还愧不敢当，但朝这个方向努力，自己会不厌其烦地去做，而同时，自己也会不感疲倦地去教诲别人。这是他的由衷之言。

子疾病①，子路请祷②。子曰："有诸③？"子路对曰："有之。《诔》曰④：'祷尔于上下神祇⑤。'"子曰："丘之祷久矣。"

【注释】

①疾：指有病。病：指病情严重。　②请祷：向鬼神请求和祷告，即祈祷。③诸："之于"的合音。　④诔（lěi）：向神祇祷告的文章。和哀悼死者的文体"诔"不同。　⑤尔：你。祇（qí）：地神。

孔子病了，子路请求为他祈祷。

【译文】

孔子病得很重，子路请求祈祷。孔子说："有这回事吗？"子路回答说："有的。《诔》文中说：'为你向天地神灵祈祷。'"孔子说："我早就祈祷过了。"

【题解】

孔子患了重病，子路为他祈祷，孔子对此举并不加以反对，而且说自已已经祈祷很久了。这段文字并不是说明孔子是一个迷信天地神灵的人，也不是在表明他对鬼神的怀疑态度，而是表现出孔子对生死与疾病泰然处之的乐观态度。从孔子一贯的言论看，他是相信人的尊严和仁道的力量的，主张"尽人事而听天命"，不相信祈祷天神地祇可以治病之事。此章是他不相信鬼神的又一个例证。

子曰："奢则不孙①，俭则固②。与其不孙也，宁固。"

【注释】

①孙：通"逊"，恭顺，谦让。 ②固：固陋，鄙陋，小气，寒酸。

【译文】

孔子说："奢侈了就会不逊，节俭了就显得鄙陋。与其会不逊，宁可鄙陋。"

【题解】

孔子在奢与俭二者的取舍上，表现出了圣者的理智，把握好了度。春秋时期，各诸侯、大夫等都僭越礼制，生活极为奢侈豪华，他们的生活享乐标准和礼仪规模都与周天子没有区别。孔子认为，这些越礼、违礼的行为，还不如简陋的好。节俭虽然会让人感到寒酸鄙陋，但与其越礼，则宁可寒酸鄙陋，保持礼的尊严。

子曰："君子坦荡荡①，小人长戚戚②。"

【注释】

①坦：安闲，开朗，直率。荡荡：宽广，辽阔。 ②长：经常，总是。戚戚：忧愁，哀伤，局促不安，患得患失。

【译文】

孔子说："君子心胸平坦宽广，小人经常忧愁，患得患失。"

【题解】

这是孔子的弟子给老师总结得最为贴切的形象。孔子向来温良恭俭让，给人以好好先生的印象，但只有他的弟子知道，他们的老师待人待己待物都是非常严厉、严谨的。孔子身材高大，容止端庄，不怒而威；但他为人温文尔雅、和蔼可亲，只使人觉得亲近，从来没有给人以凶猛的感觉。孔子以礼治身，以德修身，神情总是庄重而安详。

子温而厉，威而不猛，恭而安。

【译文】

孔子温和而严厉，有威仪而不凶猛，谦恭而安详。

【题解】

在弟子眼中，孔子是一个完美的人，举手投足间处处都彰显着君子的风度。孔子的境界令人高山仰止，羡慕不已。

"温而厉"，是说孔子的内心温和，而仪容举止庄重严肃。"威而不猛"，反映的是孔子的内在修养，他在外表上保持着足够的威仪，但不会让人感到那咄咄逼人的气势。"恭而安"，这是对孔子内心状态的描述。

泰伯第八

子曰："泰伯，其可谓至德也已矣①！三以天下让②，民无得而称焉。"

【注释】

①泰伯：周朝姬氏的祖先有名叫古公亶父的，又称"太伯"。古公亶父共有三个儿子：长子泰伯（又称"太伯"）、次子仲雍、三子季历（即周文王姬昌的父亲）。传说古公亶父见孙儿姬昌德才兼备，有意把王位传给季历，谋求后世能扩展基业，日后可大展宏图。泰伯体察到父亲的意愿，就主动把王位的继承权让给三弟季历；而季历则认为，按照惯例，王位当由长兄继承，自己不能接受。后来，泰伯和二弟仲雍密谋，以去衡山采药为由，一起悄悄离开国都，避居于荆蛮地区的句吴。泰伯后来便成为周代吴国的始祖。 ②"三以"句：天下：代指王位。第一次让，是泰伯离开国都，避而出走。第二次让，是泰伯知悉父亲古公亶父去世，有意不返回奔丧，以避免被众臣拥立接受王位。第三次让，是发丧之后，众臣议立新国君时，泰伯在荆蛮地区，为表示永不返回的决心，索性与当地黎民一样，断发文身。这样，他的三弟季历只好继承王位。有了泰伯的这"三让"，才给后来姬昌（周文王）继位统一天下创设了条件，奠定了基础。因此，孔子高度称赞泰伯。

【译文】

孔子说："泰伯是品德最高尚的人。三次以天下相让，人民真不知该用什么样的言语称赞他。"

【题解】

大德无名，大功不争。孔子认为让贤是一种高尚的美德。孔子津津乐道这个故事，表达了他的理想，而让位者显示出的明智与仁德，老百姓也是无比崇敬的。

子曰："恭而无礼则劳，慎而无礼则葸①，勇而无礼则乱，直而无礼则绞②。君子笃于亲③，则民兴于仁；故旧不遗，则民不偷④。"

【注释】

①葸(xǐ)：过分拘谨，胆怯懦弱。 ②绞：说话尖酸刻薄，出口伤人；太急

切而无容忍。　③笃（dǔ）：诚实，厚待。　④偷：刻薄。

【译文】

　　孔子说："只是容貌态度恭敬顺从而没有礼来指导就会虚于敷衍，只是做事谨慎小心而没有礼来指导就会胆怯懦弱，只是英勇强悍而没有礼来指导就会作乱，只是刚正率直而没有礼来指导就会说话刻薄尖酸。如果君子厚待百姓，老百姓就会按仁德行事；倘若君子不遗忘故交，老百姓也就厚道了。"

【题解】

　　这章是孔子说明礼的重要性，虽是好的德行，也要以礼来加以节制，才会没有流弊。凡事过犹不及，孔子重视适度合宜，讲究尺度，人情味和理性要完美结合。恭敬、谨慎、勇敢、直率，都是很好的德行，但这些德目的实践要符合中庸的准则，它们之间互相联系、互相补充。如若恭敬而不合乎礼，就会出现疲劳；谨慎而不知礼则会懦弱不前；勇敢而不讲究礼就会做事过分，扰乱社会的正常秩序；直率而无礼，便如绞绳一样愈绞愈紧，责备人深切尖刻，令人不堪忍受。

名家品论语

　　"君子"在道德修养方面必须不断地"反求诸己"，层层向内转。但是由于"君子之道"即是"仁道"，其目的不在自我解脱，而在"推己及人"，拯救天下。所以"君子之道"同时又必须层层向外推，不能止于自己。后来《大学》中的八条目之所以必须往复言之，即在说明儒学有"内转"和"外转"两个过程。这也是后世所说的"内圣外王"之道。简单地说，这是以自我为中心而展开的一往一复的循环圈。一部中国儒学史大体即是在此循环圈中活动，其中因为各家畸轻畸重之间的不同、对"内""外"之间的关系的理解不同、所持的理论根据的不同以及各时代具体的社会背景的不同，儒学史上先后出现了种种不同的流派。但这一切的不同都没有跳出上述的循环圈。而这一循环圈早在孔子时代便已开始了。

　　　　　　　　　　　　　　　　——葛兆光《中国经典十种》

　　曾子有疾，召门弟子曰："启予足①！启予手！《诗》云：'战战兢兢，如临深渊，如履薄冰②。'而今而后，吾知免夫③！小子④！"

【注释】

　　①启：通"晵"，看。　②"战战兢兢"三句：引自《诗经·小雅·小旻》。③免：指身体免于损伤。　④小子：对弟子的称呼。

【译文】

　　曾子生病，把他的弟子召集过来，说道："看看我的脚！看看我的手！《诗》

上说：'战战兢兢，好像面临着深渊，好像走在薄薄的冰层上。'从今以后，我才知道自己可以免于祸害刑戮了！学生们！"

【题解】

曾子借用《诗经》里的三句，来说明自己一生谨慎小心，避免损伤身体，能够对父母尽孝。据《孝经》记载，孔子曾对曾参说过：身体发肤，受之父母，不敢毁伤，孝之始也。就是说，一个孝子，应当极其爱护父母给予自己的身体，包括头发和皮肤都不能有所损伤，这就是孝的开始。曾子在临死前要他的学生们看看自己的手脚，以表明自己的身体完整无损，是一生遵守孝道的。可见，孝在儒家的道德规范当中是多么重要。

曾子有疾，孟敬子问之①。曾子言曰："鸟之将死，其鸣也哀②；人之将死，其言也善。君子所贵乎道者三：动容貌③，斯远暴慢矣；正颜色，斯近信矣；出辞气④，斯远鄙倍矣⑤。笾豆之事⑥，则有司存⑦。"

【注释】

①孟敬子：姓仲孙，名捷，武伯之子，鲁国大夫。问：看望，探视，慰问。②也：语气助词。表示停顿，引起下文，兼有舒缓语气的作用。 ③动容貌：即"动容貌以礼"。指容貌谦和，恭敬，从容，严肃等。 ④出辞气：即"出辞气以礼"。出：是出言，发言。辞气：指所用的词句和语气。 ⑤鄙倍：鄙陋，错误。鄙：粗野。倍：通"背"，指悖谬，不合理，错误。 ⑥笾(biān)：古代一种竹制的礼器，圆口，下面有高脚，在祭祀宴享时用来盛果脯。豆：古代一种盛食物盛肉的器皿，木制，有盖。形状像高脚盘。笾和豆都是古代祭祀和典礼中的用具。笾豆之事：就是指祭祀或礼仪方面的事务。 ⑦有司：古代指主管某一方面事务的官吏，这里具体指管理祭祀或礼仪的小官吏。存：有，存在。

【译文】

曾子病重，孟敬子前去探望。曾子说："鸟面临死亡时，鸣叫的声音都是悲哀的；人面临死亡的时候，说的每句话都是发自肺腑的。应当被君子重视的道德有三方面：容貌谦和严肃，就可避免粗暴急躁，放肆怠慢；脸色正派庄重，就接近于诚实守信；说话注意言辞得体和口气声调合宜，就可以避免粗鲁和错误。至于祭祀和礼节仪式，自有主管的官吏去办。"

【题解】

这一章是曾子对孟敬子讲执政要修身的道理。曾子用鸟将死而鸣哀来比喻人将死而言善的道理，表明了自己的衷肠。他一方面表示自己对孟敬子没有恶意，同时也告诉孟氏，作为君子应当重视三个方面的问题。其一，动容貌。人与人之间的交往，一般都是先见容貌，其次观颜色，最后用言语交谈，故礼义之始就在于正容止。从仪容举止，推及一切事，都要有秩序，这样就能远离他人的怠慢不敬。其二，正颜色。对人的态度要庄重，这就能令人以信实相待。其三，出辞气。谈吐言辞要适当而且清楚，这样就可以避免粗野和错误。

曾子曰："以能问于不能，以多问于寡；有若无，实若虚，犯而不校①，昔者吾友尝从事于斯矣②。"

【注释】

①校：计较。　②吾友：我的朋友。有人认为：曾参指的是他的同学颜回。

【译文】

曾子说："向才能不及自己的人请教，知识多的人却向知识少的人学习；有本事却好像没有，知识学问很充实却好像很空虚；被人冒犯也不计较。我的朋友以前就是这样做的。"

【题解】

这一章与前述"不耻下问"的思想是一致的。曾子完全继承了孔子的思想学说。"问于不能""问于寡"等都表明了曾子谦逊的学习态度。能够"问于不能""问于寡"是明智的态度，没有知识、没有才能的人并不是一无是处的，在他们身上总有值得学习的地方。所以，善于学习的人既要向有知识、有才能的人学习，也要向少知识、少才能的人学习。曾子还提出"有若无""实若虚"的学习态度，希望人们始终保持谦虚不自满、虚怀若谷的态度。曾子说"犯而不校"，表现出忍让的精神和宽阔的胸怀，这是值得学习的。这里曾子所说的"吾友"，当指孔门中德行、学问都很出众的颜回。

孔子认为善于学习的人应该虚怀若谷、不耻下问。

曾子曰："可以托六尺之孤①，可以寄百里之命②，临大节而不可夺也③，君子人与④？君子人也。"

【注释】

①六尺之孤：指尚未成年而登基的年幼君主。 ②寄：寄托，委托。百里：指方圆百里的一个诸侯国。命：指国家的政权与命运。 ③不可夺：指其志不可夺，不能使他动摇屈服。 ④与：通"欤"，语气词。

【译文】

曾子说："可以将年幼的孤儿托付于他，可以把国家的命运寄托给他。面临重大考验有气节而不动摇屈服。这是君子一类的人吗？是君子一类的人啊！"

【题解】

在本章中，曾子讲的虽然是国家大事，但是其核心内容还是个人修身。他觉得无论是为人还是为政，都要做君子，而且还要做真君子。但是，要如何做才能成为真正的社稷之臣呢？对此，曾子给出了明确的答案。

曾子曰："士不可以不弘毅①，任重而道远。仁以为己任，不亦重乎？死而后已，不亦远乎？"

【注释】

①弘：广大。毅：强毅。

【译文】

曾子说："士，不可以不心胸开阔、意志坚强，因为责任重大，道路遥远。把实现'仁'看作是自己的首要任务，不也是很重大吗？要终生为之奋斗直到死才停止，不也是很遥远吗？"

【题解】

伟大人格的形成是需要长期修养锻炼的，仅凭一时的血勇之气是不可能炼就伟大人格的。曾子这段话对后世的人才观影响很大。其中"任重道远""死而后已"等早已被人们作为成语使用。士人以推行仁道为自己应负的重大责任，这种大责任要一生负载下去，任重而道远，不是人人都能轻易做到的。所以弟子们不可以不弘大而刚毅，要有不屈不挠、坚韧不拔的精神才行。

子曰："兴于《诗》①，立于礼②，成于乐③。"

【注释】

①兴：兴起，勃发，激励。受到《诗经》的感染，而热爱真善美，憎恨假恶丑。②立：立足于社会，树立道德观。　③成：完成，达到。这里指以音乐来陶冶性情，涵养高尚的人格，完成学业，最终达到全社会"礼乐之治"的最高境界。

【译文】

孔子说："用《诗经》激励志气，用礼作为道德行为规范的立足点，用乐完成人格修养、社会礼乐之治的境界。"

【题解】

这一章孔子提出了从事文化教育的基本程序和三方面内容——诗、礼、乐，而且指出了这三者的不同作用。它要求学生不仅要讲个人的修养，而且要有全面、广泛的知识和技能。"诗"有着强大的感染力，可以启迪心智、陶冶性情，使人懂得人生的真义。"礼"能使人行为规范，树立人格，卓然自立于社会群体之间。"乐"则陶冶情操，使修身、治学得以完成。

子曰："民可使由之①，不可使知之。"

【注释】

①由：从，顺从，听从，经由什么道路。孔子认为下层百姓的才智能力、认识水平、觉悟程度各不一样，执政者在施行政策法令时，只能要求他们遵照着去做就行，而不可以使人人都知道这样做的道理。

【译文】

孔子说："对老百姓，可以使民众顺着执政者所指点的路线去走，而不可以使民众都知道为什么要这样走。"

【题解】

孔子虽是圣人，有着高深的修养和深湛的智慧，但是，作为一名贵族，他一切理论的着眼点，皆在于帮助统治者更好地治理国家，因此，说出这样的话也就顺理成章了。

子曰："好勇疾贫①，乱也。人而不仁，疾之已甚②，乱也。"

【注释】

①疾：恨，憎恨。　②已甚：即太过分。已：太。

【译文】

孔子说："喜欢勇敢逞强却厌恶贫困，是一种祸害。对不仁的人憎恶太过，也是一种祸害。"

【题解】

本章与上一章联系起来，表达了孔子分析社会的辩证思想。好勇而不安贫，这就不利于社会的安定，而对于那些不仁的人过于痛恨，使他们无处容身，也会惹出祸乱。所以，儒家倡导以礼来规范制约人的行为，认为适宜合度是非常重要的，这样就能把智勇仁义用在好的一面，祸乱也就兴不起来了。

子曰："如有周公之才之美，使骄且吝①，其余不足观也已。"

【注释】

①吝：吝啬，小气，过分爱惜，应当用而不用。

【译文】

孔子说："一个人假如有周公那样完美的智慧才能，只要骄傲自大而且吝啬小气，其余的也就不值得一看了。"

【题解】

这段话说明孔子看人强调的是德才兼备而且谦逊大方。不骄傲是周公的主要美德之一，他作为周文王的儿子、周武王的弟弟、周成王的叔父，辅佐天子，却能谦逊下士，为了求得天下贤才，而"一沐三握发，一饭三吐哺"，故天下归心。孔子再三强调谦逊，认为它是"礼"的重要内容。

子曰："三年学，不至于谷①，不易得也。"

【注释】

①谷：谷子，小米。古代官吏以谷子来计算俸禄，这里以"谷"代指做官及其俸禄。

【译文】

孔子说："学了三年，都没有想到要官做求俸禄的念头上去，这人是难得的啊。"

【题解】

从这一章可以看出，孔子重视的是以学本身为乐，尽管孔子办教育的主要目的是培养治国安邦的人才。古时一般学习三年为一个阶段，此后便可出仕做官，但孔子更看重的是以学为目的的人。读书学习有求官的念头，难免会有急功近利之想，心有杂念，则难以沉潜下去一心向学。所以孔子感叹：读书而不存出仕求官的念头，很难得。

子曰：“笃信好学，守死善道^①，危邦不入，乱邦不居^②。天下有道则见^③，无道则隐。邦有道，贫且贱焉，耻也。邦无道，富且贵焉，耻也。”

【注释】

①道：这里指治国做人的原则与方法。下文“邦有道”“邦无道”则指社会政治局面的好与坏，国家政治是否走上正道。　②危邦、乱邦：东汉儒学家包成解说：“臣弑君，子弑父，乱也；危者，将乱之兆（征兆，预兆）也。”　③见：通“现”，表现，出现，出来。

【译文】

孔子说：“坚定信念，努力学习，誓死保全并爱好治国做人之道，国家有危险的，不要进入；那个国家有祸乱的，不要在那儿居住。天下太平，就出来从政；天下不太平，就隐居起来。国家有道，而自己贫穷，是耻辱。国家无道，而自己富贵，也是耻辱。”

【题解】

在本章中，孔子首先强调处世要以“道”为准则。他认为，只有坚守住大道，才能成就自我。有学问，有信仰，然后依据社会环境发挥自己的能力和作用。时代环境允许，就出来兼济天下；社会动荡，则保全性命，等待机会，此所谓君子不处危邦。这段话，很好地反映出了我国儒士的进退取舍之道。

子曰：“不在其位，不谋其政^①。”

【注释】

①谋：参与，考虑，谋划。

【译文】

孔子说：“不在那个职位上，就不要参与和过问那方面的政事。”

【题解】

孔子的这句名言，成为后人修身齐家、为政治世的法则。

“不在其位，不谋其政”涉及“名分”问题，名不正则言不顺，不在其位而谋其政，就有僭越之嫌。“不在其位，不谋其政”就是要“安分守己”。为维护社会稳定，就要有规则和秩序，这是一个有用的管理学原则。

子曰：“师挚之始^①，《关雎》之乱^②，洋洋乎盈耳哉！”

【注释】

①师挚之始：师挚：鲁国乐师，名挚。始：乐曲的开始，一般由太师演奏。挚是太师，所以说师挚之始。　②乱：乐曲的结尾。

【译文】

孔子说："从太师挚开始演奏，到结尾演奏《关雎》乐曲的时间里，美妙动听的音乐都充盈在耳边。"

【题解】

此章是孔子对鲁国太师挚演奏《关雎》乐章的赞叹之词，寄寓了孔子的礼乐教化思想。太师挚是鲁国有名的乐师，他在音乐合奏中领起。鲁国的音乐恢弘纯正而且优美，充盈着听众的双耳。而音乐关乎政教，孔子这里的赞叹不仅是说明音乐本身的美妙，而且还从音乐中照见了鲁国传统文化的博大恢弘，有一种自豪在里面。赞叹中包含了孔子对文化复兴的希望和信心。

子曰："狂而不直，侗而不愿①，悾悾而不信②，吾不知之矣。"

【注释】

①侗（tóng）：幼稚，无知。愿：谨慎老实。　②悾悾（kōng）：诚恳的样子。

【译文】

孔子说："狂妄而不正直，幼稚而不谨慎，看上去诚恳却不守信用，我不知道有的人为什么会这样。"

【题解】

本章孔子对一些虚伪的和不可理喻的品质提出了批评。"狂而不直，侗而不愿，悾悾而不信"都是两头都不占的坏品质，孔子对此十分反感和不理解。这是因为，这几种品质既不真实，又不符合中庸的基本原则，所以孔子说：我不知道有的人为什么会这样。

子曰："学如不及，犹恐失之。"

【译文】

孔子说："学习就像追赶什么而追不上那样，追上了又恐怕再失去它。"

【题解】

本章是讲学习态度的问题。孔子自己对学习知识的要求十分强烈，他也同时这样要求他的弟子。

孔子认为勤奋好学才是好的学习态度。

子曰："巍巍乎！舜、禹之有天下也，而不与焉①。"

【注释】

①不与(yù)：不参与其富贵，即不图自己享受。

【译文】

孔子说："多么崇高啊！舜、禹拥有天下，不是为了自己享受(却是为百姓)。"

【题解】

这里孔子所讲的称颂舜、禹的话，是别有所感的。当时社会混乱，礼崩乐坏，弑君、篡位者屡见不鲜。孔子赞颂传说中的舜、禹，意有所指。尧因为舜的贤能而把帝位传给他，舜又传位给禹，因为禹有治水的大功，有三过家门而不入的大公无私的精神。孔子将他们推举为古代君主的典范，表明对古时大同之世的认同。他借称颂舜、禹，抨击现实中的诸多问题和现象。

子曰："大哉！尧之为君也！巍巍乎！唯天为大，唯尧则之①。荡荡乎②！民无能名焉③。巍巍乎！其有成功也！焕乎④！其有文章⑤！"

【注释】

①则：效法，取法。　②荡荡：广大，广远，广博无边。　③名：用言语去形容，赞美。　④焕：光辉，光明。　⑤文章：指礼乐典章制度。

孔子说："伟大呀！尧作为这样的君主！多么崇高与伟大啊！只有天是最高大的，只有尧才能效法于天。他的恩德功绩是多么广大啊！人民都不知该怎样去称赞他。多么崇高啊！他成就的功业。多么光辉啊！他制定了的礼乐典章制度。"

【题解】

在本章中，孔子一连用了几个赞美之词对尧进行称颂。在孔子眼中，尧的德行深厚、广博。在人民面前，他有着广泛、深厚的爱，这种大爱是无私的。尧的德行不仅顺应天道，建立了礼仪制度以及文化体制等，更是开启了中华文明史，其功绩足以彪炳千秋，这也是孔子及其弟子想要实现的终极理想。

舜有臣五人而天下治①。武王曰："予有乱臣十人②。"孔子曰："才难，不其然乎？唐、虞之际③，于斯为盛④。有妇人焉，九人而已。三分天下有其二，以服事殷。周之德，其可谓至德也已矣。"

【注释】

①"舜有"句：传说舜有五位贤臣，分别是禹、稷、契、皋陶、伯益。 ②乱：在这里是治理的意思。乱臣：指能治理国家的大臣。十人：周公旦，召公奭，太公望，毕公，荣公，太颠，闳夭，散宜生，南宫适（武王曾命他"散鹿台之财，发钜桥之粟，以赈贫弱"。与孔子弟子南宫适不是一人），另有一名妇女是邑姜（南宫适夫人，专管内务）。 ③唐、虞之际：尧舜之时。唐：尧的国号。虞：舜的国号。际：时期，时候。 ④斯：代词，指周武王时代。 ⑤"三分"句：传说商纣时天下分为九州，归附文王的已有六个州（荆、梁、雍、豫、徐、扬），只有青、兖、冀三州属商纣王。

【译文】

舜只有贤臣五人就治理好了天下。周武王说："我有十位大臣有治国之才。"孔子说："人才难求。难道不是如此吗？在唐尧、虞舜时代之后，周武王时期人才辈出，可是十位治国大臣中一人为妇女，实际上仅九人而已。周文王已经统治了天下的三分之二，他却依然向殷纣王俯首。周朝的道德，可以说是最高的了。"

【题解】

孔子认为，治国安邦关键在于人才，所以他十分重视举荐贤才。而人才是十分难得的。有了人才，国家就可以得到治理，天下就可以太平。在历史发展过程中，杰出人物、优秀人物都发挥了巨大作用，鲁迅先生甚至称赞他们为"民族脊梁"。用人在贤，得人在德。周朝兼有礼乐文明仁德之治，周文王虽然能得到贤臣和民心，有三分之二的天下，却能谨守臣道，故孔子推之为"至德"。

论语全解全析

子曰："禹，吾无间然矣①。菲饮食，而致孝乎鬼神②；恶衣服，而致美乎黻冕③；卑宫室，而尽力乎沟洫④。禹，吾无间然矣！"

【注释】

①间（jiàn）然：意见。间，空隙。　②菲（fěi）：薄。乎：相当于"于"。　③黻（fú）冕（miǎn）：古代祭祀时的衣帽。　④沟洫（xù）：沟渠，指农田水利。

【译文】

孔子说："禹，我对他没有意见了。他自己吃得很少，却用丰盛的祭品孝敬鬼神；他自己平时穿得很差，却把祭祀的服饰和冠冕做得华美；他自己居住的房屋很差，却把力量完全用于沟渠水利上。禹，我对他没有意见了。"

【题解】

禹不追求个人的享乐和虚荣，敬仰天地鬼神，隆重地举行祭祀，自己的宫室低矮卑下，却尽力于为民兴修沟渠水利，可见他不仅个人人格完满，而且是个厚爱百姓的君王。故孔子盛赞禹的功德，表示对他已经无可非议了。

以上这几章，孔子对于尧、舜、禹给予高度评价，并对他们所处时代的圣君贤臣、典章礼乐等理想的境况充满了向往之情。

子罕第九

子罕言利①，与命，与仁②。

【注释】

①罕：少。　②与：赞同，肯定。一说，"与"，是连词"和"。则此句的意思为：孔子很少谈财利、天命和仁德。宋儒程颐就曾说："计利财害义，命之理微，仁之道大，皆夫子所罕言也。"但是，纵观《论语》全书，共用"命"字21次，其中含"命运""天命"意义的，有10次；共用"仁"字109次，其中含"仁德"意义的达105次。由此看来，说孔子很少谈天命和仁德，是缺乏根据的。

【译文】

孔子不谈财利，赞同天命，赞许仁德。

【题解】

这章是弟子关于孔子言谈情况的印象。孔子平时所言多是平常话，因为他认为道蕴含在平凡具体之中，故很少去作形而上的空洞的说教。利是人之所欲，但为利当思义，直接谈论利，容易使听者误入歧途。但孔子注重命，赞成仁，《论语》一书中就多次讲到命与仁。

达巷党人曰①："大哉孔子！博学而无所成名。"子闻之，谓门弟子曰："吾何执②？执御乎？执射乎？吾执御矣。"

【注释】

①达巷党人：达巷那个地方的人。达巷：地名。山东省滋阳县（今充州市）西北，相传即达巷党人所居。党：古代地方组织，五百家为一党。一说，"达巷党人"，指项橐。传说项橐七岁为孔子师。　②执：专做，专门从事。

【译文】

达巷那个地方的人说："真伟大啊，孔子！知识博学多才，而没有成名的专长。"孔子听了这话，对本门弟子们说："我专做什么呢？做驾车的事吗？做射箭的事吗？那么我从事驾车吧！"

孔子对弟子戏言驾马车就是他胡专长。

【题解】

对于本章里"博学而无所成名"一句的解释还有一种，即"学问广博，可惜没有一技之长以成名。"持此说的人认为，孔子表面上伟大，但实际上算不上博学多识，他什么都懂，什么都不精。对此说，我们觉得似乎有些求全责备之嫌了。

子曰："麻冕①，礼也；今也纯②，俭③，吾从众。拜下，礼也；今拜乎上，泰也④。虽违众，吾从下。"

【注释】

①麻冕：麻织的帽子。 ②纯：黑色的丝。 ③俭：用麻织帽子，比较费工，所以说改用丝织是俭。 ④泰：骄纵。

【译文】

孔子说："用麻线来做礼帽，这是合乎礼的；如今用丝来制作礼帽，这样省俭些，我赞成大家的做法。臣见君，先在堂下磕头，然后升堂磕头，这是合乎礼节的；现在大家都只是升堂磕头，这是倨傲的表现。虽然违反了大家的做法，我还是主张要先在堂下磕头。"

【题解】

此章表明了孔子并不是一味地维护传统的礼仪，而是对于礼仪改革持有坚守、有变通的开明态度。涉及礼之精神的是必须坚持的，而那些纯外在的仪文规矩，可以不必坚持。礼讲究简朴，以前的礼仪是用麻布做礼帽，但现在用丝料制作礼帽显得简朴，所以从之。礼讲究发乎内心的真情，而行礼的简化是心有不诚而导致行为的简慢，所以不从。

子绝四：毋意①，毋必②，毋固③，毋我④。

【注释】

①毋：通"勿"，不，不要。意：推测，猜想。 ②必：必定，绝对化。 ③固：固执，拘泥。 ④我：自私，自以为是，唯我独尊。

【译文】

孔子杜绝了四种缺点：不要凭空猜测意料，不要绝对肯定，不要固执拘泥，不要自以为是。

【题解】

"绝四"是孔子的一大特点，涉及人的道德观念和价值观念。人只有首先做到这几点，才可以完善道德，修养高尚的人格。

子畏于匡①。曰："文王既没②，文不在兹乎③？天之将丧斯文也，后死者不得与于斯文也④；天之未丧斯文也，匡人其如予何⑤？"

【注释】

①子畏于匡：畏：受到威胁，被拘禁。匡：地名。今河南省长垣县西南十五里有"匡城"，疑即此地。公元前496年，孔子从卫国去陈国时，经过匡地，被围困拘禁。其原因有二：一是当时楚国正进攻卫、陈，当地人不了解孔子，对他怀疑，有敌意，有戒心。二是匡地曾遭受鲁国阳货的侵扰暴虐。阳货，又名阳虎（一说，字货），是春秋后期鲁国季氏的家臣，权势很大。当阳货侵扰匡地时，孔子的一名弟子颜克曾经参与。这次，孔子来到匡地，正好是颜克驾马赶车，而孔子的相貌又很像阳货，人们认出了颜克，于是以为是仇人阳货来了，便将他包围，拘禁了五天，甚至想杀他。直到弄清真相，才放了他们。 ②文王：周文王。姓姬，名昌，西周开国君王周武王（姬发）的父亲。孔子认为文王是古代圣人之一。 ③兹：这，此。这里指孔子自己。 ④后死者：孔子自称。与：参与。引申为掌握，了解。一说，通"举"，兴起。 ⑤如予何：把我如何，能把我怎么样。

【译文】

孔子在匡地受到围困拘禁，他说："周文王已经死了。周代的文化不都是在我这里吗？上天如果想要毁灭我，我就不可能活了；上天如果不想要毁灭我，匡人能把我怎么样呢？"

【题解】

外出游说时被围困，这对孔子来讲已不是第一次，当然这次是误会。但孔子有自己坚定的信念，他强调个人的主观能动作用，认为自己是周文化的继承者和传播者。不过，当孔子屡遭困厄时，他也感到人力的局限性，而把决定作用归之于天，表明他对"天命"的认可。

太宰问于子贡曰[①]："夫子圣者与[②]，何其多能也？"子贡曰："固天纵之将圣[③]，又多能也。"子闻之，曰："太宰知我乎！吾少也贱，故多能鄙事[④]。君子多乎哉？不多也。"

【注释】

①太宰：周代掌管国君宫廷事务的官员。当时，吴、宋二国的上大夫，也称太宰。一说，这人就是吴国的太宰伯嚭，不可确考。　②与：通"欤"，语气助词。　③纵：让，使，听任，不加限量。　④鄙事：低下卑贱的事。孔子年轻时曾从事农业劳动，放过羊，赶过车，当过仓库保管，还当过司仪，会吹喇叭、演奏乐器等。

【译文】

太宰问子贡道："孔夫子是圣人吧？他为何这样多才多艺呢？"子贡说："这是上天使他成为圣人，使他多才多艺的。"孔子听后，说："太宰了解我吗？我少年时贫贱，所以学会许多卑贱的技艺。地位高的君子会有这么多的技艺吗？不会多啊。"

【题解】

作为孔子的弟子，子贡认为自己的老师是天才，是上天赋予他多才多艺的。但孔子这里否认了这一点。他说自己少年低贱，要谋生，就要多掌握一些技艺，这表明，当时孔子并不承认自己是圣人。

牢曰[①]："子云：'吾不试[②]，故艺。'"

【注释】

①牢：有人认为是孔子的弟子琴牢。姓琴，字子开，一字子张，或称"琴张"。卫国人。但《史记·仲尼弟子列传》并无此人。　②试：用。引申为被任用，做官。

【译文】

牢说："孔子说过：'年少时我没有被任用做官，所以学会许多生存技艺。'"

孔子说自己小时候贫贱，所以学会了不少技艺。

【题解】

这一章同样用来说明孔子"我非生而知之"的自知之识。他不认为自己是"圣人"，也不承认自己是"天才"，而是认为自己的多才多艺是由于年轻时身份低下，没有做官，没有俸禄，生活比较清贫，为了谋生才掌握了这许多的技艺。

子曰："吾有知乎哉？无知也。有鄙夫问于我，空空如也；我叩其两端而竭焉①。"

【注释】

①叩其两端而竭焉：指孔子就农夫所问的问题，从首尾两头开始反过来叩问他，一步步问到穷竭处，问题就不解自明了。叩：叩问。两端：指鄙夫所问问题的首尾。竭：尽。

【译文】

孔子说："我有知识吗？没有知识。有一个粗鄙的人来问我，我对他谈的问题本来一点也不知道。我从他所提问题的正反两头去探求，尽了我的力量来帮助他。"

【题解】

本章也是孔子的自谦之词。孔子本人是十分诚实和谦虚的。事实上，任何人都不能对世间所有事情全知全能，因为人的精力是有限的。但孔子有一个分析问题、解决问题的基本方法，就是"叩其两端而竭"。只要抓住问题的两头，研究到底，就能求得问题的解决。这种方法，体现了儒家的中庸思想，是一种十分有意义的思想方法。

子曰："凤鸟不至①，河不出图②，吾已矣夫！"

【注释】

①凤鸟：古代传说中的一种神鸟。雄的叫"凤"，雌的叫"凰"，羽毛非常美丽，为百鸟之王。传说凤鸟在舜的时代和周文王时代出现过。凤鸟的出现，象征着天下太平，"圣王"将要出世。 ②图：传说上古伏羲时代，黄河中有龙马背上驮着"八卦图"出现。"图"的出现，是"圣人受命而王"的预兆。《尚书·周书·顾命》篇，记有"河图"之事。文中，孔子以"凤""图"之说，表示自己对当时政治黑暗、天下混乱、"大道不行"的失望。

【译文】

孔子说："凤凰不飞来，黄河也不出现八卦图，我这一生将要完了！"

【题解】

孔子为了恢复礼制而辛苦奔波了一生。到了晚年，他看到周礼的恢复似乎已经成为泡影，于是发出了以上哀叹。从这几句话来看，孔子到了晚年，他头脑中的宗教迷信思想比以前更为严重。

子见齐衰者①、冕衣裳者与瞽者②，见之，虽少，必作③；过之，必趋④。

【注释】

①齐衰：古代用麻布做的丧服。为五服之一，因其缉边缝齐，故称。齐：衣的下摆。 ②冕：做官人戴的高帽子。衣：上衣。裳：下服。冕衣裳者：指穿着礼服（官服）的人。瞽：双目失明，盲人。 ③作：站起身来。表示敬意。 ④趋：迈小步快走。也是表示敬意。

【译文】

孔子遇见穿丧服的人、戴礼帽穿礼服的人和盲人，虽然他们年轻，相见时，孔子一定站起身来；在他们面前经过的时候，也一定要恭敬地迈小步快快走过。

【题解】

孔子对于周礼十分熟悉，时时处处以礼待人，他知道遇到什么人该行什么礼。对于家有丧事者的哀悼，对于盲者的怜悯，对于尊贵者的敬重，都是以礼相待。

孔子之所以这样做，并身体力行，是因为他想恢复礼治的理想社会。

颜渊喟然叹曰^①："仰之弥高^②，钻之弥坚^③，瞻之在前^④，忽焉在后！夫子循循然善诱人^⑤，博我以文，约我以礼，欲罢不能。既竭吾才，如有所立卓尔^⑥。虽欲从之，末由也已^⑦！"

【注释】

①喟：叹气，叹息。　②弥：更加，越发。　③钻：深入钻研。坚：本意是坚硬，坚固。这里引申为深，深邃。　④瞻：看，视。　⑤循循然：一步一步有次序地。诱：引导，诱导。　⑥卓尔：高大直立的样子。　⑦末由：指不知从什么地方，不知怎么办，没有办法去达到。末：没有，无。由：途径。

【译文】

颜渊感叹地说："老师的道德品格，抬头仰望，越望越觉没有边际；努力去钻研，越钻研越觉得深邃；看着好像在前面，忽然又在后面。老师善于逐步地诱导人，用文化典籍来丰富我的知识，用礼节约束我的行动，使我想停止前进都不可能，直到竭尽了我的才力也不能停止学习。好像前面立有一个非常高大的东西，很想要攀登上去，却没有途径。"

【题解】

颜渊在本章里极力推崇自己的老师，把孔子的学问与道德说成是高不可攀。此外，他还谈到孔子对弟子的教育方法，"循循善诱"则成为日后为人师者所遵循的原则之一。

子疾病，子路使门人为臣^①。病间^②，曰："久矣哉，由之行诈也！无臣而为有臣，吾谁欺？欺天乎？且予与其死于臣之手也，无宁死于二三子之手乎！且予纵不得大葬^③，予死于道路乎？"

【注释】

①为臣：臣：指家臣，总管。孔子当时不是大夫，没有家臣，但子路叫门人充当孔子的家臣，准备由此人负责总管安葬孔子之事。　②病间 (jiàn)：病情减轻。间：空隙，引申为有时间距离，再引申为疾病稍愈。　③大葬：指大夫的隆重葬礼。

【译文】

孔子病重，子路让孔子的弟子充当家臣准备料理丧事。后来，孔子的病好些了，知道了这事，说："仲由做这种欺诈的事情很久啦！我没有家臣而冒充有家臣。我欺骗谁呢？欺骗上天吗？况且我与其死在家臣手中，也宁可死在你们这些弟子手中啊！而且我纵使不能按照大夫的葬礼来安葬，难道会死在路上吗？"

【题解】

儒家对于葬礼十分重视，尤其重视葬礼的等级规定。对于死去的人，要严格地按照周礼的有关规定加以埋葬。不同等级的人有不同的安葬仪式，违反了这种规定，就是大逆不道。孔子反对弟子们按大夫之礼为他办理丧事，是为了恪守周礼的规定。

名家品论语

孔子是一个原则性很强的人，但又富有灵活性和变通性，他教育弟子，针对性很强，并善于启导。不同的人都可以从他的教诲中获得益处。《论语》一书中充分体现了孔子的道德精神，其中许多言论蕴藉隽永，意味深长，它把你带入一座精神的殿堂，领略获得生活智慧的喜悦，而不是那种简单乏味的道德说教；它不是告诉你应该这样做、不应该那样做的训条，而总是注意唤起你心灵的美好体验，使你的精神不断升华。

——姜广辉《儒学的道德精神及对它的现实思考》

子贡曰："有美玉于斯，韫椟而藏诸①，求善贾而沽诸②？"子曰："沽之哉！沽之哉！我待贾者也！"

【注释】

①韫椟：藏在柜子里。韫：收藏起来。椟：柜子。 ②贾：商人。古代称行

商，为商；有固定店铺的商人，为贾。沽：卖，买。诸："之乎"二字的合音。

【译文】

子贡说："有一块美玉在这儿，把它放入柜子里收藏起来呢？还是找一个识货的商人把它卖掉呢？"孔子说："卖它吧！卖它吧！我正等着识货的商人哩！"

【题解】

"待贾而沽"说明了这样一个问题，孔子自称是"待贾者"，他一方面四处游说，以宣传礼治天下为己任，期待着各国统治者能够行他之道于天下；另一方面，他也随时准备把自己推上治国之位，依靠政权的力量去推行礼。因此，本章反映了孔子求仕的心理。

子欲居九夷①。或曰："陋②，如之何！"子曰："君子居之，何陋之有？"

【注释】

①九夷：我国古代称东部的少数民族为夷。至于"九夷"，或说是指九个不同的部族；或说是对东部夷族地区的总称；或说即"淮夷"，是散居于淮水、泗水之间的一个部族。已不可确考。　②陋：本义是狭小，简陋。这里引申为经济、文化的落后。

【译文】

孔子想要迁到九夷地方去居住。有人说："那里很落后，你如何能居住呢？"孔子说："君子居住到那里是去实行教化，还有什么地方是落后的呢？"

【题解】

孔子认为一个人有了良好的仁德修养，是不怕外部环境的艰苦的，强调了修养过程中人的主体作用。中国古代，中原地区的人把居住在东面的人们称为夷人，认为那里闭塞落后，当地人也愚昧不开化。孔子在回答某人的问题时说，只要有君子去这些地方居住，传播文化知识，改变其陋风旧俗，开化人们的心智，教以文明礼仪，那么这些地方就不会闭塞落后了。

子曰："吾自卫反鲁①，然后乐正，《雅》《颂》各得其所②。"

【注释】

①自卫反鲁：反：通"返"。指公元前484年（鲁哀公十一年）冬。因卫国发生内乱，孔子从那儿返回鲁国，结束了他十四年来"周游列国"的生活。　②《雅》《颂》：《诗经》篇章分《风》《雅》《颂》三大类。在古代，《诗经》305篇诗，

都是能唱的。不同的诗配有不同的乐曲。奏于朝曰雅，奏于庙曰《颂》。这里指《雅》《颂》的乐章内容和曲谱，都得到了孔子的整理与订正，而教之于徒，传之于世。

【译文】

孔子说："我自卫国返回鲁国，然后把乐曲进行了整理订正，使《雅》《颂》各归于适当的位置。"

【题解】

孔子的话表明，他的确对《诗经》作了分类整理。《雅》《颂》是直接有关祭祀等重要典礼的"庙堂诗"，使它们各自得到合适的位置，是承续了周公制作礼乐的事业。孔子晚年从卫国返回鲁国，结束了长达十四年的周游列国的生活。虽然寻找贤德的君主来实现仁政的理想落空了，但通过正乐还可以复兴传统文化，将周礼的精神弘扬下去。

子曰："出则事公卿，入则事父兄，丧事不敢不勉，不为酒困，何有于我哉①！"

【注释】

① "何有"句：一说，此句意为：我还有什么困难或遗憾呢？

【译文】

孔子说："在外从政就职侍奉君王公卿，在家侍奉父母兄长，办理丧事不敢不勤勉尽力，就是喝酒也不致被醉倒，这些事我做到了，还有什么事情可遗憾的呢？"

【题解】

在本章中，孔子讲的虽然只是日常生活中的一些小事，却隐含着做人的大道理。只是由于我们修养不够，很难体会到这些道理的奥妙罢了。所谓"出则事公卿"，即在外为政就得恪尽职守，做个称职的官员，这是"忠"的体现。"入则事父兄"，说的是在家就得尽心尽力地孝敬父母，友爱兄弟姐妹，这是"孝"的体现。"丧事不敢不勉"，即参加丧葬之事要尽心竭力，尽量做得周到细致，这是"敬"的体现。"不为酒困"，即不沉湎于酒精，这是"慎"的表现。

子在川上曰："逝者如斯夫①！不舍昼夜②。"

【注释】

①逝者：指逝去的岁月、时光。斯：这。这里指河水。夫：语气助词。

②舍：止，停留。

【译文】

孔子在河边说："消逝的时光就像这河水一样啊！日夜不停地流去。"

【题解】

这也是《论语》中的名言。孔子面对奔涌不息的大河，发出了时不我待的感慨。流水一去不复返，无论昼夜，永不停息。观于水而悟人生之道，尽管过去的已经过去，但应该时时刻刻保持自强不息、永不懈怠的精神。

子曰："吾未见好德如好色者也①。"

【注释】

①"吾未见"句：据《史记·孔子世家》记载，孔子"居卫月余，灵公与夫人（南子）同乘，宦者雍渠参乘出，使孔子为次乘（后面的第二部车子），招摇市过之"。孔子因而发出了这一感叹。

【译文】

孔子说："我没见过爱慕德行像爱慕美色那样热切的人。"

【题解】

孔子的原意是说"好德"之难，任重而道远，难在自觉和有恒，而"好色"则是本能欲望、人之常情。这里并没有要借"好德"来"禁欲"的意思。据《史记·孔子世家》记载，孔子居住在卫国，卫灵公和夫人南子同乘一辆车，让孔子的车跟随在后面，一路招摇过市，孔子因而发出这般感叹。

子曰："譬如为山，未成一篑①，止，吾止也！譬如平地，虽覆一篑②，进，吾往也③！"

【注释】

①篑：装土用的竹筐子。 ②覆：底朝上翻过来倾倒。 ③往：犹言前进。这几句话的言外之意是：办事中道而止，则前功尽弃，停止或前进，责任在自己而不在别人。

【译文】

孔子说："比如用土来堆一座山，只差一筐土便能堆成，可是停止了，那是我自己停止的。比如在平地上堆土成山，虽然才倒下一筐土，可是前进继续堆土，那是我自己坚持往前的。"

【题解】

在本章中，孔子运用"堆土成山"与"填土平地"这两个比喻，说明了功亏一篑与持之以恒的深刻道理。而且，他还一再鼓励自己和学生们，无论是做学问，还是为人处世，都应自觉自愿地坚持下去。如若半途而废，只会前功尽弃，留下终身遗憾。

子曰："语之而不惰者①，其回也与②！"

【注释】

①语（yù）：告诉。　②与：通"欤"。

【译文】

孔子说："听我说话而能始终不懈怠的，大概只有颜回吧！"

【题解】

颜回对老师的教导句句皆能领会，所以从无懈怠的时候。孔门弟子三千，能够始终持之以恒，不松懈、不倦怠，自觉坚持道德修养的，亦只有颜回一人了。孔子在赞叹颜回的同时，也是在惋叹天下能坚持不懈于道的人不多。

子谓颜渊，曰："惜乎，吾见其进也，未见其止也！"

【译文】

孔子谈到颜渊，追叹说："可惜呀他不幸死了！我只看到他不断前进，从来没见他停止过。"

【题解】

这是孔子用死去的弟子——颜渊的勤奋刻苦精神，来激励其他弟子好学上进。颜渊是一个十分执着、勤奋且刻苦的人，他在生活方面没有要求，心思全部用在学问的增长和道德修养的日新方面。孔子经常以颜渊为榜样提醒其他弟子。但颜渊却不幸英年早逝。对于他的早逝，孔子自然十分惋惜和悲痛。

子曰："苗而不秀者有矣夫①！秀而不实者有矣夫②！"

【注释】

①苗：庄稼出苗。秀：吐穗开花。　②实：结果实。

【译文】

孔子说："种庄稼只是出苗而不秀穗的是有的吧！只秀穗却不灌浆不结果实

的也是有的吧！"

　　孔子在此处用"苗""秀""实"来比喻生命和修养，是值得玩味的。地里的庄稼一样，从播种、拔苗再到开花结实，完成生命历程。但是，并非所有庄稼都能经历这个完整的过程，在此期间，有的只长苗而没有开花，有的开了花、长了穗却没有结果。人的成长也是一样，有的人树立了志向，但却没有行动，就像只长苗不开花；有的人，立志并进行了修行，但却半途而废，就像庄稼开花而没有结果。只有那些既树立远大志向，积极行动，并能够坚持到底的人才会有所成就。

　　子曰："后生可畏，焉知来者之不如今也？四十、五十而无闻焉，斯亦不足畏也已！"

【译文】

　　孔子说："年轻人是值得敬服的，怎么知道来人不如现在的人们呢？但如果到了四十岁、五十岁还默默无闻，那也就不值得敬服了。"

【题解】

　　这是孔子勉励年轻人的名言。他从正反两个方面来提醒年轻人珍惜时光，努力进取。年轻人的优势在于年轻，来日方长，大有可为。但可惧的是很快会变老，一个人到了四五十岁，他的学问事业倘若还没有任何成就，那他也就没有什么可让人敬畏的了。

孔子认为，年轻人来日方长、大有可为，是值得敬服的。

孔子四十而不惑，五十而知天命，对生活、人生是有深刻体悟和洞见的。社会在发展，人类在进步，孔子的这种今胜于昔的思想是正确的。

子曰："法语之言①，能无从乎？改之为贵。巽与之言②，能无说乎③？绎之为贵④。说而不绎，从而不改，吾末如之何也已矣！"

【注释】

①法语之言：指符合礼法规范、符合国家法令的正确的话。法：法则，规则，原则。　②巽与之言：指那种顺耳好听的、恭维称道的言辞。巽：通"逊"，谦逊，恭顺。与：赞许，称赞。　③说：通"悦"。　④绎：本义是抽出或理出事物的头绪。引申为寻究事理，分析鉴别以便判断真假是非。

【译文】

孔子说："符合礼法的话，能不听从吗？但只有按照原则改正自己的缺点错误，才是可贵的。好听顺耳的话，能不让人高兴吗？但只有分析鉴别这些话的真伪是非，才是可贵的。只高兴而不分析鉴别，只听从而不改正，对于这样的人我实在没有什么办法啊。"

【题解】

孔子在这里告诫人们，对待正言规劝要能听得进去，并照着去改正错误；对于恭维表扬的话要去分析其意是真是恶，然后能自省自勉，这才是正确的态度。这里讲的第一层是言行一致的问题。听从那些正确的话只是第一步，而真正需要做的是依照正确的意见去改正自己的错误。第二层讲的是忠言逆耳，而顺耳之言也要仔细辨别其是非真伪。孔子所讲的这两点对于我们今天仍有极大的借鉴意义。

子罕第九

名家品论语

　　立德，要有高尚的志向和操守，要有维护和弘扬人间正气的道义精神，这种道义精神是自己心中的最高信仰，它甚至高于自己的生命。孔子强调君子要有弘毅的品格，维护道义，见义勇为，不谋私利，急赴公难。他说："见义不为，无勇也。见利思义，见危授命。"他强调君子要有坚贞的操守和坚定的意志，在敌人的威胁、利诱面前，决不屈服，"临大节而不移"，他说："三军可夺帅也，匹夫不可夺志也。""志士仁人，无求生以害仁，有杀身以成仁。"这些思想培育了后世许许多多的爱民爱国的民族英雄。

——姜广辉《儒学的道德精神及对它的现实思考》

153

子曰：“主忠信，毋友不如己者，过则勿惮改。”

【译文】

孔子说：“做人主要讲求忠诚，守信用。不要同不如自己的人交朋友。如果有了过错，就不怕要改正。”

子曰：“三军可夺帅也^①，匹夫不可夺志也^②。”

【注释】

①三军：古制，一万二千五百人为一军。周朝，一个大诸侯国可拥有三军（三万七千五百人）。　②匹夫：普通的人，男子。

【译文】

孔子说：“三军可以丧失它的主帅，一个男人却不可以丧失他自己的志向。”

【题解】

“理想”这个词，在孔子时代称为“志”，就是人的志向、志气。“匹夫不可夺志”，反映出孔子对于“志”的高度重视，甚至将它与三军之帅相比。对于一个人来讲，他有自己的独立人格，任何人都无权侵犯。作为个人，他应维护自己的尊严，不受威胁利诱，始终保持自己的“志向”。这就是中国人“人格”观念的形成及确定。

子曰：“衣敝缊袍^①，与衣狐貉者立^②，而不耻者，其由也与？‘不忮不求，何用不臧？’”子路终身诵之。子曰：“是道也，何足以臧？”

【注释】

①衣：穿，当动词用。敝：破旧。缊袍：用乱麻衬在里面的袍子。　②狐貉：用狐和貉的皮做的裘皮衣服。　③不忮(zhì)不求，何用不臧：见《诗经·邶风·雄雉》。忮：嫉妒。臧：善，美好。

【译文】

孔子说：“穿着破旧的袍子，与穿着狐貉裘皮衣服的人站在一起，而不觉得羞耻的，大概只有仲由吧！《诗》里说：‘不嫉妒，不贪求，为什么不好呢？’”子路听了，从此常常念着这句话。孔子又说：“仅仅做到这个样子，又怎么算得上好呢？”

【题解】

这一章记述了孔子对他的弟子子路既表扬又提醒的教诲。孔子教育弟子总是针对个人不同禀赋和个性而有的放矢。他对子路的优点进行表扬，但见子路一听到表扬就喜上眉梢，得意洋洋，一直吟诵着这句诗，就说："仅仅做到这个样子，又怎能算是好呢？"希望子路不要满足于目前已经取得的成绩，因为仅是不贪求、不嫉妒是不够的，还应该有更高更远的志向，成就一番大的德业。

子曰："岁寒，然后知松柏之后凋也^①。"

【注释】

①凋：凋零，萎谢，草木花叶脱落。松柏树四季常青，经冬不凋。孔子以此为喻，有"烈火见真金""路遥知马力""国乱识忠臣""士穷显节义"的含义。

【译文】

孔子说："到了一年最寒冷的时候，才知道松柏树是最后才凋零的。"

【题解】

孔子认为，人是要有骨气的。作为有远大志向的君子，他就像松柏那样，不会随波逐流，而且能够经受各种各样的严峻考验。孔子的话，语言简洁，寓意深刻，值得我们深入思考。

孔子称赞有志之人，寒冷的季节到了，才知道松柏的叶子是最后凋零的。

子曰："知者不惑①，仁者不忧，勇者不惧。"

【注释】

①知：通"智"。智、仁、勇，是孔子所提倡的三种传统美德。

【译文】

孔子说："聪明智慧的人不会被迷惑，实行仁德的人不会忧愁，真正勇敢的人不会畏惧。"

【题解】

在儒家传统道德中，智、仁、勇是重要的三个范畴。《礼记·中庸》说："知、仁、勇，三者天下之达德也。"孔子希望自己的弟子能具备这三德，成为真正的君子。

子曰："可与共学，未可与适道；可与适道，未可与立①；可与立，未可与权②。"

【注释】

①立：立于道而不变，即坚守道。
②权：本义为权变，引申为权衡轻重，随机应变。

【译文】

孔子说："可以和他一同学习的人，未必可以和他走共同的道路；可以和他走共同的道路，未必可以和他事事依礼而行；可以和他事事依礼而行，未必可以和他一起变通灵活处事。"

【题解】

孔子这段话表明，人的能力是不平衡的，志趣爱好也是千差万别，因此交友一定要慎重和多方考察。要寻求志同道合的人共同发展，在与人交往中能够变通，立志于道的人应该坚持自己的看法。

"唐棣之华，偏其反而。岂不尔思？室是远而①。"子曰："未之思也，夫何远之有？"

【注释】

①"唐棣"四句：古诗。唐棣：又作棠棣，常棣，树木名，生江南山谷中，一名杉，也叫郁李，属蔷薇科，落叶灌木。华：通"花"。偏其反而：此言唐棣之花在风中翩飞翻舞。偏：通"翩"。疾飞：随风翻动摇摆。反：通"翻"，翻动。而：语气助词，没有实际意义。岂不尔思：即岂不思尔。室：居住之处。

【译文】

"唐棣树的花，摇摇摆摆，先开后合。难道我不思念你吗？你居住得太遥远了"。孔子说："这是没有真正思念啊，如果真在思念，那还有什么遥远不遥远呢？"

【题解】

这里记录的是孔子对古代流传的几句逸诗的评论。其中寄寓了对"仁"执着追求的信念，也就是"我欲仁，斯仁至矣"。

乡党第十

孔子于乡党①，恂恂如也②，似不能言者。其在宗庙、朝廷，便便言③，唯谨尔。

【注释】

①乡党：指在家乡本地。古代，一万二千五百户为一乡，五百户为一党。②恂（xún）恂：信实谦卑，温和恭顺，而又郑重谨慎的样子。　③便（pián）便：擅长谈论，善辩。

【译文】

孔子在家乡，表现得信实谦卑、温和恭顺，似乎是不善于讲话的人。但是在宗庙祭祀、在朝廷会见君臣的场合，他便善于言谈，辩论详明，只是比较谨慎罢了。

【题解】

《乡党第十》是孔门弟子对孔子谈话策略的回忆。从中不难看出，孔子很擅长交际，特别重视说话场合和对象。

朝，与下大夫言①，侃侃如也②；与上大夫言，訚訚如也③。君在，踧踖如也④，与与如也⑤。

【注释】

①下大夫：周代，诸侯以下是大夫。大夫的最高一级，称"卿"，即"上大夫"；地位低于上大夫的，称"下大夫"。孔子当时的地位，属下大夫。　②侃侃：说话时刚直和乐，理直气壮，而又从容不迫。　③訚（yín）訚：和颜悦色，而能中正诚恳，尽言相诤。　④踧（cù）踖（jí）：恭敬而又不安的样子。　⑤与与：慢步行走，小心谨慎的样子。

【译文】

孔子在朝廷上，当君王还未临朝时与同级的下大夫说话，从容不迫；与地位尊贵上大夫说话，中正诚恳。君王临朝到来，孔子表现出恭敬而又不安，慢步行走又小心谨慎的样子。

【题解】

这章描述了孔子在乡党、宗庙、朝廷等不同的场所与不同的人谈话时所表现出的不同的神态。和乡里邻居相处时温和恭敬，而在重要的国事场所则庄严、郑重，对不同的人都能尊重而又恰到好处。

君召使摈①，色勃如也②，足躩如也③。揖所与立④，左右手。衣前后，襜如也⑤。趋进⑥，翼如也。宾退，必复命曰："宾不顾矣。"

【注释】

①摈（bìn）：通"傧"，接待宾客。　②勃如：显得庄重。　③躩（jué）如：脚步快的样子。　④所与立：同他一起站着的人。　⑤襜（chān）：衣蔽前，即遮蔽前身的衣服。襜如：衣服摆动的样子。　⑥趋进：快步向前。一种表示敬意的行为。

【译文】

鲁君召孔子去接待使臣宾客，他的面色庄重矜持，步伐轻快。向同他站在一起的人作揖，向左向右拱手，衣裳随之前后摆动，却显得整齐。快步向前时，好像鸟儿舒展开了翅膀。宾客告退了，他一定向君王回报说："客人已经不回头了。"

【题解】

此章描述了孔子奉君命接待外宾时在外交场所的神态举止。他一直等外宾走远不再回头时，自己才回来，显得慎重而有礼貌，表现了一个国家大臣应有的文明、礼仪和风范。他对人尊敬，也注重维护自己的尊严，严格而忠实地履行着礼制的规范。

入公门，鞠躬如也①，如不容。立不中门，行不履阈②。过位③，色勃如也，足躩如也，其言似不足者④。摄齐升堂⑤，鞠躬如也，屏气似不息者⑥。出，降一等⑦，逞颜色⑧，怡怡如也⑨。没阶⑩，趋进，翼如也。复其位，踧踖如也。

【注释】

①鞠躬：这里指低头躬身恭敬而谨慎的样子。　②履：走，踩。阈：门限，门槛。③过位：按照古代礼节，君王上朝与群臣相见时，前殿正中门屏之间的位置是君王所立之位。到议论政事进入内殿时，群臣都要经过前殿君王所立的位子，这时君王并不在，只是一个虚位，但大夫们"过位"时，为了尊重君位，态度仍必须

恭敬严肃。 ④言似不足：说话时声音低微，好像气力不足的样子。 ⑤摄：提起。齐：衣服的下襟、下摆、下缝。朝臣升堂时，一般要双手提起官服的下襟，离地一尺左右，以恐前后踩着门襟或倾跌失礼。 ⑥屏(bǐng)气：就是憋住一口气。屏，抑制，强忍住。息：呼吸。 ⑦降一等：从台阶走下一级。 ⑧逞颜色：这里指舒展开脸色，放松一口气。逞，快意，称心，放纵。 ⑨怡怡如：轻松愉快的样子。⑩没阶：指走完了台阶。没：尽，终。

【译文】

孔子进诸侯国君的大门，便低头躬身非常恭敬，好像不容直着身子进去。站立时在门的两侧，行走时不踩门槛。经过国君席位时，脸色立刻庄重起来，脚步加快，说话时气力不足的样子。提起衣服下摆向大堂上走时，低头躬身恭敬谨慎，憋住一口气像停止呼吸一样。出来时，走下一级台阶，才舒展脸色。走完了台阶，快步向前，像鸟儿展翅。回到自己的位置上，还要表现出恭敬而又不安的样子。

【题解】

本章内容继续描述孔子在朝廷上的言行举止，都是严守礼制，充满了庄重敬畏的情感态度。

执圭①，鞠躬如也，如不胜②。上如揖，下如授。勃如战色，足蹜蹜如有循③。享礼④，有容色。私觌⑤，愉愉如也⑥。

【注释】

①圭：一种上圆下方的长条形玉器。举行朝拜、祭祀、丧葬等礼仪大典时，帝王、诸侯、大夫手里都要拿着这种玉器。依不同的地位身份，所拿的圭也各有不同。这里是指大夫出使到别的诸侯国去，手里也要拿着代表本国君主的圭，作为信物。　②不胜：担当不起，承受不住，几乎不能做到。　③蹜(sù)蹜：形容脚步细碎紧密，一种小步快走的样子。循：顺着，沿着。　④享礼：向对方贡献礼品的仪式。⑤觌(dí)：见面，会见，以礼相见。　⑥愉愉：快乐，心情舒畅，露出笑容。

【译文】

孔子出使到别的诸侯国去举着圭，低头躬身非常恭敬，好像举不动的样子。向上举好像作揖，放下来好像递东西给别人。脸色庄重，显得很严肃；步子迈得又小又快，好像沿着一条直线往前走。在赠送礼品的仪式上，显出和颜悦色。以个人身份私下会见时，显得心情愉快，满脸笑容。

【题解】

这一章记载了孔子在朝堂上的仪态举止，表现出他对自己职位的敬畏和尊重之情。

以上五章，集中记述了孔子在朝、在外事场所和在家乡的言谈举止、音容笑貌，给人留下十分生动而深刻的印象。孔子在不同的场合，对待不同的人，容貌、神态、言行均有所不同，但是有一点是相同的，就是他一贯的庄重和敬畏之情。在家乡时，他谦逊、和蔼；在朝廷上，则态度庄敬而有威仪，不卑不亢，光明正大；在国君面前，温和恭顺，庄重严肃又诚惶诚恐。这些都为人们深入研究孔子，提供了生动的第一手资料。

君子不以绀緅饰①，红紫不以为亵服②。当暑，袗絺绤③，必表而出之④。缁衣羔裘⑤；素衣麑裘⑥；黄衣狐裘。亵裘长，短右袂⑦。必有寝衣，长一身有半。狐貉之厚以居⑧。去丧，无所不佩。非帷裳⑨，必杀之⑩。羔裘玄冠不以吊⑪。吉月⑫，必朝服而朝。

【注释】

①绀：深青透红（带红）的颜色（一说，天青色）。是古时斋戒服装所用的颜色。緅：黑中透红的颜色（一说，铁灰色）。是古时丧服所用的颜色。饰：服装上的装饰。这里指衣服领子、袖子上的镶边等。　②亵服：平常在家穿的私服、便服。贴身穿的内衣也称亵服。因为红紫色是制礼服的庄重的颜色，所以，亵服不能用红紫

色。　③袗绤绤：指穿细麻布或粗麻布做的单衣。袗：单衣。绤：细麻布，葛布。绤：粗麻布。　④"必表"句：一定要把麻布单衣穿在外表，而里面还要衬上内衣。一说"表"，是上衣，是套在外表的衣服。古人不论冬夏，出门时都要外加上衣。　⑤缁（zī）：黑色。羔裘：黑色羊羔皮做的皮袍。　⑥素：白色。麑（ní）裘：指用小鹿皮做的皮袍。麑：白色幼鹿。　⑦短右袂：指右手的袖子做得短一些，便于做事。袂：袖子。　⑧"狐貉"句：用厚毛的狐貉皮制作成坐垫。以：用。居：坐。⑨帷裳：朝拜和祭祀时穿的礼服。古时规定，要用整幅的布来做礼服，多余的布不裁掉，而要折叠起来缝上。　⑩杀：消除。这里指剪裁掉。如果不是制作礼服，必须加以剪裁，去掉多余的布。　⑪玄冠：黑色的礼帽。　⑫吉月：农历每月初一。也称作朔月。一说，只指每年正月岁首。

【译文】

君子不用深青透红或黑中透红的布做镶边，不用红色或紫色的布做平日在家穿的便服。在夏天，穿粗麻或细麻布做的单衣，但一定要套在外面。冬天黑色罩衣，配黑羊羔皮袍；白色罩衣，配白鹿皮袍；黄色罩衣，配狐狸皮袍。平常在家穿的皮袍，要做得长一些，右边的袖子短一些。必须有睡衣，要一身半长。要用毛长的狐貉皮制作坐垫。服丧期满脱去丧服，可以佩戴各种装饰品。如果不是礼服，必须加以剪裁，去掉多余的布。不要穿黑羊羔皮袍戴黑色礼帽去吊丧。每月初一，一定要穿朝服去上朝。

【题解】

本章记述了孔子日常在各种场所的衣着服饰。绀色是斋服的用色，缁色是用于丧祭的丧服颜色，所以他不用绀缁二色来做衣服的边饰。因为红、紫不是正色，所以他不用这样的颜色来做家居便服。这些反映了中国发达的服饰文化。孔子对春秋时穿衣服的礼制做了很好的示范。礼的特点是分别各种等级秩序，体现在衣服穿戴上，也有巨细无遗的规定，以表示上下左右、尊卑贵贱。

齐①，必有明衣②，布。齐，必变食③，居必迁坐④。

【注释】

①齐（zhāi）：通"斋"，斋戒。　②明衣：指斋戒期间沐浴后所换穿的贴身衣服。③变食：改变平常的饮食。特指不饮酒，不吃荤，不吃葱蒜韭等有异味的东西。④居必迁坐：指斋戒时的住处，要从内室（平时的卧室）迁到外室，不与妻妾同房。

【译文】

斋戒时，一定要有洗澡后换穿的干净内衣，要用布做的。斋戒时，饮食定要改变，住处定要从卧室迁出。

【题解】

本章记述了孔子斋戒前沐浴时的衣着和斋戒期间的生活，这些细节都表明了孔子严谨、守礼、诚敬的生活态度。

食不厌精①，脍不厌细②。食饐而餲③，鱼馁而肉败④，不食。色恶，不食。臭恶，不食。失饪⑤，不食。不时⑥，不食。割不正，不食。不得其酱，不食。肉虽多，不使胜食气⑦。唯酒无量，不及乱⑧。沽酒市脯⑨，不食。不撤姜食，不多食⑩。

【注释】

①不厌：不厌烦，不排斥，不以为不对。　②脍（kuài）：细切的鱼肉。③饐（yì）：食物长久存放，陈旧了，霉烂变质了。餲（ài）：食物放久变了味，馊了。④馁（něi）：鱼类不新鲜了，腐烂了。败：肉类不新鲜了，腐烂了。　⑤饪：烹调，煮熟。　⑥不时：不到该吃的时候，指吃饭要定时，不吃过了时的、不新鲜的蔬菜。另说，不到成熟期的粮食、果、菜不能吃，吃了会伤人。　⑦气：通"饩"，粮食。⑧不及乱：不到喝醉而神智昏乱的地步。　⑨脯：熟肉干，干肉。　⑩不多食：不多吃，不要吃得过饱而伤肠胃。另说，与"不撤姜食"相连，指每餐都要吃点姜，但也不要多吃姜。

【译文】

饭食不嫌做得精，鱼肉不嫌切得细。粮食放久变味了，鱼不鲜了，肉腐烂了，不吃。食物的颜色变坏了，气味不好闻了，不吃。烹煮得不得当，不吃。不到该吃的时候，不吃。切割肉的方法不对，不吃。酱、醋作料放得不适当，不吃。肉虽多，吃时不要超过主食的数量。唯独酒无限量，但不能喝到昏醉的程度。买来的酒和熟肉干，不吃。不去掉姜，但不要多吃。

【题解】

本章孔子谈了他对饮食的思想。食物腐败则不食；食物颜色不对，不食；不到就餐的时候不食；酒不限量，但以不醉为度。处处遵守礼制，这些都是孔子注重养生的具体表现，表现了对人生的热爱，对健康的珍视，对礼制的看重。

祭于公，不宿肉①。祭肉不出三日。出三日，不食之矣。

【注释】

①不宿肉：从公家分回的祭肉（胙），不要留着过夜。

【译文】

参加国家祭祀典礼，分到的祭肉（当天就食用）不放过夜。一般祭肉的留存不超过三天。超过了三天，就不吃了。

【题解】

本章说明孔子不吃三日后的肉，一定要吃新鲜的。

以上几章里，记述了孔子的衣着和饮食习惯。孔子处处坚持遵循"礼"，这不仅表现在与国君和大夫们见面时的言谈举止和仪式上，而且表现在日常衣着和饮食方面。他在祭祀时、服丧时和平时所穿的衣服都不相同，如单衣、罩衣、麻衣、皮袍、睡衣、浴衣、礼服、便服等，都有不同的礼制。在吃的方面，"食不厌精，脍不厌细"，而且对于食物，有八种他不吃。凡是有害于健康的食物他都不吃，这是注重养生的表现。

食不语，寝不言。

【译文】

吃饭时不交谈，睡觉时不说话。

【题解】

孔子有一套正确的保健原则，而且能持之以恒。他非常热爱生命，在经历了颠沛流离的生活之后能活到七十三岁高龄，说明他的养生之道是相当高明的。

孔子吃饭的的时候从来不说话。

虽疏食①、菜羹②、必祭③，必齐如也。

【注释】

①疏食：粗食，吃蔬菜和谷米类。　②羹：浓汤。　③必：底本作"瓜"，据《鲁论语》改。祭：指吃饭前把席上的各种饭菜分别拿出一点，另摆在食器之间，以祭祀远古发明饮食的祖先，表示不忘本。一说，即指一般的祭祖先或祭鬼神。

【译文】

虽然是吃粗米饭蔬菜汤，也一定先要祭一祭，定要像斋戒时那样恭敬严肃。

【题解】

这章说明孔子在祭祀活动中严肃认真的态度。

席不正①，不坐。

【注释】

①席：坐席。古代没有椅子、凳子，在地上铺上席子以为坐具。

【译文】

席子摆放不端正，不要坐下。

【题解】

本章讲述了孔子的就座之礼，孔子在落座之前，若是发现席子没有摆放端正，他是不会坐下的。这虽然只是一件小事，却让我们看到了孔子对于礼仪细节的高度关注。对任何不合礼制的事情，他都是不会接受的。孔子这种执着于礼仪细节的精神，值得我们学习。

乡人饮酒①，杖者出②，斯出矣。

【注释】

①乡人饮酒：指举行乡饮酒礼。乡饮酒礼是周代仪礼的一种，可参看《仪礼·乡饮酒礼》及《礼记·乡饮酒礼》。　②杖者：拄拐杖的人，即老年人。我国古代素有尊老敬老的传统美德。周礼讲："五十杖于家，六十杖于乡，七十杖于国，八十杖于朝。九十者，天子欲有问焉，则就于其家。"对九十岁的老人，连天子有事要问，也要到老人的家里去。

【译文】

在举行乡饮酒礼后，要等老年人先走出去，自己才能出去。

【题解】

孔子在日常生活中都保持正大的形象，恪守礼仪。

乡人傩①，朝服而立于阼阶②。

【注释】

①傩（nuó）：古代一种迎神以驱逐疫鬼的风俗。　②阼（zuò）阶：东边的台阶，主人站在那里迎送宾客。

【译文】

乡里人举行迎神驱疫的仪式时，孔子穿着朝服站在东边的台阶上。

【题解】

孔子在傩祭时的活动。傩祭时，孔子必定穿着朝服站在东边的台阶上。

问人于他邦①，再拜而送之。

【注释】

①问：问候，问好。这里指托别人代为致意。

【译文】

孔子托别人代为问候在其他诸侯国的朋友时，要躬身下拜两次，再送走所托的人。

【题解】

本章表明孔子在与外邦人士交往时十分注重礼节。

以上几章中，记载了孔子在各种不同场所的举止言谈和表现出来的礼节、习惯。他时时处处以仁德君子的标准要求自己，坚持一切言行符合礼的规定。他举手投足间都保持了恭敬的态度和正大的形象。这既是孔子个人修养的具体体现，也通过自己的"身教"向弟子们诠释了"礼"的真正意蕴。

康子馈药①，拜而受之。曰："丘未达②，不敢尝。"

【注释】

①康子：即季康子。参阅《为政第二》第二十章。馈：赠送。按当时的礼节，接受别人送的药，要当面尝一尝。　②达：了解，通达事理。

【译文】

季康子赠药，孔子拜谢而接受了。并说："我对药性不了解，不敢尝。"

【题解】

本章说明孔子对服药之事十分慎重。

厩焚[①]。子退朝，曰："伤人乎？"不问马。

【注释】

①厩：马棚，马房。后也泛指牲口房。

【译文】

马棚失火焚毁了。孔子从朝廷回来，问："伤人了吗？"却不问马。

【题解】

本章反映了孔子重人轻物的仁爱精神。孔子家里的马棚失火被烧掉了。当他听到这个消息后，只问人有没有受伤，没有问马的情况，表明他重人不重财。这正像后世有人说的，儒家学说是"人学"。

马棚失火了，孔子回来只问"伤到人了吗"，没问马。

君赐食，必正席先尝之；君赐腥①，必熟而荐之②；君赐生，必畜之。侍食于君，君祭，先饭。

【注释】

①腥：生肉。　②荐：供奉，进献。这里指煮熟了肉先放在祖先灵位前上供，表示进奉。

【译文】

国君赐给食物，孔子一定摆正坐席，先尝一尝。国君赐给生肉，一定煮熟了先供奉祖先。当国君赐给活的牲畜，一定要把它饲养起来。陪同国君一起吃饭，当国君饭前行祭礼时，自己要先吃饭不吃菜。

【题解】

在本章中，孔子在与国君共同进餐时，都会事先尝一下食物，以示关爱。不仅如此，他对于国君赏赐的东西，也表现出了足够的尊敬。他在生病期间，当国君前来探望之时，以及被国君传召之时，也都不会失礼。而且，在这种种的生活细节当中，孔子不仅表现出了对礼制的遵守和敬畏，还表现出了对国君无限的忠诚。

疾，君视之①，东首②，加朝服，拖绅③。

【注释】

①视：探视，看望。　②东首：指头朝东。　③绅：束在腰间的宽大带子。孔子因病卧床，不能穿朝服束腰，故把朝服加盖在身上，把"绅"放在朝服上，拖下带子去，表示对国君的尊敬与迎接。

【译文】

孔子患病，国君来看望，他躺在床上头朝东，把朝服加盖在身上，拖着大束带。

【题解】

本章表明孔子即使有了疾病，在病榻上，也不会失礼。

君命召，不俟驾行矣①。

【注释】

①俟：等待。驾：套上马拉车。

【译文】

国君下召见命令，孔子不等套好马车，就先步行走了。

【题解】

本章体现了孔子浓厚的忠君思想。孔子日常的一言一行，都表现出对礼制的遵守和敬畏。

入太庙，每事问。

【译文】

孔子进入太庙助祭，对每件事都向主事人仔细询问。

【题解】

本章与《八佾第三》第十五章重。

朋友死，无所归。曰："于我殡①。"

【注释】

①殡：停放灵柩和埋葬都可以叫殡。这里泛指一切丧葬事务。

【译文】

朋友死了，没有人负责收殓。孔子说："由我来料理丧事吧。"

【题解】

此章记述了孔子对亡友的情谊和见义而为的人道主义精神。

朋友之馈，虽车马，非祭肉①，不拜。

【注释】

①祭肉：指祭祀祖先用的胙肉。为了表示对朋友的祖先像对自己的祖先那样尊敬，在接受祭肉时要拜。

【译文】

接受朋友赠送的礼物，即使是车马那样贵重的东西，如果不是祭肉，孔子不躬身下拜。

【题解】

当友人故去无人殓葬时，孔子主动承担这方面的事宜，这不仅是孔子义的表现，也说明了孔子是个很重感情的人。而且，孔子在与朋友交往之时，是少言利的。在当时，车马是可以称得上是最贵重的礼物了，可是孔子却不拜谢友人，因为他重视的是双方的感情而非钱财，这也是儒家"义高于利"的具体体现。不仅如此，孔子在本章中对于礼也很重视。祭肉虽不值钱，但它却是拿去祭祀神明或是祖先的，对此孔子就会对送礼者行拜谢之礼，这是对礼制十分尊崇。

寝不尸①，居不客②。

【注释】

①尸：死尸。这里指像死尸一样展开手足仰卧。 ②居：坐。客：宾客。这里用作动词，指像做客或接待客人那样郑重地坐着——两膝平跪，挺直腰板。这是一种比较费力的姿势。这一句，有的版本是"居不容"。意思则为：平日居家可以随便一点，不必像祭祀或接待宾客时那样拘谨，使自己的容貌仪态十分郑重严肃。

【译文】

孔子睡觉时不要像死尸那样直挺挺地躺着，平日在家时，也不要像做客或接待客人那样严肃。

【题解】

这里描写的是孔子在居家之时的生活场景，他姿态自然，非常放松和随意，完全没有平日那种严谨拘礼的表现。比方说，他睡觉时的姿态就很随意，没有那么多的讲究，坐姿也很放松。可以说他在家中的生活，与平常人是一样的。

见齐衰者①，虽狎②，必变。见冕者与瞽者③，虽亵④，必以貌。凶服者式之⑤，式负版者⑥。有盛馔⑦，必变色而作⑧。迅雷风烈，必变。

【注释】

①齐衰：孝服。　②狎：亲近，亲密。　③冕者：穿礼服、官服的人。瞽者：盲人。　④亵：亲近。这里指平日里常见面的、熟悉的人，或卑贱的人。　⑤凶服：丧服，也指死人的衣物。　⑥式：通"轼"，车前做扶手用的横木。这里指身子向前微俯，伏在横木上，表示同情或尊敬。这是当时社会上的一种礼节。负：背负。版：指国家的图籍（疆域地图，田亩、户口名册等）。　⑦盛馔：指盛大丰足的筵席。馔：饮食。　⑧作：起立，站起身来。

【译文】

孔子见到穿孝服的人，关系再亲密，也一定要把态度变得严肃起来。见到穿官服的人和盲人，就是平日常在一起的熟人或卑贱的人，也一定要对他有礼貌。乘车途中遇上穿丧服或送死人衣物的人，要俯下身伏在车前的横木上。遇上背着国家的户籍册、疆域图的人，也要伏在车前的横木上。做客时遇丰盛的筵席，态度要庄重，并站起身来。遇迅急的雷电和猛烈的大风，一定要神态变得庄严。

【题解】

本章记述的事例说明，孔子是一个心思敏锐、富于同情心、尊重他人、很懂礼貌而且敬畏天命的人。

升车，必正立，执绥①。车中不内顾，不疾言，不亲指②。

【注释】

①绥：古代车上设置的拉着上车的绳索。
②不亲指：不举起自己的手指指画画。这里说的"不内顾，不疾言，不亲指"，都是为了集中精力驾好车，防止自己的容态失礼或使别人产生疑惑。

【译文】

孔子上车时，一定先端正了身子，拉住扶手上的索带然后登车。在车上，不回头看，不急促高声说话，不举手指指画画。

【题解】

本章描写的是孔子乘车时的一些小细节，反映出孔子时刻遵循礼仪的严谨的生活态度。古时的车驾并不像现在的私家车这般普及，那是一种身份的象征。孔子登车时，正立执绥，既有安全的考虑，也是正身正心的表现。在车中不大声说话，是为了不惊扰到驾车的人，是为安全驾车，这与今日我们所提倡的不与司机交谈的道理一样。而他不左右环视，也不用手指指点点，则是为了避免让人产生疑惑，造成不好的影响。

色斯举矣①，翔而后集。曰："山梁雌雉②，时哉！时哉③！"子路共之④，三嗅而作⑤。

【注释】

①色斯举矣：色：脸色。举：鸟飞起来。这句话的文字可能有错漏之处。按后面的文字来推测，可能是说：孔子在山谷中行走，看见一群山鸡在自由飞翔，心有感触，神色动了一下。 ②雉：野鸡。 ③时哉：犹言得其时，时运好。孔子见野鸡能自由飞翔下落。自己反而没有实现政治抱负的自由，故有此叹。 ④共：通"拱"，拱手，抱拳致敬、致意。 ⑤嗅：唐代石经《论语》作"戛"。戛：是鸟的长叫声。三嗅：指野鸡长叫了几声。一说，嗅，鸟类张开两翅的样子。作：飞起来。

【译文】

孔子看到一群野鸡飞起来而神色动了一下。这群野鸡飞翔了一阵之后，又停落在树上。孔子说："山梁上的雌野鸡，时运真好呀！时运真好呀！"子路向野鸡拱了拱手，野鸡长叫了几声，拍拍翅膀飞走了。

【题解】

本章孔子借自然现象来抒发自己的情感。他一生东奔西走，却没有在当时获得普遍的响应。这里看似是在游山观景，其实孔子是有感而发。他看到山谷里的野鸡能够自由飞翔，自由落下，悠然自得，这是"得其时"，而自己却不得其时，由此发出了这样充满了诗意的感叹。

先进第十一

子曰："先进于礼乐①，野人也②；后进于礼乐，君子也③。如用之，则吾从先进。"

【注释】

①"先进"句：指先在学习礼乐方面有所进益，先掌握了礼乐方面的知识。"后进"反之。　②野人：这里指庶民，没有爵禄的平民。与世袭贵族相对。　③君子：这里指有爵位的贵族，世卿子弟。

【译文】

孔子说："先学习礼乐而后做官的人，是无爵禄的平民人；先做官而后学习礼乐的人，是贵族世卿的子弟。如果要选用人才，我将选用先学习礼乐的人。"

【题解】

孔子在这里谈的主要是自己的用人标准，即任人唯贤。应该注意的是，孔子所说的"先进于礼乐"是指先学习礼乐再入世做官，而野人则是指出身下层、家境普通或贫寒的平民。"后进于礼乐"则是指先得到官位后学习礼乐，不习礼乐而能身登官位者，显然都是贵族世家子弟。择人任职之时，如果有"后进"和"先进"两种人可供选择时，孔子主张选择后者。

名家品论语

"礼"是颇为繁多的，其起源和核心则是尊敬和祭祀祖先。王国维说："盛玉以奉神人之器谓之若豊，推之而奉神人之酒醴亦谓之醴，又推之而奉神人之事，通谓之礼。"（《观堂集林·释礼》）郭沫若说："礼是后来的字。在金文里面，我们偶尔看见用豊字的。从字的结构上来说，是在一个器皿里面盛两串玉具以奉事于神。《盘庚篇》里面说的'具乃贝玉'，就是这个意思。大概礼之起于祀神，故其字后来从示，其后扩展而为对人，更其后扩展而为吉、凶、军、宾、嘉各种仪制。"（《批判书·孔墨的批判》）

子曰："从我于陈、蔡者①，皆不及门也②。"

【注释】

①陈、蔡：春秋时的国名。孔子曾在陈、蔡之间遭受困厄。　②不及门：有两种解释：一是指不及仕进之门，即不当官；二是指不在门，即不在孔子身边。今从后说。

【译文】

孔子说："跟随我在陈国、蔡国之间遭受困厄的弟子们，都不在我身边了。"

【题解】

颜回、子贡和子路等，都是孔子的得意门生，他们曾跟随孔子周游列国，受困于陈蔡，以至绝粮。孔子追思往昔之艰难，情不自胜，而此时这些弟子都不在身边，孔子由是发出了深深的叹息。这里流露出孔子和弟子们的深厚感情。

德行①：颜渊，闵子骞，冉伯牛，仲弓；言语②：宰我，子贡；政事③：冉有，季路；文学④：子游，子夏。

【注释】

①德行：指能实行忠恕、仁爱、孝悌的道德。　②言语：指长于应对辞令、办理外交。　③政事：指管理国家，从事政务。　④文学：指通晓西周文献典籍。

【译文】

论德行弟子中优秀的有：颜渊，闵子骞，冉伯牛，仲弓；论言语弟子中擅长的有：宰我，子贡；论政事弟子中能干的有：冉有，季路；论文学弟子中出色的有：子游，子夏。

【题解】

孔子点评了自己的几位得意门生,指出他们各自的优长所在:颜渊、闵子骞、冉伯牛、仲弓等人在德操方面成就较高;宰我和子贡善于交际演讲;冉有、季路善于处理政治事务;子游、子夏则通晓古代典籍制度。

子曰:"回也非助我者也!于吾言无所不说①。"

【注释】

①说:通"悦"。这里是说颜渊对孔子的话从来不提出疑问或反驳。

【译文】

孔子说:"颜回啊,不是能帮助我的人,他对我所说的每一句话,没有不心悦诚服的。"

【题解】

本章孔子对颜回能又快又深地领悟自己的学说表示深深的赞许,但也有一定的遗憾。颜回聪敏秀慧,对孔子的言语一听就能领会,故只喜悦于心,而无所疑问。既然没有疑问,孔子便不再发挥,而在座的其他弟子不能有所获益,故孔子有一定的遗憾,但又对颜回的好学深思表示赞许。

子曰:"孝哉闵子骞①!人不间于其父母昆弟之言②。"

【注释】

①闵子骞:当时有名的孝子,被奉为尽孝的典范。他的孝行事迹被后人编入《二十四孝》。 ②间:挑剔,找毛病。昆:兄。

【译文】

孔子说:"真孝顺啊,闵子骞!人们听了他的父母兄弟称赞他孝的话,也找不出什么可挑剔的地方。"

【题解】

本章孔子称赞闵子骞,说明了孝道具有巨大的感召力,能够鼓舞人,从感情上深入人心。闵子骞的后母偏爱自己生的两个儿子,冬天给他们穿厚暖的棉衣,但给闵子骞穿以芦花为内塞的冬衣来冒充棉衣。后来他的父亲察觉,想要逐出后母,闵子骞却向父求情说:"母在一子单,母去三子寒。"他这一番话感动了父亲,也使后母感动变成了慈母,他的两个异母弟弟也受感动而对他友爱。由于闵子骞的孝行,别人对于闵子骞的父母兄弟称赞闵子骞的话也没有异议。

南容三复白圭①，孔子以其兄之子妻之。

【注释】

①三复白圭：多次吟诵"白圭"之诗。《诗经·大雅·抑》有诗句："白圭之玷，尚可磨也；斯言之玷，不可为也。"意思是白玉上面的污点，还可以把它磨掉，但说话不谨慎而出错，却是无法挽回的。南容三复白圭，目的是告诫自己说话要谨慎。

【译文】

南容把"白圭之玷，尚可磨也；斯言之玷，不可为也"几句诗反复诵读，孔子便把自己哥哥的女儿嫁给了他。

【题解】

从这件孔子嫁侄女的事可以看出，孔子喜欢那些做事踏实、说话慎重的人。南容反复诵读"白圭"诗篇，是有感于白色圭玉上的污点尚能磨掉，而人的言语一经出口就难以挽回。足见他注重言语谨慎，亦必能谨慎行事，求其无缺，孔子很欣赏这样的人。

季康子问："弟子孰为好学？"孔子对曰："有颜回者好学，不幸短命死矣！今也则亡。"

【译文】

季康子问："你的学生中哪个好学用功呢？"孔子回答说："有个叫颜回的学生好学用功，不幸短命早逝了，现在没有这样的人了。"

颜渊死，颜路请子之车以为之椁①。子曰："才不才，亦各言其子也。鲤也死②，有棺而无椁。吾不徒行以为之椁，以吾从大夫之后③，不可徒行也。"

【注释】

①颜路：颜渊的父亲，也是孔子的弟子，名无繇（yóu），字路。椁（guǒ）：古代棺材有的有两层，内层叫棺，外层叫椁。　②鲤：孔鲤，字伯鱼，孔子的儿子。③从大夫之后：跟随在大夫行列之后。孔子曾经做过鲁国的司寇，属于大夫的地位，不过此时已去世多年。

【译文】

颜渊死了，他的父亲颜路请求孔子把车卖了给颜渊做一个外椁。孔子说："不管是有才能还是没才能，说来也都是各自的儿子。孔鲤死了，也只有棺，没有椁。我不能卖掉车子步行来给他置办椁。因为我曾经做过大夫，是不可以徒步出行的。"

【题解】

这一章反映了孔子对礼的一丝不苟的严肃态度。礼先于情，凡事要与礼合才可以与情合。孔子与颜渊虽为师生，却情同父子，他不同意把自己车子卖掉来为颜渊买外棺，不是舍不得车，而是因为礼制规定，大夫出门必须用车，而且礼以俭为宜。故孔子虽然对颜渊之早逝很悲恸，却始终不忘礼，不肯丧失原则性。

颜渊死。子曰："噫！天丧予①！天丧予！"

【注释】

①天丧予：丧：亡。孔子这句话的意思是，颜渊一死，他宣扬的儒道就无人继承，无人可传了。

【译文】

颜渊死了。孔子说："哎呀！天要丧我的命呀！天要丧我的命呀！"

【题解】

孔子的感情比常人更为诚挚，此章抒发了孔子对自己得意门生颜渊的挚爱和痛惜之情。颜渊是孔子最得意的弟子，他最能领会孔子之道。孔子在心中将他视为道统的继承人，没想到颜回却早他而去，道统无人继承，天下苍生将如之何？因此痛彻心扉，发出如此之叹息：天亡我！天亡我！

颜渊死，子哭之恸①。从者曰："子恸矣。"曰："有恸乎？非夫人之为恸而谁为②！"

【注释】

①恸：极度哀痛，悲伤。　②"非夫人"句：即"非为夫人恸而为谁"的倒装。夫：指示代词，代指死者颜渊。之：虚词，在语法上只起到帮助倒装的作用。

【译文】

颜渊死了，孔子哭得很哀痛。随从的人说："夫子您太哀痛了！"孔子说："是太哀痛了吗？不为这样的人哀痛还为谁呢？"

【题解】

从文中孔子的言语中，我们不难看出他内心已经悲不自已。但他不压抑感情、合理处置身与心的关系之做法，不仅使他的形象更加鲜活，还给予了后人无穷的启发。

名家品论语

　　事实上，在孔子的所言所行上有好多趣事呢。孔子过的日子里那充实的欢乐，完全是合乎人性，合乎人的感情，完全充满艺术的高雅，因为孔子具有深厚的情感、敏锐的感性、高度的优美。孔子的得意弟子颜回，不幸早逝，孔子哭得极为伤心。有人问他为什么哭得浑身抽搐颤动，他回答说："我哭得太伤心了吗？我若不这么哭他，我还为谁这么痛哭呢？"

——林语堂《孔子的品格》

颜渊死，门人欲厚葬之，子曰："不可。"门人厚葬之。子曰："回也，视予犹父也，予不得视犹子也①。非我也，夫二三子也。"

【注释】

①"予不得"句：意谓我不能像对待亲生儿子那样按礼来安葬颜渊。孔子认为办理丧葬应"称家之有亡（无）"，当时颜渊家贫，办丧事铺张奢侈，与礼不合；同时，按颜渊的身份与地位，也是不应该厚葬的。

孔门弟子厚葬颜回。

【译文】

颜渊死了,弟子们想隆重地安葬他。孔子说:"不可以。"弟子们仍是隆重地安葬了颜渊。孔子说:"颜回啊,看待我如同父亲,我却不能看待他如同儿子。不是我主张厚葬啊,是那些弟子们呀。"

【题解】

本章记述在厚葬颜渊的问题上,孔子认为丧葬以哀悼心诚为本,颜渊家贫,丧葬应该量力而行,厚葬违背了礼的节俭之意。颜渊生前清贫朴素,一直循礼而行,死后厚葬,亦违背其本心。孔子一直主张以礼办事,把个人情感与社会礼制分得很清楚。他反对任何越礼的行为,坚决维护礼的神圣性。

季路问事鬼神①。子曰:"未能事人,焉能事鬼?"曰:"敢问死。"曰:"未知生,焉知死?"

【注释】

①季路:即子路。因仕于季氏,又称季路。参阅《为政第二》第七章注。

【译文】

子路问怎样侍奉鬼神。孔子说:"没能把人侍奉好,哪能谈侍奉鬼神呢?"子路又说:"我大胆地请问,死是怎回事?"孔子说:"还不知道人生的道理,怎能知道死呢?"

本章所记孔子言论，主要表达的是他对现实、理性和实用的重视。

闵子侍侧①，訚訚如也②；子路，行行如也③；冉有、子贡，侃侃如也。子乐。"若由也④，不得其死然⑤。"

【注释】

①闵子：即闵子骞。后人敬称"子"。 ②訚訚(yín)：和悦而能中正直言。③行行：形容性格刚强勇猛。 ④由：仲由，字子路。 ⑤"不得"句：指得不到善终，不能正常地因衰老而死。孔子忧虑子路过于刚勇，好斗取祸而危及生命。后来，子路果猝死于卫国的孔悝之乱。然：语气词。

【译文】

闵子侍立在孔子身边，表现出正直而恭顺的样子；子路，很刚强的样子；冉有、子贡，和乐而理直气壮的样子。孔子很高兴。但又担心地说："像仲由这样过于勇猛刚强，恐怕得不到善终。"

【题解】

本章表述的是孔门四大高足侍于孔子侧所表现出的不同情态，以及孔子对子路的评价。孔子一生致力于教育事业，弟子众多，这些著名的弟子各自有着不同的经历、个性和特质，孔子讲学之余，环顾弟子侍立在身边，心中的快乐满溢。子路刚强勇敢，后来果然在卫国的内乱中被杀害，孔子深深哀痛之。

鲁人为长府①。闵子骞曰："仍旧贯，如之何？何必改作？"子曰："夫人不言②，言必有中③。"

【注释】

①鲁人：指鲁国的当权者季氏。为：制造。在这里是改建、翻修的意思。长府：鲁国国库名。一说宫室名。 ②夫人：这个人。指闵子骞。 ③中：这里指说的话能正中要害，说到点子上。

【译文】

鲁国的执政者要改建国库长府。闵子骞说："仍旧沿袭老样子，如何？何必改建呢？"孔子说："闵子骞这个人平时不大说话，但一开口就说到要害上。"

【题解】

这里，孔子通过赞赏闵子骞来表达自己崇尚节俭、爱惜民力的政治主张。孔子的儒家学说虽为封建统治者服务，但他也主张爱人、强调德政。他希望执政者通过农工商并重，利民、富民，同时倡导减赋节用、去奢从俭，反对统治阶级的过分盘剥和奢侈浪费。

子曰："由之瑟，奚为于丘之门①？"门人不敬子路。子曰："由也升堂矣，未入于室也②。"

【注释】

①"由之瑟"句：瑟：古代一种拨弦乐，二十五弦（一说五十弦）。为：做，弹瑟。丘之门，我（孔丘）这里。据《说苑·修文篇》记载，孔子对子路弹瑟表示不满，是因为子路性情刚猛，中和不足，故弹出的音调过于激越，"有杀伐之声"。②升堂、入室：堂：正厅。室：内室。从入门，到升堂，再到入室。孔子用此来比喻在学习上由浅入深的三个阶段：从入门初步掌握，到高明一些，达到一定水平，再到精微深奥的高妙境地。

【译文】

孔子说："仲由弹瑟为什么在我这里弹呢？"弟子们因此不尊敬子路。孔子说："仲由啊，在学习上已经达到'升堂'的程度了，但是还没做到'入室'的境地。"

【题解】

本章又一次记载了孔子对子路的评价，孔子对子路总是耐心地鼓励加提醒。子路的性情刚勇，故他鼓瑟的声音中有杀伐之声，欠缺和平的意味。所以孔子说：由在我们门中，如何弹出这样的音调。本意是担心子路性刚而不得寿终，故加以抑制。门人不解孔子语意，因此不敬子路，孔子再用比喻解释，子路的修养造诣已经升堂，但尚未入室而已。

子贡问："师与商也孰贤①？"子曰："师也过，商也不及。"曰："然则师愈与②？"子曰："过犹不及③。"

【注释】

①师：即子张。才高意广，做事常有过分之处。商：即子夏。拘谨保守，做事常有不及之处。孰：谁。 ②愈：胜过，更好些，强一些。与：通"欤"，语气助词，表疑问。 ③犹：似，如，如同。

【译文】

子贡问："颛孙师和卜商谁好一些？"孔子说："师做事过分，商做事不够。"子贡说："那么是师比较好一些吗？"孔子说："做过分了和做得不够是一样的。"

【题解】

"过犹不及"体现了儒家思想的一个重要原则，就是"中庸之道"。宋代著名的理学家朱熹注解说，子张才高意广而好为苟难，故常过于中。子夏笃信谨守而规模狭隘，故常不及。过犹不及，都是差之毫厘，谬以千里。孔子教育弟子要行中庸之道，认为过度与不足同样不好。

季氏富于周公①，而求也为之聚敛而附益之②。子曰："非吾徒也，小子鸣鼓而攻之，可也！"

【注释】

①周公：泛指周天子左右的卿士。一说为周公旦。　②聚敛：积聚和收集钱财，即搜刮。

【译文】

季氏比周天子左右的卿士还富有，可是冉求还为他搜刮，再增加他的财富。孔子说："冉求不是我的学生，你们大家可以大张旗鼓地去攻击他。"

【题解】

孔子曾经称赞过冉求在政事上的卓越才能，把他列为四科十贤之一，可见孔子对他的喜爱。但是，冉求违背了儒家一直来倡导的政治主张，帮助季氏聚敛财富、

孔子愤怒地对弟子们说：冉求不是我的学生，你们大家可以大张旗鼓地去攻击他。

盘剥百姓，他这种为虎作伥的行为为孔子所不齿。孔子没有对爱徒姑息，而是严厉地指出了他的过错，并要所有弟子对他进行声讨。这一做法体现了孔子以道为重，不论亲疏远近，这种态度很值得管理者学习。

柴也愚①，参也鲁②，师也辟③，由也喭④。

【注释】

①柴：高柴，字子羔。孔子的弟子。　②鲁：迟钝。　③辟（pì）：通"僻"，偏激。　④喭（yàn）：鲁莽，刚烈。

【译文】

高柴愚笨，曾参迟钝，颛孙师偏激，仲由鲁莽。

【题解】

本章是孔子对高柴、曾参、子张、子路四位弟子的评价，侧重于人天生的气质和个性。高柴愚笨、曾参迟钝、子张偏激、子路鲁莽，原本也是日常生活中有缺点的平凡人，但他们在孔门受教后，却都各有一番长进。

孔子认为，他的这些弟子各有所偏，不合中行，对他们的品质和德行必须加以纠正。这一章同样表达了孔子的中庸思想。

子曰："回也其庶乎①！屡空②。赐不受命，而货殖焉③，亿则屡中④。"

【注释】

①庶：庶几，差不多，含有称赞之意。这里指颜回学问、道德都好。　②空：指贫乏，困穷，穷得没办法。孔子曾说颜回："一箪食，一瓢饮，在陋巷，人不堪其忧，回也不改其乐"。（见《雍也第六》第十一章）。　③货殖：做买卖。经商。④亿：通"臆"，估计，猜测。

【译文】

孔子说："颜回嘛，快了吧，可是常常穷困。端木赐不接受命运安排，去经商做买卖，猜测市场行情却常常能猜得很准。"

【题解】

孔子对颜回的评价一直很高，认为他安贫乐道，求仁而得仁；而子贡不接受公家之命去经商，凭借聪明才智致富也不错。孔子并不反对经商致富，只是更加注重人的仁德修养。

子张问善人之道。子曰："不践迹①，亦不入于室②。"

【注释】

①践迹：踩着前人的足迹走，即沿着老路走。　②入于室：比喻学问和修养达到了精深地步。

【译文】

子张问成为善人的途径。孔子说："不踩着前人的脚印，做学问也到不了家。"

【题解】

孔子的学问和道德修养，是在继承优良传统的基础上取得的，他深信要跟着圣人的脚步走，方能升堂入室，强调将圣贤之道落实到日常生活中。

子曰："论笃是与①，君子者乎？色庄者乎？"

【注释】

①论笃是与：赞许言论笃实。这是"与论笃"的倒装说法。与：动词，表示赞许的意思。论笃是提前的宾语。是：用于动宾倒装，无义。

【译文】

孔子说："要赞许说话稳重的人，但这种人是真正的君子呢，还是仅仅从容貌上看起来庄重呢？"

【题解】

在这里，孔子提出，评价一个人，要透过现象看本质，不能单纯地凭借外在表现就说一个人是否是君子，而是要看他是真正具有君子的高尚品行，还是装出来的道貌岸然。认清一个人的本质，对我们来说很重要，因为这个认识，直接决定了我们如何与人交往。识人用人，对普通人来说只关系到个人利益，但对国君或领导者来说，却决定着一个国家、政府或组织的生死存亡。

子路问："闻斯行诸①？"子曰："有父兄在，如之何其闻斯行之？"冉有问："闻斯行诸？"子曰："闻斯行之！"公西华曰："由也问：'闻斯行诸？'子曰：'有父兄在。'求也问：'闻斯行诸②？'子曰：'闻斯行之！'赤也惑③，敢问。"子曰："求也退，故进之；由也兼人④，故退之。"

【注释】

①斯：代词。这里代指道理、义理，应该做的事。诸："之乎"二字合音。

②求：即冉求。名求，字子有，也称冉有。　③赤：即公西华，名赤，字子华，也称公西华。　④兼人：指仲由刚勇，敢作敢为，一个人能顶两个人。

【译文】

　　子路问："听到了道理就马上行动吗？"孔子说："有父兄在，怎能不请示父兄马上行动呢？"冉有问："听到了道理就马上行动吗？"孔子说："听到了就马上行动。"公西华问孔子说："仲由问'听到了就马上行动吗？'您说'有父兄在。'这使我迷惑，所以大胆地问为何回答不同。"孔子说："冉求做事畏缩不前，所以要鼓励他大胆前进一步；仲由一个人能顶两个人，所以要抑制约束他慎重地退后一步。"

【题解】

　　本章中的故事讲述了孔子的教育原则与方法，显示了孔子因材施教的教育理念和善于知人论世。孔子对同样的问题，因不同的人来问，而给出不同的答案。子路为人刚强鲁莽，故孔子教他行事要考虑到父兄尚在，不要勇猛过了头；而冉求生性懦弱，遇事退缩，见义不一定上前勇为，故孔子鼓励他迈进。孔子结合学生的具体心性来施教，一进一退之间，学生终身受益。

　　子畏于匡[1]，颜渊后。子曰："吾以女为死矣。"曰："子在，回何敢死？"

【注释】

①畏：囚禁。指孔子在匡地被人误以为是阳虎而受到围困。

孔子困于匡地。

孔子在匡地受到围困拘禁，颜渊落后，最后才逃出来。孔子惊喜地说："我以为你死了呢。"颜渊说："夫子您还健在，我怎么敢死呢？"

【题解】

这段简单的对话，把老师对学生的信任、担心，以及学生对老师的热爱、忠诚表达得淋漓尽致。师徒二人，这种生死与共的感情，令人动容。

季子然问^①："仲由、冉求可谓大臣与？"子曰："吾以子为异之问^②，曾由与求之问^③。所谓大臣者，以道事君，不可则止。今由与求也，可谓具臣矣^④。"曰："然则从之者与？"子曰："弑父与君，亦不从也。"

【注释】

①季子然：姓季孙，名平子，字子然，乃季孙意如之子。鲁国季氏的同族人。因为季氏任用子路、冉有为臣，所以，季子然向孔子提出了这一问题。 ②子：先生。尊称对方。为异之问：问的别的人。异：不同的，其他的。 ③曾：乃，原来是。 ④具臣：有做官的才能。具：才能。

【译文】

季子然问："仲由、冉求可以说是大臣吗？"孔子说："我以为您是问谁，原来问仲由和冉求啊。所谓大臣，是能够用正道侍奉君主的，如果不能这样，就宁可辞职不干。现在仲由和冉求，只可以说是具备做大臣的才能。"季子然说："他们做什么事都跟从季氏吗？"孔子说："杀父亲、杀君主那种事，是不会跟从的。"

【题解】

本章中孔子强调君臣关系要以道和礼为准绳和行动原则。孔子认为，大臣和具臣有一定的区别。大臣事君以道，出仕是为了推行仁政，实现大济苍生的理想；而具臣只是具备做官才能的人，寻求的是个人才能的发挥，尽忠职守，忠心服从国君。故季氏有后一问，问具臣是否是唯命是从的。孔子正告他，有弑父弑君的，具臣也是绝不会顺从的。

子路使子羔为费宰。子曰："贼夫人之子^①。"子路曰："有民人焉，有社稷焉^②。何必读书，然后为学？"子曰："是故恶夫佞者。"

论语全解全析

【注释】

①贼：害。夫（fú）：那。子羔没有完成学业就去做官，孔子认为这是误人子弟的行为。　②社稷：古代帝王、诸侯。

【译文】

　　子路叫子羔去做费地的长官。孔子说："是祸害子弟的做法。"子路说："有百姓，有土地五谷，何必读书才算学习？"子说："所以我讨厌那些能说会道的人。"

【题解】

　　孔子主张"学而优则仕"，反对在仕中学、学中仕，认为这样会误事误人。子羔学问尚未纯熟，就派他去做官，无异是害他。子路认为治理民众就是实践，而且孔子一贯重视实践，强调身体力行，认为书本知识是次要的。子路的话是以子之矛攻子之盾，但从事政治，必须要有足够的学问见识，才能处理好政务。否则边做边学，实际上是拿人民做实验品，容易害民害己。孔子因而责备子路的利口强辩，将无理说为有理。

　　子路、曾皙①、冉有、公西华侍坐。子曰："以吾一日长乎尔，毋吾以也①！居则曰③：'不吾知也！'如或知尔，则何以哉？"

　　子路率尔而对曰④："千乘之国⑤，摄乎大国之间⑥，加之以师旅⑦，因之以饥馑⑨，由也为之，比及三年⑨，可使有勇，且知方也⑩。"夫子哂之⑪。

　　"求，尔何如？"对曰："方六七十，如五六十，求也为之，比及三年，可使足民。如其礼乐，以俟君子⑫。"

　　"赤⑬，尔何如？"对曰："非曰能之，愿学焉！宗庙之事，如会同⑭，端章甫⑮，愿为小相焉⑯。"

　　"点，尔何如？"鼓瑟希⑰，铿尔⑱，舍瑟而作⑲。对曰："异乎三子者之撰⑳！"子曰："何伤乎㉑？亦各言其志也。"曰："莫春者㉒，春服既成㉓，冠者五六人㉔，童子六七人，浴乎沂㉕，风乎舞雩㉖，咏而归。"夫子喟然叹曰："吾与点也。"

　　三子者出，曾皙后。曾皙曰："夫三子者之言何如？"子曰："亦各言其志也已矣。"曰："夫子何哂由也？"曰："为国以礼，其言不让，是故哂之。""唯求则非邦也与？""安见方六七十如五六十而非邦也者？""唯赤则非邦也与？""宗庙会同，非诸侯而何？赤也为之小，孰能为之大？"

【注释】

①曾皙：姓曾，名点，字子皙。曾参的父亲。南武城人。孔子的弟子。　②毋吾以：不要因我而受拘束，而停止说话，不肯发言。毋：不，不要。以：通"已"，停止。　③居：平时，平素。　④率尔：轻率地，急忙地。　⑤千乘之国：乘：兵车。古代常以兵车数作为国家大小的标志。古代是按土地多少出兵车的，出一千辆兵车就是拥有纵横一百里面积的诸侯国。　⑥摄：夹在其中，受局促，受逼迫，受管束。　⑦师旅：古代军队组织，五人为伍，五伍为两，四两为卒（100人），五卒为旅（500人），五旅为师（2500人），五师为军。加之以师旅：犹言发生战争，受别国军队的侵犯。　⑧饥馑：荒年，灾荒，凶年。《尔雅·释天》："谷不熟为饥，蔬不熟为馑。"　⑨比及：等到，到了。　⑩知方：指懂得道义，遵守礼义。　⑪哂：微笑，讥笑。　⑫俟：等待。　⑬赤：即公西华。参阅《公冶长第五》第八章注。　⑭会同：诸侯会盟。两诸侯相见，叫"会"；许多诸侯一起相见，叫"同"。　⑮端章甫：端，也写作"褍"，周代的一种礼服，也叫"玄端"。章甫，一种礼帽。这里泛指穿着礼服。　⑯相：在祭祀、会同时，行赞礼的人员。也叫傧相。有不同的职位等级，故文中有"小相""大相"之说。　⑰希：通"稀"，稀疏（节奏速度放慢）。　⑱铿尔：铿的一声。形容乐声有节奏而响亮。一说，曲终拨动瑟弦的余音。　⑲作：站起身来。　⑳三子：三位。子是对同学的尊称。撰：通"譔"。陈述的事，说的话。　㉑伤：妨害，妨碍。　㉒莫：通"暮"。　㉓春服：指春天穿的夹衣（里表两层）。既：已经。成：定，穿得住了。　㉔冠者：成年人。古代男子二十岁举行冠礼。束发加冠，表示已经成年。　㉕沂：水名。发源于山东省邹城市东北，经曲阜市南及江苏省北部，流入黄海。传说当时该处有温泉。　㉖风：作动词用，乘凉。雩：古代求雨的祭坛。因人们祈雨必舞，故称"舞雩"。这里指鲁国祭天求雨的台子，在今曲阜市南，有坛有树。北魏郦道元《水经注》称："沂水北对稷门，一名高门，一名雩门。南隔水有雩坛，坛高三丈，即曾点所欲风处也。"

【译文】

子路、曾皙、冉有、公西华，陪奉孔子闲坐着。孔子说："不要因我比你们年长而拘束。你们平时常说：'人家不了解我啊！'假如有人了解你们，要任用你们，你们打算怎样做呢？"

子路轻率地回答说："一个拥有一千辆兵车的国家，夹在大国之间，受别国军队的侵犯，又遇上凶年饥荒，让我去治理，只要三年，就可以使人民勇敢，而且知道遵守礼义？"孔子微笑了一下。

孔子又问："冉求，你如何呢？"冉求回答说："一个纵横六七十里，或者五六十里的小国，让我去治理，只要三年，就可以使人民富足。至于礼乐教化方面，那要等待君子去实行了。"

孔子又问："公西华,你如何呢?"公西华回答说："不敢说我能够做到什么,但是我很愿意学习啊。在宗庙祭祀的事务上,或者与别的国家的盟会中,我穿上礼服,戴上礼帽,愿意做一个小小的赞礼人。"

孔子又问:"曾点,你如何呢?"曾点正在弹瑟,声音稀疏,铿的一声停了,放下瑟,站起身来。回答说:"我的志向与三位不同。"孔子说:"那又有什么妨碍呢?也就是各人谈谈自己的志向啊!"曾晳说:"暮春时节,春天的夹服已经穿定了,和成年人五六人,少年六七人,去沂河洗洗澡,到舞雩台上吹吹风,唱着歌一路走回来。"孔子长叹一声,说:"我是赞成曾点的。"

三人出去了,曾晳最后走。曾晳问孔子说:"这三位说的话如何呢?"孔子说:"也就是各人谈谈自己的志向罢了。"曾晳说:"夫子为何笑仲由呢?"孔子说:"治理国家要讲礼让,他说话却不谦让,所以笑他。"曾晳又问:"难道冉求所讲的不是邦国之事吗?"孔子说:"哪里见得纵横六七十里或者五六十里的地方就不是国家呢?"曾晳又问:"难道公西华所讲的不是邦国之事吗?"孔子说:"有宗庙、有同别国的盟会,那不是诸侯国又是什么呢?如果公西华只能做一个小相,谁还能做大相呢?"

【题解】

这一段师生之间的平常对话非常有名也非常重要,引发了后世学者的诸多讨论。对答之间,师生各自述其政治理想和志向,子路的爽直不谦让、冉求的有志于邦国、公西华的谦逊、曾晳的洒脱飘逸无不宛然如见。孔子欣赏他们,对他们的志向加以点评,让人有如沐春风之感,充溢着愉快、热烈、祥和而又亲切的气氛。本章既显示了儒家浓郁的入世情怀,也反映了其潇洒自在的人生意趣。

暮春三月,孔子和弟子们沐风赏春。

颜渊第十二

颜渊问仁①。子曰："克己复礼为仁②。一日克己复礼，天下归仁焉③。为仁由己，而由人乎哉？"

颜渊曰："请问其目④。"子曰："非礼勿视，非礼勿听，非礼勿言，非礼勿动。"

颜渊曰："回虽不敏，请事斯语矣⑤！"

【注释】

①仁：儒家学说中含义非常广泛的一种道德观念，包括恭、宽、信、敏、惠、智、勇、忠、恕、孝、悌等内容，而核心是指人与人的相亲相爱。"己所不欲，勿施于人""己欲立而立人，己欲达而达人"则是实行"仁"的主要方法。　②克己复礼：克：克制，约束，抑制。己：自己。这里指一己的私欲。复：回复。礼：人类社会行为的法则、标准、仪式的总称。包括了社会生活中由于风俗习惯而长期形成，又为大家所共同遵守的一整套礼节仪式，既人们相互之间表示尊敬谦让的言语或动作，也包括社会上通行的法纪、道德和礼貌。　③归仁：朱熹说："归，犹与也。""一日克己复礼，则天下之人皆与其仁，极言其效之甚速而至大也。"与：赞许，称赞。一说，归：归顺。这两句的意思是："有一天做到了克制自己，符合于礼，天下就归顺于仁人了。"　④目：纲目，条目，具体要点。　⑤事：从事，实行，实践。

【译文】

颜渊问怎样是仁。孔子说："克制自己，使言行符合于礼，就是仁。一天做到克制自己，符合于礼，天下就都赞同你是仁人了。实行仁，在于自己，难道还在于别人吗？"

颜渊说："请问实行仁的纲领条目。"孔子说："不符合礼的不看，不符合礼的不听，不符合礼的不说，不符合礼的不做。"

颜渊说："我虽然不聪敏，请让我按照您的话去做吧。"

【题解】

这段话是孔子的著名言论。克己复礼为仁，这是孔子关于什么是仁的主要解释。在这里，孔子以礼来规定仁，依礼而行就是仁的根本要求。所以，礼以仁为基础，以仁来维护。仁是内在的，礼是外在的，二者紧密结合。这里实际上包括两个方面的内容，一是克己，二是复礼。克己复礼就是通过人们的道德修养自觉地遵守礼的规定。

仲弓问仁^①。子曰："出门如见大宾，使民如承大祭。己所不欲，勿施于人。在邦无怨^②，在家无怨^③。"

仲弓曰："雍虽不敏，请事斯语矣！"

【注释】

①仲弓：冉雍，字仲弓。　②邦：诸侯统治的国家。　③家：卿大夫的封地。

【译文】

仲弓问怎样是仁。孔子说："出门工作、办事如同去接待贵宾，使用差遣人民如同去承当重大的祭祀。自己不愿承受的，不要强加给别人。为国家办事没有怨恨，处理家事没有怨恨。"仲弓说："我虽然不聪敏，请让我按照您的话去做吧。"

【题解】

本章之中，孔子便为我们提供了一个很好的为人处世的原则。当仲弓问孔子什么是仁的时候，孔子并没有和他谈道理，而是从实际出发告诉他具体应该怎么去做。孔子是从为政方面来具体阐述的，尽管如此，他所说的道理也能为我们提供一个很好的借鉴。

司马牛问仁^①。子曰："仁者，其言也讱^②。"曰："其言也讱，斯谓之仁已乎？"子曰："为之难，言之得无讱乎？"

【注释】

①司马牛：姓司马，名耕，一名犁，字子牛。宋国人。相传是宋国大夫桓魋的弟弟。孔子的弟子。　②讱(rèn)：言语迟钝，话难说出口，言若有忍而不易发。引申为说话十分慎重，不轻易开口。《史记·仲尼弟子列传》说司马牛"多言而躁"（饶舌话多，个性急躁），由此可见，孔子这一段话是针对司马牛"多言而躁"的毛病所提出的告诫。

【译文】

司马牛问怎样是仁。孔子说："仁人，说话慎重。"司马牛说："说话慎重，就称作仁吗？"孔子说："凡事做起来都是有困难的，说话能不慎重吗？"

【题解】

孔子因材施教，因为司马牛多言而浮躁，所以孔子特别针对他这一缺点，告诉他说话要和缓谨慎，少说话多行动，强调言行一致的重要性。

司马牛问君子。子曰："君子不忧不惧。"曰："不忧不惧，斯谓之君子已乎？"子曰："内省不疚①，夫何忧何惧？"

【注释】

①省：检查，反省，检讨。疚：对于自己的错误感到内心惭愧，痛苦不安。

【译文】

司马牛问怎样是君子。孔子说："君子不忧愁，不畏惧。"司马牛说："不忧愁不畏惧，就称为君子了吗？"孔子说："自己反省检查，问心无愧，那还忧什么惧什么？"

【题解】

孔子对弟子们的教育都带有很强的针对性。因为司马牛正直善言而性情急躁，所以在这里，孔子耐心地引导他加强修养，向内省察自己。一切无负于人，自然心胸开阔、坦荡，也就无所忧愁、无所畏惧了。从司马牛和孔子的对话中也可以感觉到他的浮躁和轻率，未及深思就以为什么都很容易。

司马牛忧曰："人皆有兄弟，我独亡①！"子夏曰："商闻之矣：死生有命，富贵在天。君子敬而无失，与人恭而有礼，四海之内，皆兄弟也。君子何患乎无兄弟也？"

【注释】

①我独亡：亡：通"无"。关于司马牛没有兄弟的感叹，传统的说法是：司马牛之兄桓魋，与有巢、子颀、子车等在宋国作乱，失败后逃奔卫、齐、吴、鲁。司马牛虽始终未参与其兄的作乱，不赞成这种行为，但也被迫逃亡到鲁国。因此，司马牛有兄弟等于无兄弟，故发出这样的忧叹（事见《左传·哀公十四年》）。

【译文】

司马牛忧愁地说："人家都有兄弟，唯独我没有。"子夏说："我听说过：死生命注定，富贵天安排。君子只要认真谨慎没有过失，对人恭敬而有礼貌，天下皆兄弟呀，君子何愁没有兄弟呢？"

【题解】

在这里，孔子提出了"君子敬而无失，与人恭而有礼，四海之内，皆兄弟也"

的观点。《论语》前文说过"德不孤，必有邻"，这句话与本章孔子提出的观点有异曲同工之妙，这两句话的意思都是说：有德之人不会孤立无援，身边也不会缺少追随者，必定会有同他亲近的朋友。用儒家的观点来看，品德高尚的人不用担心自己孤独无助，他的德行会在无形中吸引许多品德同样高尚的人协助他、支持他。一个人身边之所以不乏拥护者，是因为其自身有吸引人的魅力。而一个人只有德行高尚，才能具有超凡的感召力与影响力。

子张问明。子曰："浸润之谮①，肤受之愬②，不行焉③，可谓明也已矣。浸润之谮，肤受之愬，不行焉，可谓远也已矣④。"

【注释】

①浸润之谮：是说点滴而来、日积月累、好像水浸润的诬陷中伤。浸润：水（液体）一点一滴湿润渗透进去。谮（zèn）：谗言，说人的坏话。　②肤受之愬：是说好像皮肤上感觉到疼痛般急迫切身的诽谤诬告。肤受：皮肤上感受到。愬：与谮义近，诽谤。　③不行：行不通。这里指不为那些明里暗里挑拨诬陷的话所迷惑，不听信谗言。　④远：古语说："远则明之至也。"《尚书·太甲中》说："视远惟明，听德惟聪。"可见"远"及上句中的"明"均指看得明白，看得深远、透彻，而"远"比"明"要更进一步。

【译文】

子张问怎样是明察。孔子说："像水浸润般的谗言，像皮肤受痛般的诬告，对你行不通，就可以说是看得明白了。像水浸润般的谗言，像皮肤受痛般的诬告，对你行不通，就可以说是看得远了。"

【题解】

本章孔子论述的是明智的问题，它对执政者而言，显得更为重要。有道是"众口铄金，积毁销骨"，能使无孔不入的谗言和诽谤行不通，那可真是明智而且有远见的人了。

子贡问政。子曰："足食，足兵①，民信之矣。"子贡曰："必不得已而去，于斯三者何先？"曰："去兵。"子贡曰："必不得已而去，于斯二者何先？"曰："去食。自古皆有死，民无信不立。"

【注释】

①兵：兵器，武器。这里指军备。

孔子向子贡阐释为政的根本在于取信于民。

【译文】

子贡问怎样治理国家。孔子说："有充足的粮食，有充足的军备，人民信任政府啊。"子贡说："不得已一定要去掉一项，在这三项中哪一项先去掉呢？"孔子说："去掉军备。"子贡说："不得已在剩下的这两项中再去掉哪一项呢？"孔子说："去掉粮食。自古以来人都是要死的，但如果人民对政府不信任，国家政权是立不住的。"

【题解】

在这里孔子阐述了自己以仁德治国的见解。孔子提出了"取信于民"的观点，即执政者要获取人民的信任，这是儒家思想中很重要的一个方面。所谓"信"就是信任，可以理解为出于相信而敢于托付。因为人民的力量是无穷的，只有赢得了人民的信任，人民愿意把统治的权力赋予你，统治才能长久，政权才能稳定，决策才能顺利推行。

棘子成曰①："君子质而已矣②，何以文为③？"子贡曰："惜乎！夫子之说君子也。驷不及舌④。文犹质也，质犹文也。虎豹之鞟犹犬羊之鞟⑤。"

【注释】

①棘子成：卫国的大夫。　②质：质朴，内在的思想品质、道德修养淳朴。③文：花纹，文采。引申为文辞、礼仪等方面的修养。　④驷不及舌：驷：四匹

马拉的车。舌：指说出来的话。话一说出口，是追不回来的。　⑤鞹：去掉了毛的兽皮。

【译文】

棘子成说："君子只要思想品质好就行了，为何还要那些文采？"子贡说："可惜呀，夫子您竟这样评说君子。嘴一动，话出口，就是套上四匹马拉的车，也追不回啊。文如同质，质如同文两者同样重要。去掉毛的虎豹皮，与去掉毛的犬羊皮就很相似了。"

【题解】

关于文与质的关系问题，子贡认为应文质兼备，表里一致，这一思想源于孔子。文采和本质同样重要，文采是以本质为基础的，离开了本质，文采就没有载体和方法得以彰显；而本质亦须文采来具体表现，离开了文采，本质也就无所依托。两者一内一外，互为表里，密不可分。

　　哀公问于有若曰①："年饥，用不足，如之何？"有若对曰："盍彻乎②？"曰："二③，吾犹不足，如之何其彻也？"对曰："百姓足，君孰与不足？百姓不足，君孰与足？"

【注释】

①哀公：鲁国国君。参阅《为政第二》第十九章注。有若：姓有，名若，字子有。被后人尊称"有子"。参阅《学而第一》第二章注。　②盍：何不，为什么不。彻：西周的一种田税制度。就是国家从耕地的收获中抽取十分之一作为田税。　③二：指国家从耕地的收获中抽取十分之二作为田税。鲁国自宣公十五年（公元前594年）起，不再实行"彻"法，而是以"二"抽税。

【译文】

鲁哀公问有若："年景不好有饥荒，国家财政用费不足，怎么办呢？"有若回答说："为何不实行抽取十分之一的'彻'税法呢？"哀公说："抽十分之二的田税，我还不够用，如何能实行'彻'税法呢？"有若说："百姓富足了，国君怎不富足？百姓不富足，国君怎么会富足？"

【题解】

在这里，有若阐述了"关心人民疾苦"的思想，提出身为统治者的利益与人民利益的一致性。认为只有满足了人民群众的利益，统治者的个人利益才可能得到满足。这是孔子"仁政"思想的一个侧面。这个道理放之四海而皆准，在现代仍旧有其指导意义。

有若向鲁哀公阐释百姓足则国家足的道理。

子张问崇德、辨惑。子曰："主忠信，徙义①，崇德也。爱之欲其生，恶之欲其死；既欲其生，又欲其死，是惑也。'诚不以富，亦祇以异②。'"

【注释】

①徙义：指向义迁移、靠拢，按照义去做。徙：迁移。 ②"诚不"句：出自《诗经·小雅·我行其野》。意思是：（你这样对待我）即使不是嫌贫爱富，也是喜新厌旧。孔子在此引这两句诗的意思，现已很难推测。有人认为这两句诗本是其他篇章的文字，因竹简编排的次序错了而误引在此处。可参考。

【译文】

子张问怎样提高品德、辨别迷惑。孔子说："以忠诚信实为主，努力做到义，就是提高品德。喜爱一个人就希望他永远活着，厌恶起来又恨不得马上让他死去。要他活，又要他死，这就是迷惑。《诗经》上说：'确实不是因为富不富，而只是因为见异思迁。'"

【题解】

本章孔子谈的主要是个人的道德修养应该以忠信为基础，使自己的行为思想符合义的问题。如果对待人事以个人的主观愿望而定，则会常常受到飘忽不定的非理性的情绪的影响，爱恶无常，既不稳定，又走极端，便是惑。故要仁中有智，崇尚仁德，唯义是从，方能明心见性，使自己不被迷惑，而能知足常乐。

　　孔子讲的人格标准，凡是人都要遵守的，并不因地位高下生出义务的轻重来。常人开口便说："孔子之教是三纲五伦。"这话是要仔细考究。五伦说是孔子所有，三纲说是孔子所无。诸君不信，试将孔子自著的书和七十子后学者记孔子的话一字不漏地翻读一遍，看是否有"君为臣纲，父为子纲，夫为妻纲"这种片面的伦理学说。我们只听见孔子说："父父子子，兄兄弟弟，夫夫妇妇，而家道正。"（《易经·家人卦》）我们只听见孔子说："君君、臣臣、父父、子子。"（《论语》）还听见董仲舒解这两句话，说道："父不父则子不子，君不君则臣不臣耳。"（《春秋繁露·玉杯》篇）倒像责备臣子反较宽，责备君父反较严了。孔子说的"君君、臣臣、父父、子子"，是从"仁者人也"演绎出来的。既做人便要尽人道，在人里头做了君，便要尽君道，做了臣便要尽臣道。"为人君，止于仁；为人臣，止于敬；为人子，止于孝；为人父，止于慈；与国人交，止于信。"全然是相互的关系，如此才是"相人偶"。所以孔子所说，是平等的人格主义。

　　　　　　　　　　　　　　　　　　——梁启超《"仁"与"君子"》

　　齐景公问政于孔子[①]，孔子对曰："君君、臣臣、父父、子子。"公曰："善哉！信如君不君，臣不臣、父不父、子不子，虽有粟，吾得而食诸？"

【注释】

　　①齐景公：姓姜，名杵臼。齐庄公异母弟。公元前547年—公元前490年在位。鲁昭公末年，孔子到齐国时，齐大夫陈氏权势日重，而齐景公爱奢侈，多内嬖，厚赋敛，施重刑，不立太子，不听从晏婴的劝谏，国内政治混乱。所以，当齐景公问政时，孔子作了以上的回答。景公虽然口头上赞许同意孔子的意见，却未能真正采纳实行，为君而不尽君道，后来齐国终于被陈氏篡夺。

【译文】

　　齐景公向孔子问如何治理国家，孔子回答说："君像君的样，臣像臣的样，父像父的样，子像子的样。"齐景公说："很好啊！果真是君不像君，臣不像臣，父不像父，子不像子，虽然有粮食，我能享受得了吗？"

【题解】

　　本章说明了孔子理想中的社会礼法制度。摆正人与人之间的名分关系，这对维护社会秩序来说是很重要的。春秋时期，社会结构发生变动，西周时君臣父子的等级名分已经遭到了破坏，多有"君不君、臣不臣、父不父、子不子"之事发生。齐景公作为一国之君，对此感受亦深，所以他十分赞赏孔子的"正名"主张，但他终究没有任用孔子，不立太子，导致继嗣不定，引发了陈氏弑君之祸。

子曰："片言可以折狱者①，其由也与！"子路无宿诺②。

【注释】

①片言：指原告被告诉讼双方中一方的片面言辞。片：单方面的。折：断，判断，区别是非曲直。狱：讼事，案件。 ②无宿诺：没有过宿隔夜的诺言，没有拖延而不实现的许诺。宿：隔夜。

【译文】

孔子说："仅根据诉讼双方之中一方的言辞，就可以断案的，大概只有仲由吧！"子路没有过夜而不兑现的诺言。

【题解】

仲由凭"片言"就可以"折狱"，不但说明他在审理刑狱方面卓有才干，更重要的是说明他信誉卓著。从来审理刑狱案件都要有原告和被告双方的陈述和供词，才能断案。但子路为人忠信果决，做事雷厉风行，人们信服他，在他面前不弄虚作假，因此他可以只听一面之词，就可断案。

子曰："听讼，吾犹人也。必也使无讼乎！"

【译文】

孔子说："审理诉讼案件，我同别人一样（没有什么高明之处）。重要的是必须使诉讼的案件根本不发生！"

【题解】

本章表明了孔子一贯主张的德治、礼治的政治思想。据《史记·孔子世家》记载，孔子在鲁定公时，曾担任管理刑事的大司寇。他强调自己审理刑事诉讼的案件与人无异，但自己的理想是推行教化，使人人守法重礼，诉讼案件没有才好。

子张问政。子曰："居之无倦，行之以忠。"

【译文】

子张问怎样治理政事。孔子说："居于官位不懈怠，执行君令要忠实。"

【题解】

本章谈论的是从政为官要忠诚和勤谨的问题。身居官位，则要始终如一，不要懒散、懈怠政事。执行君令时，要以忠信，竭心尽力而为。

子曰："博学于文，约之以礼，亦可以弗畔矣夫！"

【译文】

孔子说："君子广泛地学习文化典籍，并用礼来约束自己，也就可以不至于离经叛道了。"

子曰："君子成人之美，不成人之恶；小人反是。"

【译文】

孔子说："君子成全别人的好事，而不促成别人的坏事。小人则与此相反。"

【题解】

这是孔子的一段名言，说明一个有道德的君子是以仁爱为怀的，所以与人为善，愿意成全别人的好事，而不愿意助别人行恶。而小人却总是幸灾乐祸，希望看见别人发生不幸。两者在对人对事的态度上完全不同。

季康子问政于孔子。孔子对曰："政者，正也。子帅以正，孰敢不正？"

【译文】

季康子向孔子问怎样为政。孔子回答说："政，就是正。您带头走正道，谁敢不走正道？"

【题解】

从这段话可以看出，孔子十分注重执政者的模范带头作用。执政者能够做到正己，就可以不令而行，上行下效，使天下人都归于正道。这种为政以德、讲究修身的思想成为封建社会中人治的基础，产生了深远的影响。

名家品论语

"君子"在最初既非"道德之称"，更不是"天子至民"的"通称"，而是贵族在位者的专称。下层庶民纵有道德也不配称为"君子"，因为他们另有"小人"的专名。"君子"之逐渐从身份地位的概念取得道德品质的内涵自然是一个长期演变的过程。这个过程大概在孔子以前就已开始，但却完成在孔子的手里。《论语》一书关于"君子"的种种讨论显然偏重在道德品质一方面。

——余英时《儒家"君子"的理想》

季康子患盗，问于孔子。孔子对曰："苟子之不欲，虽赏之不窃。"

【译文】

季康子为盗窃事件多发而苦恼，来向孔子求教。孔子对他说："如果您不贪求太多的财物，即使奖励他们去偷，他们也不会干。"

【题解】

本章孔子谈论的仍是为政为官的道理。上行则下效，为政者的作风对社会的民风影响很大，所以为政者要注意自己的所作所为，要处处做好表率，给百姓以良好的影响。

在这里，孔子的话也有所针对，执政者如果欲求过多，对百姓强征暴敛，百姓迫于生存，难免沦为盗贼。反之，百姓衣食足而知荣辱，衣食无忧，则人人自爱自重，盗窃之事自然绝迹。

季康子问政于孔子曰："如杀无道，以就有道，何如？"孔子对曰："子为政，焉用杀？子欲善而民善矣！君子之德，风；小人之德，草；草上之风^①，必偃^②。"

【注释】

①草上之风：指草上有风，风吹到草上。　②偃(yǎn)：仆倒，倒下。

孔子向季康子阐释用道德来感化民众，使民心归服的道理。

季康子向孔子询问如何为政，说："如果杀掉作恶的坏人，而去亲近为善的好人，如何？"孔子回答说："您为政，怎么还用杀人呢？您要是想做好事，百姓也会做好事的。君子的品德就像是风，小人的品德就像是草，草必然随风倒下。"

【题解】

季康子向孔子问政，以为杀掉违法乱纪的人而亲近有德的人就能使天下有道。孔子则一向主张以道德感化人民，不主张刑杀治国。在谈到政治效应时，主张以德政来使民心归附，杀伐虽然能威慑众人，却不能真正使人心归服，而且容易埋藏危险的种子，认为天下不可能靠杀伐而变得有道。

子张问："士何如斯可谓之达矣①？"子曰："何哉，尔所谓达者？"子张对曰："在邦必闻②，在家必闻。"子曰："是闻也，非达也。夫达也者，质直而好义，察言而观色，虑以下人。在邦必达，在家必达。夫闻也者，色取仁而行违，居之不疑。在邦必闻，在家必闻。"

【注释】

①达：通达，显达，处事通情达理，做官地位显贵。孔子认为：达者必须质直好义，具有仁德与智慧，才能与官职地位名实相符。　②闻：有名声，名望。这里指虚有其名，名实不符。"闻"与"达"相似，而本质不同。达重在诚，要务实，自修于内。闻旨在伪，外求虚名，欺世盗名。

【译文】

子张问："士，怎样才叫作'达'？"孔子说："你所说的'达'指什么？"子张回答说："在朝廷做官一定有名声，为大夫做家臣一定有名声。"孔子说："这只是名声，而不是'达'。所谓'达'的人，要质朴正直，好尚礼义，善于分析别人的言语，观察别人的脸色，常想着对人谦恭有礼貌。这样的人在朝廷做官一定'达'，为大夫做家臣一定'达'。至于有虚名的人，表面上主张仁德，行动上违反仁德，还以仁人自居而不怀疑。这样的人在朝廷一定骗取虚名，为大夫管家他也要骗取虚名。"

【题解】

本章表明一个人在社会上的影响同他的德行、操守是密切相关的。孔子在这里指出了"闻"和"达"的区别。"闻"是欲求名声，"达"是凡事通达，习惯上两字往往合用，所以子张也把两者混淆。孔子在此廓清两者的不同，强调要注重自身的修养去做到通达，而不是去追求在人们心目中的好名声。这种要实至名归、虚名务去的精神值得提倡。

樊迟从游于舞雩之下，曰："敢问崇德、修慝①、辨惑。"子曰："善哉问！先事后得，非崇德与？攻其恶，无攻人之恶，非修慝与？一朝之忿，忘其身，以及其亲，非惑与？"

【注释】

①修：整治，消除改正。慝(tè)：邪恶的念头。

【译文】

樊迟陪着孔子出游于舞雩台下，说："我大胆地请问：怎样提高品德？消除邪念？辨清迷惑？"孔子说："问得很好！首先努力去做该做的事，不计较后来得与失，不就提高品德吗？改掉自己的错误，不攻击别人的错误，不就是消除邪念吗？忍不住一时的气愤，不顾自身安危，甚至连累自己亲人，不就是迷惑吗？"

【题解】

樊迟提出的三个问题都是关于个人的修身、齐家等有关品德修养和社会实践及影响的。孔子称赞他问得好，然后分别解答：先付出艰难劳动然后才获得报酬，不过于计算，不要想着不劳而获，则能增进自己的德行；经常反省与批判自己的过错，不苛责他人，自然就会消除积怨；在怒愤初发时，考虑到后患而克制自己，以免为自己及父母招来灾祸，即是辨惑。

樊迟问仁。子曰："爱人。"问知①。子曰："知人。"樊迟未达②。子曰："举直错诸枉③，能使枉者直。"

樊迟退，见子夏，曰："向也吾见于夫子而问知④，子曰：'举直错诸枉，能使枉者直'，何谓也？"子夏曰："富哉言乎！舜有天下，选于众，举皋陶⑤，不仁者远矣⑥。汤有天下⑦，选于众，举伊尹⑧，不仁者远矣。"

【注释】

①知：通"智"。 ②未达：还没明白，没透彻理解。"仁"是"爱人"，不分亲疏远近都要爱；而"智"又要求知道了解人，善于识别人，辨明正、邪、智、愚而区别对待；那么，"仁"与"智"是否矛盾，要做到"智"是否会妨害"仁"？

樊迟心里含糊，弄不大通，故说"未达"。　③错诸枉：置于邪恶的人之上。　④向：从前。此犹说"刚才"。　⑤皋陶：传说舜时大臣，任"士师"，掌管刑法。　⑥远：疏远，远离。　⑦汤：商朝开国君主，名履，灭夏桀而得天下。　⑧伊尹：名挚，汤任他为"阿衡"（即宰相），曾辅助汤灭夏兴商。

【译文】

樊迟问什么是仁。孔子说："爱人。"樊迟又问什么是智。孔子说："知人。"樊迟还不能透彻理解。孔子说："推举选拔正直的人，安排在邪恶的人位置之上，这样能使邪恶的人转化为正直。"樊迟从孔子那儿退出来，见到子夏，说："刚才我见到老师，问什么是智，老师说：'选拔推举正直的人，安排在邪恶的人位置之上，这样能使邪恶的人转化为正直。'这话是什么意思呀？"子夏说："这是意义丰富而深刻的话啊！舜有了天下，在众人中选拔人才，推举了皋陶，不仁的人就被疏远了。汤有了天下，在众人中选拔人才，推举了伊尹，不仁的人就被疏远了。"

【题解】

"仁"是孔子伦理思想的核心，包含了"爱人"和"知人"两部分内容。前者具有人道主义色彩，后者则是古代人文精神的体现。

樊迟向孔子问过耕田种菜的事，不像孔子的其他弟子一样把兴趣集中在政治上，所以他能明白仁即爱人的道理，但不能明白智者要有知人之明。"举直错诸枉"，即选拔贤才的思想，是孔子政治思想的重要方面。

子贡问友。子曰："忠告而善道之^①，不可则止，毋自辱焉^②。"

子贡问友。子曰："忠告而善道之①，不可则止，毋自辱焉②。"

【注释】

①道：通"导"，引导，诱导。　②毋：勿，不要。

【译文】

子贡问怎样对待朋友。孔子说："要忠诚地劝告他，委婉恰当地开导他，他还不听，就算了，不要自受侮辱。"

【题解】

本章孔子谈的是交友之道：要忠言直告又要恰当地引导，不宜强加于人。即使是忠言善语，不被朋友接受，也不要去强加于人，否则自讨没趣。这种交友处世之道，至今有用。

曾子曰："君子以文会友，以友辅仁。"

【译文】

曾子说："君子以讲习诗书礼乐文章学问来聚会结交朋友，靠朋友互相帮助来修养仁德。"

【题解】

本章讲的也是交友之道。以文会友被认为是君子所为。朋友之间相互勉励扶持，在一起切磋琢磨，共同走上人生的正途。

名家品论语

《论语》的仁的第一义是一个人面对自己而要求自己能真正成一个人的自觉自反。真能自觉自反的人便会有真正的责任感，有真正责任感便会产生无限向上之心。凡此，都是《论语》中仁字的含义。道德的自觉自反，是由一个人的"愤""悱""耻"等不安之念而突破自己生理的制约性，以显出自己的德性。德性突破了自己生理的制约而生命力上升时，此时不复有人己对立的存在。于是对"己"的责任感，同时即表现而为对"人"的责任感；"人"的痛痒休戚，同时即是己的痛痒休戚。于是根于对人的责任感而来的对人之爱，自然与根于对己的责任感而来的无限向上之心，合而为一。经过这种反省过程而来的"爱人"，乃出于一个人的生命中不容自己的要求，才是《论语》所说的"仁者爱人"的真意。即是先有"仁者人也"的反省、自觉，然后才有"仁者爱人"的结论。在此结论以前的过程，皆是"为仁"的功夫，亦即是"仁"自身的逐步呈现；"为仁"的功夫之所在，即仁之所在。其功夫的关键，端在一个人面对自己的反省、自觉；因为只有这样，才一开始便凑拍上了仁，有个真实下手处。

——徐复观《释〈论语〉的"仁"》

子路第十三

子路问政。子曰："先之①，劳之②。"请益，曰："无倦。"

【注释】

①先之：指为政者身体力行，凡事率先垂范，以身作则。之：代词，指百姓。　②劳之：这里指为政者亲身去干，以自身的"先劳"，带动老百姓都勤劳地干，辛勤而无怨。

【译文】

子路问怎样为政。孔子说："要以身作则，领头去干，带动老百姓都勤劳无怨地干。"（子路）请求多讲一点。（孔子）说："永远不要松懈怠惰。"

【题解】

本章谈的是执政者的道德修养问题。执政者自己要首先以身作则，体恤慰劳民众，不要倦怠。子路为人爽直而鲁莽，为官从政有热情但是难以持之以恒。新官上任三把火，官员刚走马上任时往往容易取得成效，但很难保持一贯的良好的势头，所以无倦方能恒久。

孔子向子路阐释要以身作则，不要懈怠的为政道理。

仲弓为季氏宰，问政。子曰："先有司，赦小过，举贤才。"曰："焉知贤才而举之？"子曰："举尔所知。尔所不知，人其舍诸^①？"

【注释】

①舍：舍弃，放弃。这里指不推举。诸："之乎"二字合音。

【译文】

仲弓担任季氏的私邑总管，问怎样为政。孔子说："（凡事）要带头，引导手下管事的众官吏去做，宽赦他们的小错误，推举贤良的人才。"（仲弓）说："怎样识贤才而选拔他们呢？"孔子说："选拔你知道的。你不知道的，难道别人不推举他吗？"

【题解】

为政在人，为政者一定要为下面的人做出表率，对下属的小过失不要计较，要抓大放小。重要的在于善举贤才，从近处做起，从自己做起，这些都是孔子的为政之道。

名家品论语

孔子坚持正名的必要性，不仅是期望建立名分与位阶皆上轨道的社会秩序，而且希望言行之间一致，如用更具哲学性的语言表达，也可说是期望名实之间能相符合。在儒家思想，甚或其他各家各派的思想里，此种观点一直是不变的主旨。

——陈荣捷《孔子的人文主义》

子路曰："卫君待子而为政^①，子将奚先^②？"子曰："必也正名乎^③！"子路曰："有是哉，子之迂也^④！奚其正？"子曰："野哉，由也！君子于其所不知，盖阙如也^⑤。名不正，则言不顺；言不顺，则事不成；事不成，则礼乐不兴；礼乐不兴，则刑罚不中^⑥；刑罚不中，则民无所措手足^⑦。故君子名之必可言也，言之必可行也。君子于其言，无所苟而已矣^⑧！"

【注释】

①卫君：卫出公蒯辄。他与父亲争位，引起国内混乱。所以孔子主张，要治理国家，必先"正名"，以明确"君君、臣臣、父父、子子"的关系。参阅《述而第七》第十五章注。 ②奚：何，什么。 ③正名：纠正礼制名分上的用词不当，

正确地确定某个人的名分。正，纠正，改正。名，名分，礼制上的人的名义、身份、地位、等级等。　④迂：迂腐；拘泥守旧，不切实际。　⑤阙如：存疑，对还没搞清楚的疑难问题暂时搁置，不下判断，对缺乏确凿根据的事，不武断，不妄说。阙：通"缺"。　⑥中：得当，恰当，适合。　⑦措：放置，安排，处置。　⑧苟：苟且，随便，马虎。

【译文】

子路对孔子说："(假如)卫国国君等待您去治理国家，您将要先怎样做呢？"孔子说："必须先正名分。"子路说："有这必要吗？您太迂了，为什么要这样做呢？"孔子说："真粗野鲁莽啊，仲由！君子对自己所不知道的事情，大概应该抱着存疑的态度吧。(如果)名分不正，言语就不顺；言语不顺，事情就办不成；事情办不成，国家的礼乐制度就不能兴建起来；国家的礼乐制度不能兴建起来，刑罚的执行就不恰当；刑罚的执行不恰当，人民就会手足失措。所以，君子确定名分必须可以说得清楚有理，说了也一定可以行得通。君子对自己所说的话，只要不草率马虎罢了。"

【题解】

这是孔子言论中关系到国家大事和为人处世的著名论述，其中"名不正则言不顺"一句常被人们引用。"名"代表的是一种秩序、规范、法则，关系着传统伦理政治的维系。正名的具体内容是"君君、臣臣、父父、子子"，就是一个国家、一个事业，光明正大的理念要讲清楚，只有名分正了，做任何事情才能理直气壮。这是孔子的一个基本的政治观点。

樊迟请学稼①。子曰："吾不如老农。"请学为圃②。曰："吾不如老圃。"樊迟出。子曰："小人哉，樊须也！上好礼，则民莫敢不敬；上好义，则民莫敢不服；上好信，则民莫敢不用情。夫如是，则四方之民襁负其子而至矣③，焉用稼？"

【注释】

①樊迟：姓樊，名须，字子迟。参阅《为政第二》第五章注。　②圃：菜地，菜园。引申为种菜。　③襁：背婴儿的背带、布兜。

【译文】

樊迟请教学习种庄稼。孔子说："我不如老农夫。"(樊迟)请教学习种菜。(孔子)说："我不如老菜农。"樊迟出去了。孔子说："真是小人呀，樊须。上边重礼，百姓就不敢不尊敬；上边重义，百姓就不敢不服从；上边重信，百姓就不敢不说出真情实况。假如做到这样，四方的百姓就会背着小孩前来投奔，(执政者)哪里用得上自己去种庄稼呢？"

【题解】

春秋时代，礼崩乐坏，孔子把克己复礼当成毕生事业。在孔子看来，如果为政者把精力放在生活的具体事务上，就是舍本逐末了。儒家认为社会有分工，种庄稼蔬菜等耕作之事是老百姓的分内之事，而居官执政者则需要学习如何修身立德，重视礼、义、信。只要做好这些，百姓就会主动来归附。孔子的教育思想在于培养为政的人才，因此以"文、行、忠、信"四科为教育内容，而种田种菜等劳动生产之事不在其教育之中。

子曰："诵《诗》三百，授之以政，不达①；使于四方，不能专对②；虽多，亦奚以为③？"

【注释】

①达：通达，通晓；会处理，会运用。　②专对：即根据外交的具体情况，随机应变，独立行事，回答问题，办理交涉。外交使臣在处理对外交涉的事务时，因不可能时时事事都向本国朝廷请求指示，所以必须有"专对"的能力。当时在外交上往往以背诵《诗经》章句来委婉地进行提问和回答，故"诵《诗》三百"是外交人才的必备条件。　③以：用。为：句末语助词，表示感慨或疑问。

【译文】

孔子说："熟读《诗经》三百篇，派他从政做官，却不能处理政务；派他当外交使节，却不能独立地办理外事交涉；书读得再多，又有什么用呢？"

【题解】

本章孔子的这段言论表明，他的教育思想和目的是培养对国家有用的人才，使所育之才能够治理国家，让天下归仁。学习《诗经》的目的也是让弟子们增加多方面的知识，成为有用之才，而不是成为纯粹的文人或书呆子。

《诗经》中有很多议论施政得失的篇章，因此对执政者有警醒、借鉴作用。读《诗经》而不知民心之所向、政事之所趋，不能活学活用，那么读得再多也是没有用的。由此可见，孔子是倡导学以致用的。

子曰："其身正，不令而行；其身不正，虽令不从。"

【译文】

孔子说："本身品行端正，就是不发命令，人民也会照着去做；本身品行不正，即使发布命令，人民也不会听从。"

【题解】

这也是孔子一贯主张的执政者要以身作则的原则。执政者必须先要正己，自身不正，虽有命令别人也不会听从，更别提去正人了。孔子讲执政以德，对执政者提出要求和约束，有其积极意义。

子曰："鲁卫之政，兄弟也。"

【译文】

孔子说："鲁国的政事和卫国的政事，像兄弟一样。"

【题解】

鲁国是周公旦的封地，卫国是康叔的封地，周公旦和康叔是兄弟，当时两国的政治情况都趋向于衰败，故而孔子有此感叹。

子谓卫公子荆："善居室①。始有，曰：'苟合矣②！'少有，曰：'苟完矣。'富有，曰：'苟美矣。'"

【注释】

①善居室：善于治理家政，善于居家过日子。　②合：足。

【译文】

孔子谈到卫国的公子荆，说："他善于治理家政。当他刚开始有财物时，便说：'差不多够了。'当稍微多起来时，就说：'将要足够了。'当财物到了富有时候，就说：'真是太完美了。'"

【题解】

本章是孔子对卫公子荆的赞美之辞。孔子认为为政者应该在自己的生活上知足，在仁德上知不足。当时社会奢侈成风，卿大夫生活腐化不足为奇，而卫公子荆居室不求华美，不追求物质享受，其心恬淡安然可知，可谓是浊水中的一股清流。

子适卫①，冉有仆②。子曰："庶矣哉③！"冉有曰："既庶矣，又何加焉④？"曰："富之。"曰："既富矣，又何加焉？"曰："教之⑤。"

【注释】

①适：往，到，去。　②仆：驾车。　③庶：众多。这里指卫国人口众多。

209

孔子到卫国去，冉有为他驾车。

④何加：即"加何"。增加什么，进一步干什么、办什么？　⑤教：教育，教化。孔子主张"先富而后教"。

【译文】

孔子到卫国去，冉有驾车。孔子说："（这儿）人真多啊！"冉有说："人已经多了，那该怎么办呢？"（孔子）说："让他们富裕起来。"冉有说："已经富裕了，又该怎么办呢？"（孔子）说："教育他们。"

【题解】

本章孔子提出了"先富后教"的政治思想，认识到经济富裕是德教的基础。孔子重视教化，但并不凭空言道，而是明白教化是在物质生活已经达到一定程度后才会有成效。所以，一定要深入理解孔子的原意。

子曰："苟有用我者①，期月而已可也②，三年有成。"

【注释】

①苟：如果，假如。　②期（jī）月：周一年十二个月，即一周年。期：周。

【译文】

孔子说："如果有人用我治理国家，一周年就可以（初具规模，有可观之处），三年（功业）会大有成效。"

【题解】

据《史记·孔子世家》记载，这是孔子在卫国时有感而发的言辞，表达了自己从政的信心。

子曰："'善人为邦百年，亦可以胜残去杀矣。'诚哉是言也！"

【译文】

孔子说："'善人治理国家一百年，也就可以克服残暴、免去刑杀了。'有道理，这话！"

【题解】

春秋时期，各诸侯国的执政者争于力气，互相攻伐，争夺土地和人口，不修德政。只有具有仁爱之心的善人才会用相当长的时间实行德治，最后达到胜残去杀的目的。这是孔子的理想。

子曰："如有王者①，必世而后仁②。"

【注释】

①王者：能治国安邦、以德行仁的贤明君王。　②世：三十年是一世。

【译文】

孔子说："如果有贤明君王兴起，必须三十年以后才能实施仁政。"

【题解】

接着上一章，孔子说，能够行仁道的"王者"只需三十年时间便可实现仁政，这显然比上一章的"善人"更高明。治国需要循序渐进，这依赖于人心的向善归仁，需要为政者的教化倡导。

子曰："苟正其身矣，于从政乎何有？不能正其身，如正人何！"

【译文】

孔子说："如果自身（品行）端正了，从事政治还有什么（困难）呢？自身不能端正，怎样使他人端正呢？"

【题解】

本章孔子讲的还是"正人先正己"的道理。在伦理政治中，正身被看作是执政者必备的素质，这种重德治的政治主张也导致了对法治的忽视和人治思想的形成。

冉子退朝①。子曰："何晏也②？"对曰："有政。"子曰："其事也。如有政，虽不吾以③，吾其与闻之。"

①冉子：冉求。曾任季氏宰（家臣）。参阅《八佾第三》第六章注。　②晏：晚，迟。　③吾以：用我。以：用。

【译文】

冉求（从季氏官府）办完公事回来。孔子说："为何回来晚了？"（冉求）回答说："有政务。"孔子说："是（季氏私家）一般的事务吧。如果有（国家）政务，虽然（国君）不任用我了，我也会有所闻的。"

【题解】

孔子在这里指出，官员应该有政务官和事务官两种。虽然同为官员，可它们还是有分别的。孔子看来，政务官负责的是国家大政方针的制定，即便他没参加，也必定会有所耳闻；而事务官就是负责去执行，他没有听说也就不足为怪了。孔子在这里责怪冉有，嘲讽他政务与事务不分。

定公问："一言而可以兴邦，有诸①？"孔子对曰："言不可以若是。其几也②，人之言曰：'为君难，为臣不易。'如知为君之难也，不几乎一言而兴邦乎！"曰："一言而丧邦，有诸？"孔子对曰："言不可以若是，其几也，人之言曰：'予无乐乎为君。唯其言而莫予违也。'如其善而莫之违也，不亦善乎！如不善而莫之违也，不几乎一言而丧邦乎！"

【注释】

①诸："之乎"二字的合音。　②几：将近，接近。

【译文】

鲁定公问："一句话就可以使国家兴盛，有这样的话吗？"孔子回答说："话不可以讲得这样肯定，但有与这接近的，有人说：'做君主难，做臣也不易。'如果知道做君主难，这岂不接近于'一句话就可以使国家兴盛'吗？"（鲁定公）说："一句话就可使国家丧失，有这样的话吗？"孔子回答说："话不可以讲得这样肯定，但有与这接近的，有人说：'我做君主并没有什么可高兴的，只是（高兴）我说的话没有人违抗。'如果君主说的话正确，而没有人违抗，不也是很好吗？如果说的话不正确，而没有人违抗，这岂不接近于'一句话就可以使国家丧失'吗？"

孔子向鲁定公阐释言论。

　　"一言可以兴邦""一言可以丧邦"，已经成为成语，这并非过甚其辞。执政者确实应该小心谨慎，注意自己的一言一行。古代专制政治，君主的权力很大，因一言而丧邦的，大有人在。故孔子说，要体会到做国君、做臣下都不容易，就会心存怵惕。孔子批评国君以无人敢于违抗自己的意志为乐的态度，很有针对性。

　　叶公问政①。子曰："近者说，远者来。"

【注释】

　　①叶公：姓沈，名诸梁，楚国大夫。

【译文】

　　叶公问怎样为政。孔子说："使近处的人民感到喜悦，远处的人民来投奔归附。"

【题解】

　　为政之道，在得民心。叶公即楚国贵族沈诸梁。叶公理政，事事公开，慎刑罚，薄赋税，为民众所称颂。孔子至楚，因有叶公问政事。

子夏为莒父宰①，问政。子曰："无欲速，无见小利。欲速则不达，见小利则大事不成。"

【注释】

①莒（jǔ）父：鲁国城邑名，在今山东省莒县境内。一说，在高密县东南。

【译文】

子夏到莒父当地方长官，问怎样为政。孔子说："不要速成，不要贪小利。想求速成，反而达不到目的；贪小利，就做不成大事。"

【题解】

这是孔子提出的关于管理地方政务的原则、方法的一段问答。执政欲速则容易急遽失序，从而犯下揠苗助长的错误，反而不容易达成目标；有心求治，不妨从容治理。"欲速则不达"已经成为成语，做大事小事都要遵循这个法则。

叶公语孔子曰①："吾党有直躬者②，其父攘羊，而子证之③。"孔子曰："吾党之直者异于是。父为子隐，子为父隐，直在其中矣。"

【注释】

①语（yù）：告诉。　②党：指家乡。古代五百家为党。　③攘：即偷窃。证：告发。

【译文】

叶公告诉孔子说："我家乡有个正直的人，他父亲偷了别人的羊，他便出来

孔子向与叶公谈论孝道与法制。

告发。"孔子说："我家乡正直的人与这不同：父亲替儿子隐瞒，儿子替父亲隐瞒，正直就在这里面了。"

【题解】

这一章表明了在中国传统社会中，伦理道德是高于法制的。从这里我们可以推想古代社会的情况，以及中国社会历史上的法、情、礼之间的关系。孔子认为孝道为德行的根本，儿子告发父亲，是为不孝，对父亲不孝者就难以对君主做到忠，所以孔子不赞成儿子去告发父亲偷羊。

樊迟问仁。子曰："居处恭，执事敬，与人忠；虽之夷狄①，不可弃也。"

【注释】

①之：动词。到，去，往。

【译文】

樊迟问怎样是仁。孔子说："在家能恭敬规矩，办事能认真谨慎，对人能忠实诚恳。虽然到了夷狄，(这三种德行)也是不可放弃的。"

【题解】

本章孔子提出了做人在生活、工作和交友等各个方面的"仁"的要求，即"恭""敬""忠"是一个人的为人之道。生活中保持恭肃之心，工作中做事诚敬，毫不苟且，与人相交忠诚以待，到哪里都行得通。

子贡问曰："何如斯可谓之士矣？"子曰："行己有耻，使于四方，不辱君命，可谓士矣。"曰："敢问其次。"曰："宗族称孝焉，乡党称弟焉①。"曰："敢问其次？"曰："言必信，行必果，硁硁然小人哉②！抑亦可以为次矣。"曰："今之从政者何如？"子曰："噫！斗筲之人③，何足算也！"

【注释】

①弟：通"悌"，敬爱兄长。　②硁硁然：形容浅薄固执。孔子认为如果不问是非曲直，在大事上糊涂，只管自己的言行"必信""必果"，必然会陷于浅薄固执。《孟子·离娄下》说："大人者，言不必信，行不必果，惟义所在。"意思是：真正有德行的人，说话不一定句句守信，行为不一定贯彻始终，只要合乎道外，按道义行事便可。这话可作为《论语》本章的补充。　③筲：盛饭用的

小竹器，饭筐。斗和筥的容量都不大（一斗只容十升，一筥只容五升，一说容一斗二升），引申来形容人的见识短浅，器量狭小。

【译文】

子贡问："如何才配称为士？"孔子说："对自己的行为能保持羞耻之心，出使其他国家，不辜负君主委托，这样的人可配称为士了。"（子贡）说："我冒昧地问，次一等的呢？"（孔子）说："宗族里的人称赞他孝顺父母，乡里的人称赞他敬爱兄长。"（子贡）说："我冒昧地问，再次一等的呢？"孔子说："说话一定守信用，行动一定坚决果断。虽然这样做是浅薄固执的小人，不过也可以作为次一等的了。"子贡说："如今从政的人如何呢？"孔子说："哎！这些器量狭小的人，算得了什么！"

【题解】

孔子观念中的"士"，首先是有知耻之心、不辱使命的人，能够担负一定的国家使命；其次是孝敬父母、友爱兄长的人，最后才是"言必信，行必果"的人。至于现在的执政者，孔子则认为是斗筥小人，不值一谈。

子曰："不得中行而与之①，必也狂狷乎②！狂者进取，狷者有所不为也。"

【注释】

①中行：合乎中庸之道的言行。与：相与，交往，来往；向他传道，同他共事。②狂：指志向高远，纵情任性，骄傲自大，但勇往直前，敢作敢为，有进取精神。狷：指为人耿直拘谨，洁身自好，安分守己，不求有所作为，亦绝不肯同流合污。

【译文】

孔子说："找不到言行合于中庸之道的人与他交往，那一定是要同狂者和狷者交往了。狂者有进取心，敢作敢为；狷者拘谨，洁身自好，绝不肯做坏事。"

【题解】

孔子认为，能够"中行"的人是理想中的合乎中庸之道的人。然而现实中这种人太少了，如果有"狂"者和"狷"者，就算不错了。狂者好高骛远，就不会自甘堕落，而会去积极进取，如果践道笃行也会有所成就；狷者清高自守，有所为有所不为，如果能做到恢弘通达亦会有所成就。"中行"之士不可求，只好退而求其次。

子曰："南人有言曰：'人而无恒，不可以作巫医①。'善夫！""不恒其德，或承之羞②。"子曰："不占而已矣③。"

【注释】

①巫医：用卜筮为人治病的人。　②不恒其德，或承之羞：此二句引自《易经·恒卦·九三爻辞》。意思是说，人如果不能长期坚持自己的德行，有时就要遭受羞辱。③占：占卜。

【译文】

孔子说："南方人有句话说：'人如果没有恒心，就不可以做巫医。'这话说得好哇！"《周易》说："不能长期坚持自己的德行，有时就要遭受羞辱。"孔子又说："（这句话的意思是叫没有恒心的人）不要占卦罢了。"

【题解】

本章中孔子讲了两层意思：一是人必须有恒心，这样才能成就事业；二是人必须恒久保持德行，否则就可能遭受羞辱。这是他对自己的要求，也是对弟子们的告诫。

子曰："君子和而不同①，小人同而不和。"

【注释】

①和、同：这是春秋时代常用的两个概念。和：和谐，调和，互相协调。指不同性质的各种因素的和谐统一。如五味的调和，八音的和谐。君子尚义，无乖戾之心，能和谐共处，但不盲从附和，能用自己的正确意见来纠正别人的错误意见，故说"和而不同"。同：相同，同类，同一。小人尚利，在利益一致时，互相阿谀，同流合污，能苟同；然一旦利益发生冲突，则不能和谐相处，更不能用道义来协调人情世故，故说"同而不和"。

【译文】

孔子说："君子，讲求和谐而不盲从附和；小人，同流合污而不能和谐。"

【题解】

"和而不同"是孔子思想体系中的重要组成部分。君子可以与他周围的人保持和谐融洽的关系，但他对待任何事情都必须经过自己的独立思考，从来不愿人云亦云，盲目附和；小人则没有自己独立的见解，只求与别人完全一致，而不讲求原则，但他却与别人不能保持融洽友好的关系。这是在为人处世方面。其实，在所有问题上，往往都能体现出"和而不同"与"同而不和"的区别。"和而不同"显示出孔子思想的深刻哲理和高度智慧。

孔子认为，在君子手下做事很容易，但要取悦他很难。

子贡问曰："乡人皆好之①，何如？"子曰："未可也。""乡人皆恶之②，何如？"子曰："未可也。不如乡人之善者好之，其不善者恶之。"

【注释】

①好：喜爱，称道，赞扬。 ②恶：憎恨，讨厌。

【译文】

子贡问："全乡都喜欢的人，如何呢？"孔子说："未必可以。"（子贡又问）"全乡都憎恶的人，如何呢？"孔子说："未必可以。不如是全乡中的好人都喜欢他，坏人都讨厌他。"

【题解】

本章讲的是如何认识人、评价人的问题。孔子认为，评价一个人，不能简单地附众之毁誉，还要细心考察其所以毁、所以誉的原因，然后才能做出准确的评价。

子曰："君子易事而难说也①。说之不以道，不说也；及其使人也，器之。小人难事而易说也。说之虽不以道，说也；及其使人也，求备焉。"

【注释】

①易事：易与共事，侍奉他、给他做事容易。说：通"悦"。

【译文】

孔子说："给君子做事容易，却难讨他的欢心。以不正道去讨他的欢心，他是不喜欢的；到他用人的时候，却能按才能的大小合理使用他。给小人做事很困难，却容易讨他欢心。虽然以不正道去讨他的欢心，他也会喜欢的；到他用人的时候，对人就求全责备。"

【题解】

孔子在这里谈的是做人的两种作风。这是君子和小人的又一区别。君子严于律己，心中自有正道和操守，喜欢人以正道行事，他爱惜人才，宽以待人，故人乐为之用；小人喜欢别人顺从、取悦自己，做事却对人求全责备。

子曰："君子泰而不骄^①，小人骄而不泰。"

【注释】

①泰、骄：皇侃《论语义疏》："君子坦坦荡荡，心貌怡平，是泰而不为骄慢也；小人性好轻凌，而心恒戚戚，是骄而不泰也。"朱熹说："君子循理，故安舒而不矜肆。小人逞欲，故反是。"

【译文】

孔子说："君子安舒坦然而不骄傲放肆，小人骄傲放肆而不安舒坦然。"

【题解】

由于君子和小人内在的心灵、思想和修养不同，诚于中，形于外，自然他们表现于外的风格也不相同。君子秉持公道，心无偏私，故能安然坦荡；君子卑以自牧，故为人心平气和，不骄矜傲慢。小人虽然志得意满、心高气傲，却对自我并无充分的认知和肯定，故很难做到平和坦荡。

子曰："刚、毅、木^①、讷^②，近仁。"

【注释】

①木：质朴，朴实，憨厚老实。　②讷：说话迟钝。引申为言语非常谨慎，不肯轻易说话。

【译文】

孔子说："刚强不屈、果敢坚毅、质朴老实、言语谨慎，(这四种品德)接近于仁。"

【题解】

孔子认为"仁"是人格的最高境界，不易达到，但可以从基本的刚、毅、木、讷这四种美好的品质做起。刚强就不会为欲望所动摇，坚毅就不会为困难和威势所屈服，质朴就会保持敦厚严谨的作风，言语谨慎就能避免不必要的祸害。

子路问曰："何如斯可谓之士矣？"子曰："切切偲偲①，怡怡如也②，可谓士矣。朋友切切偲偲，兄弟怡怡。"

【注释】

①切切偲偲：恳切地责勉、告诫，善意地互相批评，相互切磋，相互督促，和睦相处。　②怡怡：和气，安适，愉快。

【译文】

子路问："如何才配称为士呢？"孔子说："互相勉励督促，待人亲切和气，可称为士了。朋友之间互相勉励督促，兄弟之间要愉快和气。"

【题解】

前面子贡问士，孔子提出了士的三个不同层次；这里子路问士，孔子则提出要处理好朋友之间、兄弟之间的关系。朋友结交多因意气相投，难免有偏袒徇私或者只有酒肉交情，故孔子强调"以友辅仁"，希望朋友间互相善意批评来提升德行；兄弟关系紧密就会言行少顾忌，反而容易因小事而生怨，所以孔子强调要兄友弟恭，这样兄弟之间才会和谐顺遂。这些回答都是在因材施教。

子曰："善人教民七年，亦可以即戎矣。"

【译文】

孔子说："善人教导训练百姓七年时间，就可以叫他们去作战了。"

【题解】

孔子是主张和平的，他反对暴力和带有侵略性质的兼并战争；但他也知道"天下虽安，忘战必危"的道理，故同意保卫国家、抵抗外侵的战争。他认为必须保持民众的忧患意识，要加强人民保卫国家的教育和训练，做好战争的准备。

子曰："以不教民战，是谓弃之。"

【译文】

孔子说："让没有受过训练的人去作战，这是抛弃他们。"

【题解】

此章是说要爱惜人民，如果让没有经过教育和训练的人去打仗，无异于漠视他们的生命，违背了仁德。

宪问第十四

宪问耻①。子曰："邦有道，谷②；邦无道，谷，耻也。""克、伐、怨、欲不行焉③，可以为仁矣？"子曰："可以为难矣，仁则吾不知也。"

【注释】

①宪：即原思。参阅《雍也第六》第五章注。原思，当属于前章孔子所说的"狷者"类型的人物，故孔子言"邦有道"应有为而立功食禄，"邦无道"才应独善而不贪位慕禄，以激励原思的志向，使他自勉而进于有为。 ②谷：谷米。指当官拿俸禄。 ③克：争强好胜。伐：自我夸耀。怨：怨恨，恼怒。欲：贪求多欲。

【译文】

原宪问怎样是可耻。孔子说："国家有道，应做官拿俸禄。国家无道，仍然做官拿俸禄，就是可耻。"（原宪又问）："好胜、自夸、怨恨、贪欲，（这些毛病）都能克制，可以算做到了仁吧？"孔子说："可以说是难能可贵的，至于（算不算做到）仁，我不知道。"

【题解】

本章是孔子对原宪问耻的回答，意思与《泰伯第八》第十三章同，可以参照阅读。原宪是孔门中比较洁身自好而性格狷介的弟子，故孔子告诉他世道清明的时候，应当出仕为官，身处乱世则隐居草泽的道理。克、伐、怨、欲都是不好的事情，能加以克制则无损于人，但亦未必能够有益于人，因此还难以称得上达到了仁的境界。

子曰："士而怀居①，不足以为士矣！"

【注释】

①怀：留恋，思念。居：家居，家庭。《左传》上有"怀与安，实败名"的话（《僖公二十三年》）。士若怀恋家居之安，心有所累，就成功不了事业。

【译文】

孔子说："作为士，如果留恋家庭，就不足以称为士了。"

【题解】

孔子理想中的士，具有安贫乐道的美好品格。他认为，如果士人贪图安逸的生活，就失去了作为士的资格，这与前面他所说的"士志于道，而耻恶衣恶食者，未足与议也"的思想是一脉相承的。

子曰："邦有道，危言危行①；邦无道，危行言孙②。"

【注释】

①危：正直。言人所不敢言，行人所不敢行。 ②孙：通"逊"，谦逊，恭顺。在这里，有随和顺从而谨慎之意。孔子认为，处乱世，要"言孙"以避祸，不应"危言"而招祸（做无谓牺牲）。

【译文】

孔子说："国家有道，要说话正直，行为正直；国家无道，行为仍可正直，但说话要随和顺从。"

【题解】

本章孔子讲的是做人与为政之道，孔子是既主张行"仁"道，又主张重生的。君子身处政治清明之世，不妨直言直行；然而身处乱世应该明哲保身，以待时机，匡扶时势。在乱世中，行为固然不能苟且，但也不宜放言直论而招来祸端。孔子的话并非怯懦、软弱的表现，而是他不赞成逞一时意气的刚强，注重韧性精神。

子曰："有德者必有言，有言者不必有德；仁者必有勇，勇者不必有仁。"

【译文】

孔子说："有德行的人一定有（好的）言论，有（好的）言论的人却不一定有德行。有仁德的人必定勇敢，勇敢的人却不一定有仁德。"

【题解】

这一章阐释的是言论与道德以及勇敢与仁德之间的关系。这是孔子的道德哲学观。他认为勇敢只是仁德的一个方面，二者并不是齐等的关系，所以，人除了有勇以外，还要修养其他各种道德，从而成为有德之人。

南宫适问于孔子曰①："羿善射②，奡荡舟③，俱不得其死然。禹、稷躬稼，而有天下④。"夫子不答。

南宫适出。子曰："君子哉若人！尚德哉若人！"

【注释】

①南宫适：孔子的弟子。参阅《公冶长第五》第二章注。　②羿：在上古神话传说中有三个羿，都是善于射箭的英雄。一是唐尧时的射箭能手。传说尧时十日并出，晒得大地河干草枯，羿射掉九日以解救民困。二是帝喾时的射师。三是夏时有穷国的君主。传说他本是夷族的一个酋长，曾一度篡夺了夏的政权而代理夏政。其理政后荒淫喜猎，把朝政交给亲信家臣寒浞管理。寒浞觊觎羿的地位和美貌的妻子，收买了羿的家奴逢蒙，趁羿打猎回来毫无防备，将其杀害。本章中的羿即指有穷国的羿。　③奡荡舟：奡：人名，夏代，寒浞的儿子。是个大力士，又善于水战。传说他能"陆地行舟（在陆地上推着船走）"。荡舟：摇船，划船。据顾炎武《日知录》说：古人以左右冲杀为"荡"。这里便可理解为水战，即以舟师冲杀。《竹书纪年》曾记："奡伐斟砺，大战于淮，覆其舟，灭之。"后在征战中，奡被夏朝中兴之主少康所杀。　④禹：夏代开国祖先，善治水，重视发展农业。稷：传说是帝喾之子，名弃，善农耕，尧举为农师。至舜时，受封于邰（今陕西省武功县西南），号曰"后稷"，别姓姬氏，是周朝的祖先。后世又被奉为谷神。

【译文】

南宫适问孔子："羿善于射箭，奡善于水战，最后都不得好死。禹、稷亲自种庄稼，却取得了天下。(应怎样评价这些历史人物呢)"孔子没回答。南宫适出去了。孔子说："真是君子啊，这个人！真是尊崇道德啊，这个人！"

孔子教诲弟子，"仁"的境界非常高，弟子们要时常勉励。

本章反映了孔子崇尚忠信、质朴和道德，反对不择手段，鄙视暴力和权术的态度。羿、奡都是传说中氏族部落的著名领袖和英雄，一个善于射箭，一个力大无比，善于水战，然而都因为穷兵黩武而不得善终。夏禹和后稷亲力耕作而有天下。南宫适善于从历史中总结出规律：逞力量武艺于天下者，常常自食其果，不得善终；以德治理天下者，则可以得善其终。

子曰："君子而不仁者有矣夫，未有小人而仁者也。"

【译文】

孔子说："君子当中没有仁德的人是大有人在呀，（可是）小人当中从来没有有仁德的人。"

【题解】

在孔子看来，仁的境界是非常高的、难以企及的。君子尚且要时时注意努力，小人就更难了。

子曰："爱之，能勿劳乎①？忠焉，能勿诲乎？"

【注释】

①劳：勤劳，劳苦，操劳。此有进行劳动教育的含义。朱熹《四书集注》说："爱而知劳之，则其为爱也深矣；忠而知诲之。则其为忠也大矣。"《国语·鲁语下》："夫民劳则思，思则善心生；逸则淫，淫则忘善，忘善则恶心生。"

【译文】

孔子说："爱他，能不让他勤劳吗？忠于他，能不劝告教诲他吗？"

【题解】

孔子在这里谈的是爱百姓、爱后进，而且要有忠于朋友、忠于国家的思想。爱则会为之尽心尽力，忠则会为之谋虑规划。

子曰："为命①，裨谌草创之②，世叔讨论之③，行人子羽修饰之④，东里子产润色之⑤。"

【注释】

①命：旧注谓指诸侯"盟会之辞"，即外交辞令。　②裨谌：郑国大夫。

③世叔：《左传》作"子太叔"（"太""世"二字古时通用），名游吉，郑国大夫。子产死后，继任郑国宰相。　④行人：掌使之官（外交官员）。子羽：公孙挥，字子羽。郑国大夫。　⑤东里：郑国邑名，在今河南郑州市，子产所居。子产：名侨，字子产。郑国大夫，后任宰相，有政声。

【译文】

孔子说："（郑国）创制外交公文，总是由裨谌创作写出草稿；由世叔组织讨论；由外交官员子羽加以修饰；再由东里的子产润色。"

【题解】

本章是孔子对子产的外交能力的赞赏之辞。子产治国有方，知人善任，一道外交文书需要经过四道手续，由四位大夫各尽所长，才得以颁布，足见其从政的慎重。子产的外交事迹亦见于《左传·襄公三十一年》。

或问子产。子曰："惠人也。"问子西①。曰："彼哉！彼哉②！"问管仲。曰："人也。夺伯氏骈邑三百③，饭疏食，没齿无怨言④。"

【注释】

①子西：春秋时，载入史籍的有三个子西。其一，楚国的公子申（楚平王的庶长子），曾任令尹（即宰相），有贤名，立楚昭王。他和孔子同时，死于孔子之后。其二，楚国的斗宜申。后谋乱被杀。生活在鲁僖公、鲁文公之世。其三，郑国的公孙夏，是子产（公孙侨）的同宗兄弟。曾掌握郑国政权，他死后，才由子产继他而执政。生当鲁襄公之世。本章的子西，或说指楚国的公子申，或说指郑国的公孙夏，已不可确考。　②"彼哉"句：他呀！他呀！这是古代曾经流行的一个习惯用语，表示轻视，犹言算得了什么，不值得一提。　③伯氏：名偃，齐国大夫。骈邑：齐国的地名。据清代阮元《积古斋钟鼎彝器款识》考证，今山东省临朐县柳山寨，即春秋时的骈邑，现仍残留有古城城基。　④没齿：老到牙齿都掉没了，指老死，终身。无怨言：没有抱怨、怨恨的话。史载：伯氏有罪，管仲为宰相，奉齐桓公之命，依法下令剥夺了伯氏的采邑三百户。因管仲执法公允，所以伯氏口服心服，始终无怨言。

【译文】

有人问到子产（是怎样的人）。孔子说："是惠爱于民的人。"问到子西。（孔子）说："他呀！他呀！"问到管仲。（孔子）说："是个人才。他剥夺了伯氏骈邑的三百户采地，（伯氏）只得吃粗粮和蔬菜，（可是）直到老死，也没有怨言。"

【题解】

在这里，孔子对子产、子西及管仲的政绩分别进行评价。仔细观察不难发现，孔子对他们的评价，着眼点在于做人。也就是说，孔子认为，做任何事都要把做人放在首位。

子曰："贫而无怨难，富而无骄易。"

【译文】

孔子说："贫穷而没有怨恨，是很困难的；富裕了而不骄傲，是容易的。"

【题解】

孔子认为富足了而不骄傲容易，贫穷时保持心态平和就难了。人在解决生活温饱问题后，再去追求礼乐文明是不难做到的；但倘若总是生活在艰辛贫苦之中，就很难继续保持平和的心态了，必然不堪其忧。

子曰："孟公绰为赵魏老则优①，不可以为滕薛大夫②。"

【注释】

①孟公绰（chuò）：鲁国大夫，属于孟孙氏家族。廉静寡欲而短于才。其德为孔子所敬重。老：古代对大夫家臣之长的尊称，也称"室老"。 ②滕薛：古代两个小诸侯国。滕：故城在今山东省滕州市西南十五里。薛：故城在今山东省滕州市东南四十余里官桥至薛城一带。

【译文】

孔子说："孟公绰做赵氏、魏氏的家臣，是优秀的；但是不可以做滕、薛的大夫。"

【题解】

孔子这里讲的是为政者应量才用人，使人各尽所能，各得其所。孟公绰为人清廉寡欲，比较适合在赵、魏这样的大夫之家担当德高望重的清闲之职，不见得可以胜任小国家的具体执行者的职务。

子路问成人①。子曰："若臧武仲之知②，公绰之不欲，卞庄子之勇③，冉求文艺，文之以礼乐，亦可以为成人矣。"曰："今之成人者何必然？见利思义，见危授命，久要不忘平生之言④，亦可以为成人矣。"

【注释】

①成人：完人；人格完备，德才兼备的人。　②臧武仲：即臧孙纥，臧文仲之孙。鲁国大夫，因不容于鲁国权臣而出逃。逃到齐国后，他预料到齐庄公不能长久，便设法拒绝了齐庄公给他的田，孔子认为他很明智（见《左传·襄公二十三年》）。　③卞庄子：鲁国大夫，封地在卞邑（今山东省泗水县东）。传说他曾一个人去打虎，以勇著称。一说，即孟庄子。　④久要：长久处于穷困的境遇。要：通"约"，穷困。一说，"久要"即旧约，旧时答应过别人的话，从前同别人约定的事。平生：平日。

【译文】

子路问怎样才是一个完美的人。孔子说："假若有臧武仲的明智，孟公绰的不贪欲，卞庄子的勇敢，冉求的多才多艺，再用礼乐以增文采，就可以成为完美的人了。"（孔子又）说："要成为完美的人何必一定这样要求呢？（只要他）见到财利时能想到道义，遇到（国家）有难而愿付出生命，长久处于穷困的境遇而不忘记平日的诺言，也可以成为一个完美的人了。"

【题解】

本章是讨论人格完善的问题。在孔子看来，人能兼具臧武仲、孟公绰、卞庄子、冉求这四种人的智、廉、勇、艺的优点，再加上礼乐的修养，就接近于完人了，这是非常高的标准，世间是难有的。孔子又说，在现实中能做到重义轻利、勇于担当，而且要"久要不忘平生之言"，也就算是完人了。其"见利思义"的思想，对后世影响深远。

名家品论语

古代男子二十岁要行冠礼，表示已经"成人"，这时他就要为自己的道德行为负责，所以修德、完善自己是一件很重要的事情。儒家学说，概括地说，可以称为"学做人"的学问，儒学之道即是做人之道，这是一种处世、应世的哲学，这对每一个人来说是很切近的。做人的道理，可以由别人来指导，但真正的理解和体悟，则要靠自己。孔子学说的魅力就在于：它循循善诱，引导人们对人生真谛的洞彻。

——姜广辉《儒学的道德精神及对它的现实思考》

子问公叔文子于公明贾曰①："信乎？夫子不言、不笑、不取乎②？"

公明贾对曰："以告者过也③。夫子时然后言，人不厌其言；乐然后笑，人不厌其笑；义然后取，人不厌其取。"

子曰："其然？岂其然乎？"

【注释】

①公叔文子：名拔（一作发）。卫国大夫，卫献公之孙。死后谥"文"，故称公叔文子。公明贾：姓公明，名贾。卫国人，公叔文子的使臣。一说，"公明"即"公羊"，是《礼记》中说的公羊贾。 ②夫子：敬称公叔文子。 ③过：说得过分，传话传错了。

【译文】

孔子向公明贾问到公孙文子，说："是真的吗？（有人说公叔文子）老先生不说、不笑、不取财。"公明贾回答说："传话人说得过分了，（公叔文子）老先生是到适当时才说，没人讨厌他说话；快乐了才会笑，符合礼义才会取财，别人就不讨厌他的取。"孔子说："原来是这样，怎么会（传成）那样呢？"

【题解】

从本章的讨论来看，公叔文子的中庸之道主要体现在对时机的把握上。"时然后言""乐然后笑""义然后取"，讲的都是有关时机的选择。其中，第一条

孔子与公明贾谈论公叔文子的为人。

讲的是说话时机的选择。说话是我们与人交流的最主要方式，对说话艺术的把握，某种程度上能决定我们的成败。说话艺术内容丰富，这里我们重点讨论一下说话时机的问题。说话时机，说白了就是要明白，有些话什么时候能说，什么时候不能说，在该说的时候说，不该说的时候不说。

子曰："臧武仲以防求为后于鲁①，虽曰不要君②，吾不信也。"

【注释】

①"臧武"句：防：鲁国地名，在今山东省费县东北六十里的华城，紧靠齐国边境，是臧武仲受封的地方。公元前550年（鲁襄公二十三年），臧武仲因帮助季氏废长立少得罪了孟孙氏，逃到邻近邾国。不久，他又回到他的故邑防城，向鲁国国君请求为臧氏立后代（让他的子孙袭受封地，并任鲁国大夫）。言辞甚逊，但言外之意：否则将据邑以叛。得到允许后，他逃亡到齐国（见《左传·襄公二十年》）。 ②要：胁迫，要挟。

【译文】

孔子说："臧武仲凭借防而请求（鲁国国君）为他在鲁国立后代为大夫，有人说臧武仲这样做不是要挟君主，可是我不相信。"

【题解】

本章是孔子站在正名和尊君的立场上，认定臧武仲是想要挟君主，犯上作乱。臧武仲之事见《左传·襄公二十三年》。

子曰："晋文公谲而不正①，齐桓公正而不谲②。"

【注释】

①晋文公：春秋时期有作为的政治家。晋献公之子。姓姬，名重耳。因献公宠骊姬，立幼子为嗣，他受到迫害，流亡国外十九年，后由秦国送回晋国，即位，为文公。他整顿内政，加强军队，使国力强盛。又平定周朝内乱，迎接周襄王复位，以"尊王"相号召。代伐卫讨楚，"城濮之战"用阴谋而大败楚军。在践土（今河南省荥阳县东北）大会诸侯，成为春秋时期著名的霸主之一。公元前636年—公元前628年在位。谲：欺诈，玩弄权术，耍弄阴谋手段。 ②齐桓公：春秋时期有作为的政治家。姓姜，名小白。姜尚（太公）的后人，齐襄王之弟。襄公被杀后，他从莒回国，取得政权。任用管仲为相，进行改革，富国强兵。以"尊王攘夷"相号召，帮助燕国打败北戎，营救邢、卫二国，制止戎狄入侵；又联合中原诸侯进攻蔡、楚，与楚会盟于召陵（今河南省郾城东北）；还平定了东周王室的内乱，

多次与诸侯结盟，互不使用武力，使天下太平了四十年。齐桓公成为春秋时第一个霸主。公元前 685 年—公元前 643 年在位。

【译文】

孔子说："晋文公诡诈不正派，齐桓公正派不诡诈。"

【题解】

本章是孔子站在尊王和维护周礼的立场上，对春秋时期两位著名的政治家分别作了评价。

齐桓公和晋文公同为春秋时期的霸主，但两者在行事上有着区别。齐桓公打着天子的旗号会盟诸侯，讨伐楚国的不臣，师出有名，义正词严，行为上是比较光明正大的。而晋文公遭家乱，流亡在外十九年，多次施用诡道才得以复国称霸，因此孔子称他诡谲而不正派。

子路曰："桓公杀公子纠①，召忽死之②，管仲不死。"曰："未仁乎？"子曰："桓公九合诸侯③，不以兵车④，管仲之力也。如其仁！如其仁！"

【注释】

①公子纠：小白（即后来的齐桓公）的哥哥。他二人都是齐襄公的弟弟。襄公无道，政局混乱，他二人怕受连累，于是，小白由鲍叔牙侍奉逃亡莒国，公子纠由管仲、召忽侍奉逃亡鲁国。而后，齐襄王被公孙无知杀死，公孙无知立为君。次年，雍廪又杀死公孙无知，齐国当时就没有国君了。在鲁庄公发兵护送公子纠回齐国即位的时候，小白用计他先回到齐国，立为君。接着兴兵伐鲁，逼迫鲁国杀死了公子纠（见《左传·庄公八年》《左传·庄公九年》）。　②召忽：他与管仲都是公子纠的家臣、师傅。公子纠被杀后，召忽自杀殉节。管仲却归服齐桓公，并由鲍叔牙推荐当了宰相。　③九合诸侯：多次会合诸侯。九，不是确数，极言其多。一说，九便是"纠"，古字通用。合，集合。　④不以：不用。兵车：战车。代指武力。

【译文】

子路说："齐桓公杀了公子纠，召忽自杀殉节，但管仲却没有自杀。"（子路又）说："（这样，管仲）算是没有仁德吧？"孔子说："齐桓公多次召集各诸侯国，主持盟会，没用武力，制止了战争，这都是管仲的力量啊！这就算他的仁德！这就算他的仁德！"

【题解】

子路因为管仲没有自杀以殉公子纠而认为管仲没有仁德。对此，孔子解释说，

管仲九合诸侯，一匡天下。

管仲帮助齐桓公召集诸侯会盟，息兵戈而解纷争，使天下由此而安，为维护和平作出了贡献，这就是他的"仁德"。

子贡曰："管仲非仁者与？桓公杀公子纠，不能死，又相之。"子曰："管仲相桓公，霸诸侯，一匡天下^①，民到于今受其赐。微管仲^②，吾其被发左衽矣^③！岂若匹夫匹妇之为谅也^④，自经于沟渎而莫之知也^⑤。"

【注释】

①一匡天下：使天下的一切得到匡正。匡：正，纠正。　②微：非，无，没有。一般用于和既成事实相反的假设句前面。　③被发左衽：当时边疆地区夷狄少数民族的风俗、打扮。被：通"披"。衽：衣襟。　④匹夫匹妇：指一般的平民百姓，平庸的人。谅：信实，遵守信用。这里指拘泥小的信义、小的节操。　⑤自经：自缢，上吊自杀。沟渎：古时，田间水道称沟，邑间水道称渎。这里指小山沟。

【译文】

子贡说："管仲不是仁人吧？桓公杀了公子纠，管仲没自杀，却又辅佐桓公。"孔子说："管仲辅佐桓公，使齐国在诸侯中称霸，匡扶天下，人民至今还受到他给的好处。没有管仲，恐怕我们早已沦为披头散发、衣襟在左边开的落后民族了。难道管仲像一般的平庸人那样，为守小节，在小山沟里上吊自杀，而不被人所知道吗？"

【题解】

这里孔子与子贡谈论的是"管仲不死君难"是否为仁。子贡认为，管仲不能算仁者，甚至连忠臣也算不上。但是孔子并不这样看，他说管仲虽然没有为国君而死，但他帮助齐桓公建立霸业，让社会战乱稍安，百姓安居乐业，对历史、对国家、对人民贡献巨大。不仅如此，管仲的恩德还泽被后世。如果管仲当时追随公子纠死掉了，历史将会是另一个样子。在与子路的谈话中，孔子对召忽的死并未加以贬斥，当然也没有说死于君难就值得赞赏。

公叔文子之臣大夫僎与文子同升诸公①。子闻之曰："可以为文矣②。"

【注释】

①僎：（xūn）人名。原是公叔文子的家臣，由于文子的推荐，当上卫国的大夫。同升诸公：谓僎由家臣经公叔文子推荐而与之同为卫国的大夫。公：公室，朝廷。②为文：谥号为"文"。实际上，公叔文子死后，其子戍请谥于君。卫君说：过去卫国遭荒年时，公叔文子曾煮粥赈济，施恩惠于饥民；又在国家危难时对君王表现非常忠贞。故给他的谥号是"忘惠文子"。

【译文】

公孙文子的家臣大夫僎，与文子同在朝廷为大夫。孔子听到这件事，说："公叔文子死后可以用'文'作谥号了。"

【题解】

本章孔子称赞了公叔文子举贤的美德，他将自己的家臣加以推荐，使之与自己一同升为公卿。这在等级森严的传统社会中颇不容易，所以孔子赞美他当得起"文"的谥号。

子言卫灵公之无道也，康子曰："夫如是，奚而不丧①？"孔子曰："仲叔圉治宾客②，祝鮀治宗庙③，王孙贾治军旅。夫如是，奚其丧？"

【注释】

①奚：为何，为什么。 ②仲叔圉：即孔文子。卫国大夫，世袭贵族。 ③祝鮀：卫国大夫，世袭贵族。

【译文】

孔子说到卫灵公的昏庸无道，季康子说："像这样无道，为什么还不失位丧亡呢？"孔子说："有仲叔圉接待宾客办理外交，祝鮀主管祭祀，王孙贾统率军队。像这样用人得当，怎么会失位丧亡呢？"

【题解】

孔子认为知人善任，是治国的关键所在。一个国君，自己荒淫无道，但如果能有用人之善，由贤臣治国理政，国家便可免于倾覆之祸。

子曰："其言之不怍^①，则为之也难！"

【注释】

①怍：惭愧。这里是形容好说大话，虚夸，而不知惭愧的人。这种人善于吹嘘，自然就难以实现他所说的话。

【译文】

孔子说："一个人大言不惭，那么实际去做他所说的就困难了。"

【题解】

孔子一直认为自知之明非常重要，好的品德体现在于行动，说大话应该感到难堪。

陈成子弑简公^①。孔子沐浴而朝^②，告于哀公曰："陈恒弑其君，请讨之。"公曰："告夫三子^③！"

孔子曰："以吾从大夫之后^④，不敢不告也。君曰'告夫三子'者。"之三子告^⑤，不可。孔子曰："以吾从大夫之后，不敢不告也。"

【注释】

①陈成子：齐国大夫陈恒，又名田成子。他用大斗借粮、小斗收粮的方法，获得百姓拥护。政治上逐渐取得优势后，在公元前481年（鲁哀公十四年）杀死齐简公，掌握了齐国政权。此后的齐国在历史上也称"田齐"。简公：齐简公，姓姜，名壬。公元前484年—公元前481年在位。 ②沐浴：洗头，洗澡。指上朝前表示尊敬与严肃而举行的斋戒。 ③三子：指季孙氏、孟孙氏、叔孙氏。因当时的季孙、孟孙、叔孙权势很大，实际操纵鲁国政局，鲁哀公不敢做主，故叫孔子去报告这三位大夫。 ④从大夫之后：犹言我过去曾经当过大夫。参阅《先进第十一》第八章注。 ⑤之：去，往，到。

【译文】

陈成子杀了齐简公。孔子得知马上沐浴上朝，向鲁哀公报告说："陈恒弑其君主，请出兵讨伐。"哀公说："去向季孙、叔孙、孟孙三位大夫报告吧！"

233

孔子说：“因我曾当过大夫，不敢不来报告。可君主却说去报告季孙、叔孙、孟孙三位大夫吧！”孔子到季孙、叔孙、孟孙三位大夫那里去报告，他们表示不可以出兵。孔子又说：“因我曾当过大夫，不敢不来报告。”

【题解】

孔子出于尊君、正名、维护礼制的立场，要求鲁哀公及三位大夫讨伐陈恒，但遭到了反对，他的意愿未能实现。

子路问事君。子曰：“勿欺也，而犯之①。”

【注释】

①犯：触犯，冒犯。这里引申为对君主犯颜诤谏。

【译文】

子路问怎样侍奉君主。孔子说：“不要欺骗他，而要犯颜直言规劝他。”

【题解】

本章是孔子的经验之谈，也是他对君主要忠诚、做人要正直的一贯主张。侍奉君不阿谀逢迎，尊重事实真理，不去欺骗他；对于原则性和根本性的问题，哪怕会引发君主的愤怒，也应该犯颜直谏，这是为人臣者的本分。

子曰：“君子上达，小人下达①。”

【注释】

①上达、下达：一是君子通达于仁义，小人通达于财利。二是上达指渐进而上，下达指渐流而下。有“君子天天长进向上，小人日日沉沦，”之意。三是君子循天理，故曰进乎高明；小人徇人欲，故曰究乎污下。四是君子追求高层次的通达，小人追求低层次的通达。五是君子上达达于道，小人下达达于器。本书取第一说。其余供参考。

【译文】

孔子说：“君子向上，通达于仁义；小人向下，通达于财利。”

【题解】

孔子已多次提出过君子与小人的种种区别，这从根本上指出了二者的不同，君子通达于道义的信仰，小人通达于物质的欲望。

子曰：“古之学者为己，今之学者为人。”

【译文】

孔子说："古代学习的人，是为了自己有所作为；现在学习的人，是为了做样子给别人看。"

【题解】

孔子这里讲的是古今学者学习的目的。古之学者勤学苦修是真诚地为了提高自己，寻求个人道德境界的超越。而后来的学者只是为了装点门面给人看，将学问作为邀名买利的工具。

蘧伯玉使人于孔子①。孔子与之坐而问焉，曰："夫子何为？"对曰："夫子欲寡其过而未能也。"使者出。子曰："使乎！使乎！"

【注释】

①蘧伯玉：姓蘧，名瑗，字伯玉。卫国大夫。孔子去卫国时，曾住在他家里。当时蘧伯玉是有名的有道德、有修养的人，古人对他颇多赞誉，如"蘧伯玉年五十而知四十九年非"（《淮南子·原道训》）。

【译文】

蘧伯玉派使者去看望孔子。孔子让他坐下，问道："蘧老先生近来做些什么？"使者回答说："老先生想少犯些错误，却常感觉没能做到。"使者走了以后，孔子说："好使者啊！好使者啊！"

【题解】

本章塑造了一位不卑不亢、反应敏捷、忠诚正直而又谦逊有礼的使者形象。蘧伯玉是卫国的贤大夫，当时已经退官赋闲在家，从使者的言语中，我们可知他仍然保持着不断努力、不懈怠、永不自满的精神。使者的答话体现了蘧伯玉的修养和境界，又体现了使者自身的修养，故孔子称赞说："好使者啊！好使者啊！"

子曰："不在其位，不谋其政①。"曾子曰②："君子思不出其位。"

【注释】

①"不在"句：参阅《泰伯第八》第十四章注。　②曾子：曾参。参阅《学而第一》第四章注。

【译文】

孔子说："不在那个职位，就不过问超出职位的政事。"曾子说："君子考虑事情，不超出他职位的范围。"

【题解】

"不在其位，不谋其政"的观点，孔子在《泰伯第八》中已经提出过一次，不再多谈。这里主要说一下"君子思不出其位"，就其字面意思来解释，就是对每个有职位的人来说，只考虑自己职权范围内的事。孔子所要强调的是，做官要安分守己，做好本职工作，在什么职位就做什么职位的事，既不要越位，更不要越权。

子曰："君子耻其言而过其行。"

【译文】

孔子说："君子以说得过多，做得太少为可耻。"

【题解】

以言行一致为美德，以言过其行为可耻，这是孔子一贯提倡的做人准则。要么不说，要么说出就一定要做到。如果言之凿凿，却不能付诸实践，徒有华丽的言辞，那也只是假道学罢了。君子是行动胜过言语的。

子曰："君子道者三，我无能焉：仁者不忧，知者不惑，勇者不惧。"子贡曰："夫子自道也。"

【译文】

孔子说："君子之道有三条，我都没能做到：有仁德的人不忧愁，有智慧的人不迷惑勇敢的人不畏惧。"子贡说："这正是老师您的自我表述啊！"

【题解】

孔子提出仁、智、勇三条作为君子的标准。仁爱的人不忧愁、智慧的人不迷惑、勇敢的人不畏惧，这也是中国传统文化中的核心思想之一。

子贡方人①。子曰："赐也贤乎哉！夫我则不暇②。"

【注释】

①方：通"谤"，指责，说别人的坏处。一说，比长较短。句中的意思则是：子贡喜欢将人拿来做比较，评论其短长。 ②不暇：没有空闲的时间。

【译文】

子贡指责别人。孔子说："赐呀，你就那么好吗？我却没有这种闲工夫。"

【题解】

孔子讲治学，强调加强自身修养，从自身做起，不要心驰于外，议论别人。子贡是孔门中最聪明的弟子、但喜欢讥评他人。孔子婉转地提出批评：我却没有这样的闲工夫。

子曰："不患人之不己知①，患其不能也。"

【注释】

①患：忧虑，担心，怕。

【译文】

孔子说："不忧虑别人不知道自己有长处好处，只忧虑自己无能。"

【题解】

这一章告诉我们，一个人最重要的是加强自身修养，要有真才实学，不要担心别人不了解自己。整天叹息怀才不遇，是一种消极情绪，机会是给有准备的人的。所以不要急切地去寻求自我展示，而是要返回自身，了解自己的优劣长短，努力加强自身的修为。

子曰："不逆诈①，不亿不信②，抑亦先觉者，是贤乎！"

【注释】

①逆：预先，预测。　②亿：通"臆"，主观推测，猜测。

【译文】

孔子说："事前不预先怀疑别人欺诈，不主观猜测别人不诚实，但若遇上欺诈情伪的人也能及早地发现察觉，这样的人该是贤人吧！"

【题解】

孔子这里谈的是贤人在人际交往中不去凭空怀疑和臆测，又有知人之明。多疑往往是因为自身不明，明白人事的人自然心中无所疑，能如明镜一般体察万物，不会为人所蒙蔽。

微生亩谓孔子曰①："丘何为是栖栖者与②？无乃为佞乎？"孔子曰："非敢为佞也，疾固也。"

【注释】

①微生亩：姓微生，名亩。传说是一位年长的隐士。一作"尾生亩"。又说，即微生高。　②栖栖：忙碌不安，到处奔波不安定的样子。　③佞：花言巧语，能言善辩，卖弄口才。

【译文】

微生亩对孔子说："孔丘，你为何要做一个整日忙碌不闲到处游说能言善辩的人呢？"孔子说："我不敢花言巧语，而是厌恨那些固执的人。"

【题解】

微生亩是长者，所以直呼孔子之名。孔子为了推行周礼，终生忙忙碌碌，周游列国，一再碰壁，但他义无反顾，表现出对天下、国家的负责态度和对理想执着追求的精神。

子曰："骥不称其力①，称其德也②。"

【注释】

①骥：古代称善跑的千里马。　②德：这里指千里马能吃苦耐劳的优良品质。

【译文】

孔子说："千里马，称赞的不是它善跑的气力，值得称赞的是它的优良品质。"

【题解】

孔子重视个人修养，认为道德是一切行为的基础。在这里，孔子以马为喻，指出千里马虽然善跑，但是被人们称道的不是善跑的特性，而是有马德。而一个人能被当作人才为人称道，很大程度上也要取决于其品德是否高尚，而不是看其是不是有能力。

或曰："以德报怨①，何如？"子曰："何以报德？以直报怨，以德报德。"

【注释】

①以德报怨：德：恩惠，恩德。怨：怨恨，仇怨。这话是当时的俗语。《老子》："大小多少，报怨以德。"这是老子哲学中一种调和化解矛盾的思想。孔子对这种思想提出了批评。

【译文】

有人说："用恩德来报答仇怨，如何呢？"孔子说："那么用什么来报答恩德呢？应该公平无私来对待仇怨，以恩德报答恩德。"

【题解】

这里，孔子探讨的是如何对待他人的问题，具体地说，是别人对我们好的时候，我们该怎么对待他；别人对我们不好的时候，我们又该怎么对待他。有人问孔子"是不是应该以德报怨"，孔子给出了"以直报怨"的观点。所谓以直报怨，就是在对待那些对自己不好的人时，以直道而行，分析他们为什么对自己不好，如果是自己的问题，就去修正自己的行为，而如果是对方的问题，我们也没有必要委屈求全。

子曰："莫我知也夫①！"子贡曰："何为其莫知子也②？"子曰："不怨天，不尤人③；下学而上达。知我者其天乎！"

【注释】

①莫我知：即"莫知我"的倒装。没有人知道、了解我。　②何为：为何。③尤：责怪，归咎，怨恨。

【译文】

孔子说："没有人了解我啊！"子贡说："为什么会没有人了解您呢？"孔子说："我不埋怨天，不责备人，下学人事，上达天命。大概只有天了解我吧！"

【题解】

《史记·孔子世家》中说，孔子周游列国不为所用，晚年返回鲁国教育弟子。鲁哀公十四年，孔子七十一岁时，鲁君在大野泽狩猎，获一怪兽，孔子以为是麒麟，不禁流泪，他感叹自己的政治理想不能实现了，但他"不怨天，不尤人"，显示出伟大的人格。怀才不遇而抑郁感叹，孔子亦不能免。

公伯寮愬子路于季孙①。子服景伯以告②，曰："夫子固有惑志，于公伯寮，吾力犹能肆诸市朝③。"

子曰："道之将行也与，命也。道之将废也与，命也。公伯寮其如命何！"

【注释】

①公伯寮：字子周。孔子的弟子。曾任季氏家臣。愬：通"诉"，诬谤，告发，背后说人的坏话。　②子服景伯：姓子服，名何，字伯。"景"是死后谥号。鲁国大夫。　③肆：指处以死刑后陈尸示众。市朝：被处死的罪犯中，自士以下的，陈尸于市集；自大夫以上的，陈尸于朝廷。

【译文】

公伯寮对季孙说子路的坏话。子服景伯把这事告知孔子，并说："季孙老先生已经被公伯寮迷惑住了，我的力量还能设法把真相辨明，杀掉公伯寮把他的尸首摆到街市上示众。"

孔子说："我的道能得到实行，是天命；我的道被废掉，也是天命。公伯寮能把天命怎么样？"

【题解】

孔子为鲁国大司寇时，摧毁了三家权臣的都城，以加强公室的力量，子路为具体的执行者。子路顺利地摧毁了叔孙氏和季孙氏的都城后，公伯寮开始在季孙氏面前诽谤子路。本章通过公伯寮诽谤子路一事，表明了孔子的天命思想，他认为"道"能否推行，在天不在人，即"谋事在人，成事在天"。

子曰："贤者辟世①，其次辟地，其次辟色，其次辟言。"子曰："作者七人矣②。"

【注释】

①辟世：指不干预世事而隐居。辟：通"避"，避开。

②七人：指传说中的七位贤人隐士。具体所指其说不一。有的说是：伯夷、叔齐、虞仲（太公）、夷逸、朱张、柳下惠、少连。有的说是：长沮、桀溺、荷蓧丈人、石门守门者、荷蒉者、仪封人、楚狂接舆。不可确考。

【译文】

孔子说："贤人避开社会而隐居，其次是避开乱国到别的地方去，再次是避开难看的脸色，再次是避开难听的恶言。"孔子又说："这样做的人已经有七位了。"

【题解】

这一章又一次表明了孔子重生全身的思想。这里讲的为人处世的道理，在历史上是很有作用的。

子路宿于石门①。晨门曰："奚自②？"子路曰："自孔氏。"曰："是知其不可而为之者与？"

【注释】

①石门：鲁国都城（曲阜）外城的城门。一说，曲阜共有七个城门，南边的第二个门就叫石门。孔子第二次周游列国，道不能行，于六十八岁时，结束了他十四年的游说生活，率弟子们回鲁国的老家。子路打前站，先到石门，已天晚，

在城门外住了一宿。 ②奚自："自奚"的倒装。从哪里来。

【译文】

子路住宿在石门。早晨看守城门的人问："你从哪里来？"子路说："从孔氏那儿。"守城门的人说："就是那个明知做不成而偏要坚持去做的人吗？"

【题解】

孔子明知当时大道不行，礼乐难兴，但仍然周游列国，希望推行仁道于天下。"知其不可而为之"一语充分表现了孔子在困境中执着不屈的献身精神，有一种宏大的悲壮感。从中也可以看出当时人们对孔子的了解、同情及赞叹之情。

子击磬于卫①。有荷蒉而过孔氏之门者②，曰："有心哉！击磬乎！"既而曰③："鄙哉！硜硜乎④！莫己知也⑤，斯己而已矣。深则厉，浅则揭⑥。"子曰："果哉！末之难矣。"

【注释】

①磬：古代一种打击乐器，形状像曲尺，用玉或美石制成。 ②荷蒉：荷：背，扛，担负。蒉：草编的筐。《高士传》：荷蒉者，卫人也，避乱不仕，自匿姓名，故荷草器而自食其力也。 ③既而：不久，一会儿。 ④硜（kēng）硜：象声词。击石声。这里用来形容敲磬的声音。 ⑤莫己知也：即"莫知己也"。 ⑥"深则厉"句：出自《诗经·邶风·匏有苦叶》："匏有苦叶，济有深涉。深则厉，浅则揭。"大意是说：大葫芦叶儿枯黄已经成熟，济水上有个看上去水挺大的渡口。如果水深，就穿着衣服下水过去；如果水浅，就撩起衣服趟过去。这里"荷蒉者"以涉水为喻，讥孔子不知己而不止，不能适浅深之宜。

【译文】

孔子在卫国，有一天正在敲着磬，挑着草筐的人从孔子门口经过，说："有忧世的心思啊，敲磬吧！"过了一会儿，又说："鄙陋啊，那硜硜的声音，好像表明没有人了解自己，既然这样，那么自己就停止算了吧。人生好像蹚水，《诗经》上有句比喻的话：水深，就穿着衣服蹚过去；水浅，就撩起衣服蹚过去。"孔子说："说得真果断坚决啊！如果真像蹚水那样就没有困难了。"

【题解】

本章继续说明孔子知难而进，为了理想"知其不可而为之"的精神。隐者以水深水浅为喻，建议孔子应当知其不可为而不为。孔子不是不明白其中的道理，只是为了理想，明知不可为也要去奋斗。

公伯寮向季孙氏控诉子路。

子张曰："《书》云'高宗谅阴，三年不言'，^①何谓也？"子曰："何必高宗？古之人皆然。君薨^②，百官总己以听于冢宰三年^③。"

【注释】

①"高宗"句：出自《尚书·无逸》篇。高宗：殷王武丁，为商代王朝第十一世的贤王。他即位后，用奴隶傅说为相，又得贤臣甘盘辅佐，国家大治。武丁在位时，是殷王朝最隆盛的时代。谅阴：也写作"亮阴""谅暗""梁暗"。其意历来学者说法各异：一是亮，通"谅"，诚信。阴：沉默。指武丁即王位之初，怀着满心的诚信，态度沉默，三年之中不大讲话。二是指武丁遭遇父丧，三年居丧守孝。后世帝王居丧守孝还沿称"谅阴"。三是指居丧时所住的房子。这种房子，只用一根梁做屋脊，周围没有楹柱，上边铺上茅草做檐，下垂于地。整个房子没有门窗，光线很暗。故称"梁暗"。此取第三说。不言，指不大过问政事。　②薨(hōng)：周代诸侯之死叫"薨"。　③冢宰：商代官名，相当于后世的宰相。

【译文】

子张说："《尚书》上说：'殷高宗居丧守孝，住在凶庐，三年不问政事。'为何这样呢？"孔子说："高宗何必，古人都这样。君主死了，文武百官总摄自己的职事都要听命冢宰三年之久。"

【题解】

三年之丧的丧礼在孔子以前的《尚书》中就有记载，孔子认为这是孝道的体现。

子曰："上好礼，则民易使也①。"

【注释】

①使：使唤，役使。

【译文】

孔子说："在上位的人好通礼，人民就容易听从役使了。"

【题解】

本章是在说明上行下效的道理，这是孔子反复向执政者讲解的为政之道。

子路问君子。子曰："修己以敬。"曰："如斯而已乎？"曰："修己以安人①。"曰："如斯而已乎？"曰："修己以安百姓。修己以安百姓，尧、舜其犹病诸②！"

【注释】

①人：与"己"相对。这里当指士大夫以上的贵族、上层人士。比下面的"百姓"所指范围要窄。 ②病：担心，忧虑。

【译文】

子路问怎样才是君子。孔子说："修养自己，保持严肃恭敬的态度。"子路说："像这样就够了吗？"孔子说："修养自己，使大夫们安乐。""修养自己，使全体百姓安乐。像这样就够了吗？尧、舜还担心做不到哩！"

【题解】

本章孔子谈的仍是君子要注重修身的道理。从自己做起，自己心诚，对人尊敬，这是立身处世和管理政事的根本。

原壤夷俟①。子曰："幼而不孙弟②，长而无述焉③，老而不死，是为贼④！"以杖叩其胫⑤。

【注释】

①原壤：鲁国人，据说是周文王第十六子原伯的后人，是孔子多年的老朋友。《礼记·檀弓》记载：原壤的母亲死了，孔子去帮助他治丧，他却站在棺材上大声歌唱。孔子假装没听见。跟从的人看不下去了，就劝孔子别帮原壤料理丧事了。孔子认为，无论如何，亲总是亲，故总是故，看在老朋友的份上，该帮他料理丧事。不过，孔子确也认为原壤是不礼不敬不近人情的。夷：指"箕踞"，即屁股坐地，两条腿左右斜伸出去，又开两只脚呈八字形。因像只簸箕故称。古人认为，以这

种姿态坐在地上是一种轻慢无礼的表现。俟：等待。　②孙：通"逊"。弟：通"悌"。　③长：长大，年长。无述：无作为，没成就，没贡献。　④"老而"句：这句话是孔子专对原壤一人而发，有恨铁不成钢的意思。贼：指为害社会的坏人。后世有人断章取义，把这句话连起来说成"老而不死是为贼"，误以为是孔子对老年人的一种侮骂。这显然与孔子本来的意思截然不同。　⑤胫：小腿。

【译文】

原壤伸腿叉开两只脚坐在地上等孔子。孔子说："你年幼时不讲孝悌，长大了不学无术没有作为，老了还不死，简直是个害人的贼。"说着就用手杖敲了敲原壤的小腿。

【题解】

本章中孔子批评了一生无所作为而又不尊重人的人。当然，带有诙谐的口吻，他与原壤关系不错。原壤是孔子自幼就熟识的故人，为人放浪形骸，不守礼法。孔子前去拜访他，原壤依礼应当出门迎接的，可他不但不出迎，反而两腿平伸，坐着迎客。孔子注重礼仪，故见到原壤如此行为，就不客气地数落他的不长进。

阙党童子将命①。或问之曰："益者与？"子曰："吾见其居于位也②，见其与先生并行也③。非求益者也，欲速成者也。"

【注释】

①阙党：鲁国地名，在今山东省曲阜市境内。又叫"阙里"，是孔子的家乡。将命：传达信息，传话。　②居于位：坐在席位上。按古代礼节，大人可以有正式的席位就座，儿童没有席位。可是，这位童子却与大人一起坐在席位上，可见其不知礼。　③先生：这里是对年长者、长辈的尊称。

【译文】

阙党地方的一个儿童来向孔子传信。有人问孔子："这儿童是要求上进的人吗？"孔子说："我见他坐在成年人的位子上，又见他与长辈并肩而行。他不是求上进的，而是一个想急于求成的人。"

【题解】

本章表明孔子特别注重教育年轻人要注重礼制，长幼有序是儒家的道德规范之一。孔子从阙党童子的言行举止上判断出他不是一个追求上进的人，而是一个急于求成的人。因为真正追求上进的人，会注重自己的德行修养，表现在外就是待人谦逊，处事恭敬，行为举止都在规矩法度之中。

卫灵公第十五

卫灵公问陈于孔子^①。孔子对曰："俎豆之事^②，则尝闻之矣^③；军旅之事，未之学也。"明日遂行^④。

【注释】

①陈：通"阵"，军队作战布列阵势。　②俎（zǔ）豆之事：指礼节仪式方面的事。俎：古代祭祀宴享，用以盛放牲肉的器具。豆：古代盛食物的器具，似高脚盘。二者都是古代祭祀宴享用的礼器。　③尝：曾经。　④遂行：就走了。孔子主张礼治，反对使用武力。见卫灵公无道，而又有志于战伐，不能以仁义治天下，故而未答"军旅之事"，第二天就离开了卫国。

【译文】

卫灵公向孔子问军队怎样列阵。孔子回答说："礼节仪式方面的事，我曾听说一些；对军队作战方面的事，我没学过。"孔子第二天就离开了卫国。

【题解】

俎、豆，是礼器。孔子是主张和平的，反对用战争的方式解决争端。所以当卫灵公向孔子询问军阵之事时，他便回答说只知礼仪，不懂军旅。实际上孔子不是不重视军事，而是不愿意谈论军旅，他是想倡导仁政，以孝为根本来教化人。

在陈绝粮，从者病^①，莫能兴^②。子路愠见曰^③："君子亦有穷乎？"子曰："君子固穷^④，小人穷斯滥矣^⑤。"

【注释】

①病：苦，困。这里指饿极了，饿坏了。　②兴：起来，起身。这里指行走。③愠：恼怒，怨恨。　④固：安守，固守。　⑤滥：像水一样漫溢、泛滥。比喻人不能检点约束自己，什么事都干得出来。

【译文】

孔子与弟子们在陈国某地断绝了粮食，随从的人饿得不能起身行走。子路满脸恼怒，来见孔子说："君子也有困厄的时候吗？"孔子说："君子困厄时尚能安守，小人困厄了就不约束自己而胡作非为了。"

孔子与弟子困于陈国而绝粮。

【题解】

这是孔子告诉人们怎样度过困难的一段名言。人生总难免有困窘的时候，面对困窘的境遇，孔子认为重要的是要坚持理想和操守。子路的愤怒并非没有道理，自己一心秉持德行和操守，却陷入窘困的境地，无所通达，而作恶多端的人反而过着锦衣玉食的优裕生活，故开始质疑自己一直所坚守的信念。孔子回答他说，君子固然也有困窘的时候，但还是能以道自处，不同于小人一到困窘之时就乱了心性，胡作非为。

子曰："赐也①，女以予为多学而识之者与②？"对曰："然，非与？"曰："非也。予一以贯之③。"

【注释】

①赐：端木赐，字子贡。　②女：通"汝"，你。　③以：用。一：一个基本的原则、思想。孔子这里指的是"忠恕"之道。贯：贯穿，贯通。

【译文】

孔子说："端木赐呀，你以为我学习很多而又一一记住的吗？"端木赐回答说："不是这样吗？"孔子说："不是的，我是用一个基本的思想观念来贯穿它们的。"

【题解】

"一以贯之"，是非常重要的治学思想和方法，也是孔子学问渊博而又能融会贯通的根本原因。这里孔子并未说明"一以贯之"者为何，但我们可以从中领悟到，有人苦学而无所成，是因为不能将自己零散的知识用"一以贯之"的东西加以整理，形成系统，故越学越陷入困惑。

子曰："由！知德者鲜矣①。"

【注释】

①鲜：少。道德是由自身加强学习与修养，日积月累，长期努力，才能将其义理得之于心，见之于行，故孔子说：知德者鲜矣。

【译文】

孔子说："仲由，真正懂得道德的人少啊。"

【题解】

"道"是体，"德"是用，有道有德修养才会全面，这里孔子是在教育子路，修身要从"德"这个根本做起。

子曰："无为而治者①，其舜也与！夫何为哉？恭己正南面而已矣②。"

【注释】

①无为而治：无为：无所作为。据传，舜当政时，一切沿袭尧的旧法来治国，似乎没有什么新的改变和作为，而使天下太平。后泛指以德化民，无事于政刑。朱熹《四书集注》说："圣人德盛而民化，不待其有所作为也。独称舜者，绍尧之后，而又得人以任众职，故尤不见有为之迹也。" ②南面：古代传统礼法，王位总是坐北朝南的。

【译文】

孔子说："无所作为而使天下得到治理的。大概只有虞舜吧！他怎样做的呢？他只是恭敬郑重地脸朝南面坐着而已。"

【题解】

舜是孔子心目中理想的圣王。孔子之所以十分赞赏大舜无为而治的政治，是因为留恋三代的礼治。舜对人对事小心恭敬，安闲从容地施以仁政，故能无为而治。

子张问行。子曰："言忠信，行笃敬，虽蛮貊之邦①，行矣；言不忠信，行不笃敬，虽州里②，行乎哉？立，则见其参于前也③；在舆，则见其倚于衡也④。夫然后行！"子张书诸绅⑤。

【注释】

①蛮：南蛮，泛指南方边疆少数民族。貊：北狄，泛指北方边疆少数民族。②州里：古代二千五百家为州。五家为邻，五邻为里。这里代指本乡本土。③参：本意为直、高。这里引申像一个高大的东西直立在眼前。④舆：车。倚：依靠在物体或人身上。衡：车辕前的横木。⑤书诸绅：即"书之于绅"。绅：系在腰间下垂的宽大的衣带。把警句、格言写在腰间的大带子上，一低头就能看到，从而时时提醒自己，指导自己的言行。这是古人一种加强自我修养的方法。

【译文】

子张问自己的主张如何能行得通。孔子说："说话忠诚守信，行为敦厚恭敬，即使在蛮貊地区，也行得通。说话不忠信，行为不笃敬，即使在本乡州里，也是行不通的。'忠信笃敬'仿佛看见它直立在眼前；坐车，仿佛看见它靠在车辕的横木上。这样做了以后就能行得通。"子张把孔子的话写在自己的衣带上。

【题解】

做事忠于人之所托，厚道认真，取信于人，是孔子提倡的为人处世之道，能够做到无往而不通。"言忠信，行笃敬"，就是对人真诚态度的体现，没有人会拒绝真诚的朋友，也没有人喜欢和虚伪轻浮的人交往。子张虽然才高意广，但为人浮躁，言行往往有偏激失当之处，所以孔子教他做到言行不离忠信笃敬，则凡事就能行得通达。

子曰："直哉史鱼①！邦有道，如矢；邦无道，如矢。君子哉蘧伯玉②！邦有道，则仕；邦无道，则可卷而怀之。"

【注释】

①史鱼：名鰌，字子鱼。卫国大夫。他曾多次向卫灵公推荐贤臣蘧伯玉，未被采纳。史鱼病危临终时，嘱咐儿子，不要"治丧正堂"，用这种做法再次劝告卫灵公一定要用蘧伯玉，而贬斥奸臣弥子瑕。等卫灵公采纳实行之后，才"从丧北堂成礼"。史鱼这种正直的行为，被古人称为"尸谏"（事见《孔子家语》及《韩诗外传》）。②蘧伯玉：参阅《宪问第十四》第二十五章注。

【译文】

孔子说："史鱼真正直啊！国家有道，他的言行像箭头一样刚直；国家无道，也像箭头一样刚直。蘧伯玉是位真君子啊！国家有道时，他出来做官；国家无道时，他辞官隐居。"

【题解】

据史书记载，史鱼曾经以尸谏卫灵公，而见成效。他在国家有道或无道时，都同样正直；而蘧伯玉则能审时度势以处世，蕴含了道的变通和通达的哲学精神。孔子对两人的处世态度都赞赏，但更欣赏蘧伯玉一些，所以说前者是"直"，后者是"君子"。

子曰："可与言，而不与之言，失人；不可与言，而与之言，失言。知者不失人①，亦不失言。"

【注释】

①知：通"智"，智者，聪明人。

【译文】

孔子说："可与他说话却不与他说，会失掉错过人才；不可与他说话却与他说，就是浪费言语。聪明人既不错过人才，也不浪费言语。"

【题解】

这段话主要讲君子的所作所为以及与小人的不同。孔子认为，君子应当注重义、礼、逊、信的道德准则；他严格要求自己，尽可能能做到立言立德立功的"三不朽"，传名于后世；他行为庄重，与人和谐，但不结党营私，不以言论重用人，也不以人废其言，等等。

子曰："志士仁人，无求生以害仁①，有杀身以成仁②。"

【注释】

①求生：贪生怕死，为保活命苟且偷生。　②杀身：勇于自我牺牲，为仁义当死而死，心安德全。

【译文】

孔子说："有志仁义之人，不能为求得保住生命而损害仁，应为做到仁献出生命。"

【题解】

孔子在这里对"志士仁人"提出了最高的要求，认为"志士仁人"要有献身理想的愿望和勇敢。孔子热爱生命，总是主张人应该全身，要"危邦不入，乱邦不居"等，但在面对"仁"时，则没有丝毫的苟且，因为"仁"是至高的道德境界。这种"杀身以成仁"的精神激励了后世无数仁人志士。

子贡问为仁。子曰："工欲善其事①，必先利其器②。居是邦也，

事其大夫之贤者③，友其士之仁者。"

论语全解全析

【注释】

①善：用作动词。做好，干好，使其完善。　②利：用作动词。搞好，弄好，使其精良。　③事：侍奉，为……服务。

【译文】

子贡问怎样实行仁德。孔子说："工匠要想活儿干完美，必须先选用精良的工具。要实行仁德住在一个国家，就要侍奉大夫中有贤德的人，与士中有仁德的人交朋友。"

【题解】

本章孔子讲的"工欲善其事，必先利其器"已成为普遍的做事规律。从事任何一项工作都要做好准备工作、打好基础，要以谦虚恭敬的态度向贤明的人学习借鉴，与仁者交友，来熏陶自身的情操。

颜渊问为邦①。子曰："行夏之时②，乘殷之辂③，服周之冕④，乐则《韶》舞⑤。放郑声⑥，远佞人⑦。郑声淫，佞人殆⑧。"

【注释】

①为：建设，治理。邦：邦国，诸侯国。　②时：时令，时节，此指历法。夏之时：就是沿用至今的夏历（又称阴历，农历）。周历建子（以夏历十一月为正月），殷历建丑（以夏历十二月为正月），夏历建寅（以建寅之月的朔日为岁首），而夏历最合于农时，有利于农业生产，故孔子主张推行夏历。③乘殷之辂：辂：古代的大车。旧说殷代的大车木质而无饰，最俭朴实用，故孔子提倡"乘殷之辂"。④服周之冕：冕：礼帽。旧说周代的礼帽规格完备而华美，而孔子是一向提倡礼服应讲究、华美的，故说要"服周之冕"。　⑤韶：舜时音乐。　⑥放：驱逐，排斥，禁止。郑声：郑国的民间音乐。郑国民间音乐形式活泼，与典雅板滞的古乐有很大不同。孔子难以接受，认为它多靡靡之音，故主张"放郑声"　⑦远：作动词用，疏远。　⑧殆：危险。

【译文】

颜渊问怎样建设国家。孔子说："遵行夏代的历法，驾乘殷代的车，戴周代帽，奏《韶》乐，禁止郑国的乐曲，疏远善于狡辩的小人。郑国的乐曲不正派，花言巧语的小人危险。"

【题解】

颜渊问如何治理国家，孔子以礼乐答之。主张继承历代政制的优点，实行夏

卫灵公和南子招摇过市。

朝的历法，乘坐殷朝的车子，戴着周朝的礼帽，音乐用舜时的《韶》乐。孔子的政治理想是恢复周礼，其实就是要建设一个有秩序的国家，让百姓过上健康的、有文化的、和乐的生活。

子曰："人无远虑，必有近忧①。"

【注释】

①远、近：指时间。犹言未来、目前。一说，指地方。朱熹说："人之所履者，容足之外，皆为无用之地，而不可废也。故虑不在千里之外，则患在几席之下矣。"

【译文】

孔子说："人没有长远考虑，必定会有近在眼前的忧虑。"

【题解】

本章孔子所说的两句是一个重要的思想方法，有着永恒的价值，已经被后人当作成语来使用。它提醒人们看问题应从长远着眼，否则，眼前就会发生困难。人能谋虑深远，思考成熟，就会办事周详，及时预防流弊，也就能让忧患之事不得接近。

子曰："已矣乎！吾未见好德如好色者也①。"

【注释】

①本章文字与《子罕第九》第十八章略同，可参阅。

【译文】

孔子说："罢了啊！我没见过爱慕德行像爱慕美色那样热切的人。"

【题解】

爱美之心人皆有之，好色是不需要提醒的，但是好德就不容易了。据《史记·孔子世家》记载，孔子在卫国时，卫灵公与夫人南子同坐一辆车出行，让孔子跟随在后一辆车中，一路招摇过市，孔子于是生发出这样的感慨。

子曰："臧文仲其窃位者与①？知柳下惠之贤而不与立也②。"

【注释】

①臧文仲：即臧孙辰。鲁国大夫，历仕鲁庄公、鲁闵公、鲁僖公、鲁文公四朝。知贤而不举，故孔子批评他"不仁"，"窃位"。参见《公冶长第五》第十八章注。窃位：窃据高位，占有官位而不称职、不尽责。　②柳下惠：本姓展，名获，字禽，又名展季。他的封地（一说是居处）叫"柳下"，死后，由他的妻子倡议，给他的"私谥"（并非由朝廷授予的谥号）叫"惠"，故称"柳下惠"。春秋中期的贤者，鲁国大夫，曾任"士师"（掌管刑狱的官员），以讲究礼节而著称。与立：即"与之并立于朝"，给予官位。一说，立通"位"，与立：即"与位"。

【译文】

孔子说："臧文仲大概是个窃据官位的人吧？明知柳下惠是有仁德，却不给他官位。"

【题解】

本章孔子指责臧文仲知道柳下惠是贤人，却不把他举荐给国君，相当于以不正当的手段偷窃柳下惠的智慧。因此希望有贤者能够在位，能者能够在职。

子曰："躬自厚而薄责于人①，则远怨矣②！"

【注释】

①躬自厚：意为责己要重，应多多反省责备自己。躬：自身。厚：这里指厚责，重责。薄责于人：意为待人要宽，要行恕道，少挑剔责备别人。薄责：轻责，少责备。　②远：远离，避开。

【译文】

孔子说："多责备自己，而少责备多宽待别人，就可以避开怨恨了。"

【题解】

　　这一章孔子提出人应该严格要求自己，而不要苛求别人这一做人的原则，是能够和谐处事的根本。人往往容易对自己的错误将就，对别人的过错却不加体谅，这样难免会引起别人的憎恶和怨恨。通过厚责自己来完善自己，宽宏大量地对待他人，方能得到他人的信赖和尊重。

　　子曰："不曰'如之何、如之何'者，吾末如之何也已矣①。"

【注释】

①末：无。

【译文】

　　孔子说："不说'怎么办、怎么办'的人，我对他也不知道该怎么办了。"

【题解】

　　这一章孔子用颇为幽默的语言，讲述了人要认真对待事情，要三思而后行的道理。面对问题时，应该去积极寻求解决的途径和方法。不想想"怎么办，怎么办"的人，凭着冲动和臆测行事，总是对什么都说没问题的人，经常是大有问题而不太可靠的人。对这样的人，即使圣明如孔子，也拿之没法子了。

子曰："群居终日，言不及义，好行小慧，难矣哉！"

【译文】

孔子说："众人整天聚在一处，说一些不涉及义理的话，还好卖弄一点小聪明，对这等人难教育啊！"

【题解】

本章孔子说的现象恐怕两千多年来一直存在的，往往是小人扎堆在一起，所谈论的不过是飞短流长，言不及义，只喜欢表现小聪明。因此，世人若想有所成就，都要以此为箴言。

子曰："君子义以为质①，礼以行之，孙以出之②，信以成之。君子哉！"

【注释】

①质：本意为本质、质地。引申为基本原则，根本。 ②孙：通"逊"。出：出言，表达。

【译文】

孔子说："君子以义为根本，以礼法来行义，以谦逊的语言来表达义，以忠诚的态度来完成义，这就是君子啊！"

【题解】

本章孔子提出了君子的四条行为准则。以道义作为修身的本质，并以礼制作为载体来运行，通过谦逊来表达，通过诚信来圆满地完成。

子曰："君子病无能焉①，不病人之不己知也。"

【注释】

①病：担心，忧虑。

【译文】

孔子说："君子只忧虑自己没有才能，不忧虑别人不知道自己。"

【题解】

本章孔子又一次强调了自强的重要性。

子曰："君子疾没世而名不称焉①。"

①疾：恨，感到遗憾。没世：终身，死。称：称述，称道。

【译文】

孔子说："君子最怕死后没有好的名声被世人称道。"

【题解】

传名于后世，是对于人生的激励。有理想、有抱负的人，都应该做如是想。

子曰："君子求诸己①，小人求诸人。"

【注释】

①求：要求。一说，求助，求得。则此章意为：君子一切求之于自己，小人一切求之于他人。

【译文】

孔子说："君子一切求自己，小人一切求别人。"

【题解】

本章与孔子说的"躬自厚而薄责于人"是一个意思。正人先正己，这是君子应该做到的。勇于面对和承认自己的错误的人，才是敢于承担责任的人。因为这样的人总能从自己身上找到原因，自己身上没有过失，其德行自然可以感化他人，赢得他人的尊重和信赖。

子曰："君子矜而不争①，群而不党②。"

【注释】

①矜：庄重，矜持，慎重拘谨。 ②党：结党营私，拉帮结伙。

【译文】

孔子说："君子庄重矜持而不同别人争执，合群人不结党营私。"

【题解】

其实孔子所坚持的为人之道就是自尊、仁爱和理性。"矜而不争"，是以理来自律，而非以气势凌人，所以不至于与人相争；"群而不党"，是与人为善，不拉帮结派，这些都是个正直君子所当为的。

子曰："君子不以言举人，不以人废言。"

孔子说："君子不根据言论推选人才，也不因某人有缺点而废弃他的言论。"
【题解】

本章孔子论述的待人处世之道是非常有道理的。推举人要重实绩，不能一概而论、以偏概全，不能使工于言辞却无实行的巧言者得幸当道，也不能因为那人有了缺点就废弃了他有益的建言。

子贡问曰："有一言而可以终身行之者乎①？"子曰："其'恕'乎②！己所不欲③，勿施于人④。"

【注释】

①一言：一个字。行：奉行。 ②其'恕'乎：其：大概，也许。恕：用自己的心来推想别人的心，指儒家的推己及人，仁爱待人。 ③欲：喜欢，想。想要（做的事）。 ④施：施加。

【译文】

子贡问道："有一个字而可以终身奉行的吗？"孔子说："那就是'恕'吧！自己不愿意的，不要加给别人。"

【题解】

孔子认为，"恕"是一个人可以终身奉行的法则。所谓"恕"，就是将心比心，能够始终体谅和理解他人，常常为他人设身处地地考虑。

子曰："吾之于人也，谁毁谁誉①？如有所誉者，其有所试矣。斯民也，三代之所以直道而行也。②"

【注释】

①毁：诋毁，指称人之恶而失其真。誉：赞誉，溢美，指扬人之善而过其实。②"斯民也"句：斯：此，如此。民：指用民。三代：指夏、商、周。此句是说如此用民，无所偏私，这就是三代能按正直之道行事的原因。

【译文】

孔子说："我对于别人，诋毁过谁？赞誉过谁？如有所赞誉，那是经过实践考验过的。夏、商、周三代如此大公无私地用民，所以能按正直之道行事。"

【题解】

在本章中，孔子告诉人们，对人不能随意加以毁誉，要实事求是地评价其功

过是非。孔子认为夏、商、周三代的贤人以直道行事，是经得起时间考验的，故为后世所向往。

子曰："吾犹及史之阙文也①，有马者借人乘之②。今亡矣夫！"

【注释】

①史之阙文：阙：通"缺"，缺疑，存疑。史官记载历史，对于有疑问（缺乏确凿根据）的事，缺而不录，抱存疑态度，故有"阙文"。一说，写史的书吏，遇到可疑的字，存疑待问，宁可把缺少的字空起来，也不创造新字，不妄以己意另写别的字来代替。　②借：借出，把自己的东西暂时给别人使用。句意为：有马的人不敢自私，而愿借给别人骑。一说，借，借助。句意为：有马的人，不会驾驭（训练）自己的马，而借助善驯马的人来调习训练。"史之阙文"与"马者借人"这两句话，看来意义不够连贯。有的学者推测"有马者"句可能是衍文；也有的学者认为，这两件事均说明古人淳厚朴实，与孔子时的人情轻薄不同，故孔子伤叹。可参。

【译文】

孔子说："早年我还能看到史官存疑的阙文，有马的人把马借给别人骑。这些今天没有了啊！"

【题解】

本章是孔子对人心不古的感慨，强调无论是治学还是做其他事情，都要持一种诚实、认真的态度。史书中有存疑或空缺的地方，是古人对待疑问的态度，以待能知之人。有马的人，自己不能驯服，则请善于驯马的人来乘坐驯服。孔子感叹在他的晚年时代，史官多穿凿附会，有马不能驯服的人，也不肯虚心向人请教，以致世上多有无知而妄作的人。

子曰："巧言乱德。小不忍则乱大谋。"

【译文】

孔子说："花言巧语会败坏道德。小事上不能忍耐大事就做不成。"

【题解】

本章孔子的这段名言是做大事人的座右铭。务实、忍耐、顾大局，这不是软弱的表现，而是有志于做大事的人必备的素养。巧言不仅动听，而且能把无理说成有理，足以扰乱、败坏人的德行。而人正是因为轻易听信了身边某些人的巧言说辞，或逞一时意气，或行妇人之仁，结果一念之差，在小的事情上没有克制自己，扰乱了原来的部署和谋略，致使功败垂成。

子曰："众恶之，必察焉；众好之，必察焉。"

【译文】

孔子说："众人都厌恶他，一定要考察原因；众人都喜欢他，也一定要考察原因。"

【题解】

孔子认为，在知人论世上必须独立思考，对一个人不应该以众人之是非标准来决定自己的是非判断，一定要实事求是地进行考察。人言可畏，众人之论未必出于公，公论也未必尽出于众人之口。舆论未必完全可信，不能人云亦云，必须切实地加以辨析和核查。

子曰："人能弘道①，非道弘人。"

【注释】

①弘：弘扬，光大。

【译文】

孔子说："是人能够弘扬道，不是道能弘扬人。"

【题解】

这一章说明人必须首先提高自身的修养，才可以把道发扬光大；而不能用道来装点门面，标榜自己。

子曰："过而不改①，是谓过矣。"

【注释】

①改：改正，纠正。孔子主张：过而能改，复于无过。有些人犯错误，起初是无心的，只要能改，就没有错了；如坚持不肯改正，那才是真正的错误。

【译文】

孔子说："有过错而不改，这才真叫过错呢。"

【题解】

人非圣贤，孰能无过？有过错并不可怕，可怕的是明明知道自己做错了，却一味固执，不思悔改、不加补救，那就无法挽回了。人的进步是在不断修正自身错误的过程中完成的，所以人们对待错误应持的唯一正确态度是及时改正。

子曰："吾尝终日不食，终夜不寝，以思，无益，不如学也。"

【译文】

孔子说："我曾经整天不吃饭，整夜不睡觉，去冥思苦想。结果没有什么益处，还不如去学习呢。"

孔子的这句话是在说明学与思的辩证关系，特别强调了实实在在学习的重要性。思考是要以学习和实践作为基础的，如果没有学习和实践就去思考，只能徒劳无益。

子曰："君子谋道不谋食。耕也，馁在其中矣①；学也，禄在其中矣②。君子忧道不忧贫。"

【注释】

①馁（něi）：饥饿。　②禄：做官的俸禄。

【译文】

孔子说："君子谋求行道，不谋求衣食。耕田，未必不挨饿；学得了知识，就可以获得俸禄。君子应担忧自己是否习得治世之道，而不必担心贫困。"

【题解】

孔子这段话的中心意思是在劝学，劝学者不要将心思只放在食与禄上。君子谋求的不是生计，而是真理和正道，心中所忧虑担心的是道能否推行，而不是贫穷和饥饿。

孔子好学不倦，废寝忘食。

论语全解全析

名家品论语

中国人对于父母妻儿也就是家庭有极重的义务感，对于人与人之间的关系看得非常重，始终追求人与人之间的和谐融洽。他们不习惯分离、独处，讲究礼节，不为个人情欲迷狂而违反道德理智。他们积极入世，关心社会，把国家的价值放在个人与家庭之上，"国家兴亡，匹夫有责""大河有水小河满"的观念使他们把国家盛衰兴亡当作个人的事情，因为"国"对于他们来说就是放大的"家"，而"家"就与"人"息息相关。特别是后来孟子以及宋明理学又把这种理性观念与道德心性联系起来，使这种观念建立在人的心灵自觉上，从"正心""诚意""修身""齐家"到"治国平天下"（《礼记·大学》），这就使得它渗透到了每个中国人的心灵深处，铸成了中国人清醒的道德理性主义。

——葛兆光《中国经典十种》

子曰："知及之①，仁不能守之，虽得之，必失之。知及之，仁能守之，不庄以莅之②，则民不敬。知及之，仁能守之，庄以莅之，动之不以礼③，未善也。"

【注释】

①知：通"智"，聪明才智。　②莅（lì）：到，临。这里指临民，即掌握政权，治理百姓。　③动之：动：行动。之：语气助词，无义。孔子认为，治理天下，智、仁、庄、礼四者缺一不可，只用智，其失在荡；只有仁，其失在宽；只用庄，其失在猛；所以必须用礼来调和。

【译文】

孔子说："依靠聪明才智得到的职位、政权，如果不能用仁德去守住它，也必定会失去它。依靠聪明才智得到的，能够用仁德去守住它，但如不用庄严的态度去认真治理百姓，百姓也不会敬服。依靠聪明才智得到的，能用仁德去守住它，又能用庄严的态度去认真对待，但是行动不符合礼义，也不能算是完善的。"

【题解】

本章孔子提出了一个合格的执政者所应具备的品质和治国理政的四条标准：首先要有治国的智慧，再追求仁德爱民，然后怀着庄严敬畏的态度去对待，最后是依照礼法而动。

子曰："君子不可小知而可大受也①，小人不可大受而可小知也。"

①知：主持，主管。小知：即任用做小事情，管小范围内的具体事务。

【译文】

孔子说："对君子，不能只让他做小事情，而要让他接受重大任务；对小人，不可让他接受重大任务，只能让他做些小事情。"

【题解】

本章孔子讲的还是要知人善任的道理。要懂得如何使用人才，关键是要有知人之明。君子才智深广、德行深厚，但在做一些具体的小事上未必可观，其才德却可以担当重任；小人虽然器量狭小，却未必一无是处，在一些小事上可能有其长处。

子曰："民之于仁也，甚于水火。水火，吾见蹈而死者矣，未见蹈仁而死者也①。"

【注释】

①蹈：踏，踩，投入。

【译文】

孔子说："人民对于仁德，比对水火更急切需要；我见过溺水蹈火而死的，却没见过实践仁德而死的。"

【题解】

本章孔子强调了仁是人生和社会得以健康发展的根本，它是有益于人和社会的，但是人们往往认识不到它的重要性。

子曰："当仁，不让于师。"

【译文】

孔子说："面对着合于仁德的事，即使对老师也不谦让。"

【题解】

这段是孔子的名言，为所有行仁道、为壮举、力求上进的人鼓足了底气。在仁面前，众人平等，不必谦让于师长。

子曰："君子贞而不谅①。"

【注释】

①贞：正，固守正道，恪守节操。谅：信，守信用。本章与孔子所说"言不必信，行不必果"同一意思。可参阅《子路第十三》第二十章。

【译文】

孔子说："君子坚定执着于正道，而不拘泥于讲小信。"

【题解】

孔子注重"信"的道德原则，但又说明了它必须以"道"为前提，即在仁和礼的基础上坚持"信"。

子曰："事君，敬其事而后其食①。"

【注释】

①食：食禄，俸禄，官吏的薪水。

【译文】

孔子说："侍奉君主，要恭敬谨慎地先办事，领取俸禄事往后放。"

【题解】

先人后己，首先要诚敬地付出，然后再谦逊地得到，这就是"礼"。在孔子看来，食君之禄，担君之忧，要诚敬地对待自己的职责，在自己有所贡献之前不提酬报之事。

子曰："有教无类①。"

【注释】

①无类：不分类，没有富贵贫贱、天资优劣智愚、等级地位高低、地域远近、善恶不同等区别与限制。孔子提倡全民教育，希望教育所有人而同归于善。他的弟子中，富有的（如冉有、子贡）、贫穷的（如颜回、原思）、地位高的（如孟懿子为鲁国贵族）、地位低的（如子路为卞之野人）、鲁钝一点的（如曾参）、愚笨一点的（如高柴），各种人都有。

【译文】

孔子说："对谁都要进行教育，不分贫富、智愚的地位高低而分类。"

【题解】

正是孔子这种"有教无类"的伟大的教育思想，在春秋时期把贵族文化普及到了平民。

子曰："道不同①，不相为谋。"

【注释】

①道：道路，主张，所追求的目标。

【译文】

孔子说："走的路不同，就不能互相谋划商讨事情。"

【题解】

这是千古不易的箴言。志向不同，意见不合，不能在一起共同办事。

子曰："辞达而已矣。"

【译文】

孔子说："言辞足以表达意思就够了。"

【题解】

在本章中，孔子强调辞贵达意，不取言辞的虚浮和绮丽，这是非常健康的语言观。

师冕见①，及阶，子曰："阶也。"及席，子曰："席也。"皆坐，子告之曰："某在斯，某在斯。"师冕出。子张问曰："与师言之道与？"子曰："然。固相师之道也②。"

【注释】

①师：指乐师。一般是盲人。冕：盲人乐师的名字。　②相：帮助，辅助。

【译文】

师冕来见孔子，走到台阶边，孔子说："这是台阶。"走到坐席边，孔子说："这是坐席。"大家都坐下后，孔子告诉他说："某人在这里，某人在那里。"师冕走了以后，子张问："这就是与乐师讲话的方法吗？"孔子说："是的，诚然是帮助乐师的方法。"

【题解】

古代乐师一般由盲者充任，此章具体而生动地描述了孔子对盲人真诚又体谅的态度。对之不厌其烦的提示和指点，表现了他富有同情心和善于为人设身处地着想，这种伟大的人道主义精神十分感人。

季氏第十六

　　季氏将伐颛臾①。冉有、季路见于孔子②，曰："季氏将有事于颛臾③。"孔子曰："求！无乃尔是过与④？夫颛臾，昔者先王以为东蒙主⑤，且在邦域之中矣，是社稷之臣也⑥。何以伐为⑦？"冉有曰："夫子欲之⑧，吾二臣者皆不欲也。"孔子曰："求！周任有言曰⑨：'陈力就列⑩，不能者止。'危而不持，颠而不扶，则将焉用彼相矣⑪？且尔言过矣，虎兕出于柙⑫，龟玉毁于椟中⑬，是谁之过与？"

　　冉有曰："今夫颛臾，固而近于费⑭。今不取，后世必为子孙忧。"孔子曰："求！君子疾夫舍曰欲之而必为之辞⑮。丘也闻有国有家者，不患寡而患不均，不患贫而患不安⑯。盖均无贫，和无寡，安无倾。夫如是，故远人不服，则修文德以来之⑰。既来之，则安之。今由与求也，相夫子，远人不服，而不能来也；邦分崩离析⑱，而不能守也；而谋动干戈于邦内。吾恐季孙之忧，不在颛臾，而在萧墙之内也⑲。"

【注释】

　　①季氏：即季孙氏，指季康子，名肥。鲁国大夫。颛（zhuān）臾（yú）：附属于鲁国的一个小国，子爵。故城在今山东省费县西北八十里。　②冉有、季路：冉有即冉求，字子有，也称冉有。季路即仲由，字子路，因仕于季氏，又称季路。孔子的弟子。　③有事：这里指施加武力，采取军事行动。　④无乃：岂不是，恐怕是，难道不是。　⑤先王：鲁国的始祖周公（姬旦），系周武王（姬发）之弟，故这里称周天子为先王。东蒙主：谓主祭东蒙山。东蒙：即蒙山。因在鲁国东部，故称东蒙。在今山东省蒙阴县南四十里，与费县连接。主：主持祭祀。　⑥社稷之臣：国家的重臣。　⑦何以伐为：何以：以何，为什么。为：语气助词。相当于"呢"。为什么要讨伐他呢？　⑧夫子：古时对老师、长者、尊贵者的尊称。这里指季康子。　⑨周任：周朝有名的史官。　⑩陈力：发挥、尽量施展自己的才力。就列：走上当官的行列，担任职务。　⑪相：辅佐，帮助。古代扶引盲人的人叫"相"。引申为助手。　⑫兕（sì）：古代犀牛类的野兽。或说即雌犀牛。柙：关猛兽的木笼子。　⑬椟：木制的柜子，匣子。　⑭费：季氏的采邑。在今山东

265

省费县西南，有费城。颛臾与费邑相距仅七十里，故说"近于费"。 ⑮疾：厌恶，痛恨。辞：托辞，借口。 ⑯"不患寡"句：应为"不患贫而患不均，不患寡而患不安。"《春秋繁露·度制》和《魏书·张普惠传》引此文，都是"不患贫而患不均，不患寡而患不安"。 ⑰来：通"徕"，招徕，吸引，使其感化归服。 ⑱分崩离析：崩：倒塌。析：分开，形容集团、国家等分崩瓦解，不可收拾。当时鲁国不统一，四分五裂，被季孙、孟孙、叔孙三大贵族分割。 ⑲萧墙之内：萧墙：宫殿当门的小墙，或称"屏"。古代臣子觐见国君，至屏而肃然起敬，故称"萧墙"。"萧""肃"古字通。这里用"萧墙"，借指宫内。当时鲁国的国君鲁哀公名义上在位，实际上政权被季康子把持，这样发展下去，一旦鲁君不能容忍，必起内乱。故孔子含蓄地说了这话。

【译文】

季氏将要讨伐颛臾。冉有、子路去见孔子，说："季氏将对颛臾施行武力。"孔子说："冉求！这难道不该怨你吗？颛臾，过去周天子曾经授权他主持东蒙山的祭祀，而且就在鲁国的疆域之中，是与我们鲁国共安危的臣属。为什么要讨伐它呢？"冉有说："季孙大夫想这么做，我们作为重臣是不想这么做。"孔子说："冉求！周任曾有句话说：'能够施展自己的才力，就担任职务；实在做不到，就该辞职。'比如盲人遇到危险却不扶持拉住他，摔倒了却不搀扶他起来，那么，用你这助手做什么呢？而且你的话错了。老虎、犀牛从关它的笼子里跑了出来，占卜用的龟甲、祭祀用的玉器在木匣中被毁坏了，这是谁的过错呢？"

冉有说："如今颛臾城墙坚固，而且离费邑很近。现在不占领它，后世必然成为子孙的祸患。"孔子说："冉求！君子厌恶那种嘴上不说'想得到它'，而找个借口得到它的人。我听说，对于拥有国家的诸侯和拥有采邑的大夫，担心的不是贫穷，而是分配不均；担心的不是人少，而是社会的安定。因为财富分均了，就没贫穷；国内和睦团结了，就不显得人少势弱，国家就没有倾覆的危险。要是这样做了，远方的人还不归服，便提倡仁义礼乐道德教化，以招徕他们。远方的人已经来了，就使他安心住下来。现在仲由、冉求你们二人辅佐季康子，远处的人不归服，而不能招徕他们；国家四分五裂，而不能保全；反而打算在国境之内使用武力。只怕季孙氏的忧患，不在颛臾，而在于宫殿的门屏之内呢。"

【题解】

孔子是主张以仁和礼来解决争端的，提倡"和为贵"，反对通过暴力手段解决国家内外的问题。本章孔子还提出了"不患贫而患不均，不患寡而患不安"的思想，让人民安乐，让社会均富，这种思想对中国古代文化和中国人的心理影响深远。从这章还可以看出，孔子平日对弟子温和可亲，但在遇到原则性的问题时，从不姑息容忍。他对季氏发动不义的战争进行指责，也对冉求、季路两个弟子一味地推诿、狡辩进行了严厉地驳斥。

孔子曰："天下有道，则礼乐征伐自天子出；天下无道，则礼乐征伐自诸侯出。自诸侯出，盖十世希不失矣^①；自大夫出，五世希不失矣；陪臣执国命^②，三世希不失矣。天下有道，则政不在大夫。天下有道，则庶人不议。"

【注释】

①"十世"句：世：代。十世：即十代。朱熹说："先王之制，诸侯不得变礼乐，专征伐。""逆理愈甚，则其失之愈速。"因为天下无道，天子无实权，才会形成"礼乐征伐自诸侯出"的局面；再混乱，就会到"自大夫出""陪臣执国命"的地步。这样的政权当然不会巩固。"十世"及后面的"五世""三世"均为约数，只是说明逆理愈甚，则失之愈速。这也是孔子对当时各国政权实况进行观察研究而得的结论。希：通"稀"，少有。　②陪臣：卿、大夫的家臣。

【译文】

孔子说："天下有道，制礼作乐，军事征伐，由天子做决定；天下无道，制礼作乐，军事征伐，由诸侯做决定。由诸侯做决定，大概传十代就很少有不丧失政权的；由大夫做决定，传五代就很少有不丧失政权的；由卿、大夫的家臣来掌握国家的命运，传上三代就很少有不丧失政权的。天下有道，国家政权不会落在大夫手里。天下有道，黎民百姓就不议论朝政了。"

天下无道，则百姓议论纷纷。

【题解】

本章是孔子对春秋时期政治形势的分析。他十分赞赏"天下有道"的尧、舜、禹、汤以及西周时代，因为那时礼乐征伐出自天子。"天下无道"则在周平王东迁之后，此后王室衰微，诸侯争霸称雄，周天子已经无发号施令的力量了。鲁国自季氏专权，有家臣专政，人心和社会秩序一路衰败，社会危机四伏。"天下有道，则庶人不议"，这句话是给执政者们非常有益的警示。

孔子曰："禄之去公室五世矣①，政逮于大夫四世矣②，故夫三桓之子孙微矣。"

【注释】

①禄：俸禄，这里指政权。公室：诸侯的家族。 ②逮（dài）：及。四世：指季孙氏文子、武子、平子、桓子四世。

【译文】

孔子说："国家政权离开了鲁国公室已经五代了，政权落到大夫手中已经四代了，所以鲁桓公的三家子孙都衰微了。"

【题解】

这一段文字是承接上一段文字而发的，上段文字中说到权力下移，导致政权不稳定、不长远。此章继续探讨这个问题，指出"禄之去公室""政逮于大夫"这些不合常理的行为，会导致政权的覆灭。当统治无道、政治失序之时，就会发生权力下移现象。中央丧失权威，必然会形成其他权势集团。起初，中央权力可能还名存实亡，后来就会变得名义上也不存在了，照此发展下去，这个政权就消亡了。更可怕的是，如果对这种情况不加遏制，还容易形成恶性循环，致使悲剧不断发生。基于这种认识，孔子做出了"三桓之子孙微矣"的预言，后来的历史充分证明了孔子的前瞻性与历史发展的眼光。

孔子曰："益者三友，损者三友：友直，友谅①，友多闻，益矣；友便辟②，友善柔③，友便佞④，损矣。"

【注释】

①谅：诚实。 ②便辟：善于摆架子、装样子，内心却邪恶不正。 ③善柔：善于阿谀奉承，内心却无诚信。 ④便佞（nìng）：善于花言巧语，而言不符实。

【译文】

孔子说："有益的朋友有三种，有害的朋友也有三种：与正直的人交友，与诚信的人交友，与见闻学识广博的人交友，是有益的；与心术不正的人交友，与阿谀奉承不讲诚信的人交友，与惯于花言巧语的人交友，是有害的。"

【题解】

本章孔子讲的交友之道，所提出的标准至今都有非常重要的参考价值。

孔子曰："益者三乐，损者三乐。乐节礼乐，乐道人之善，乐多贤友，益矣；乐骄乐，乐佚游①，乐宴乐，损矣。"

【注释】

①佚：通"逸"，安闲，休息。

【译文】

孔子说："有益的快乐有三种，有损的快乐也有三种。以得到礼乐的调节陶冶为快乐，以称道别人的优点好处为快乐，以多交贤德的友人为快乐，是有益处的；以骄奢放肆为快乐，以闲逸游荡为快乐，以宴饮纵欲为快乐，是有损害的。"

【题解】

这一章讲的是孔子的快乐观。孔子认为，健康的快乐观应该是以道德修养为要旨和依归的。以礼节乐、乐道人善、乐交贤友，都是有益的快乐，真正的快乐。而乐骄乐、乐佚游、乐宴乐都与德有损，过度则对养生有害，是不值得提倡的，因而也不是有益的。

孔子曰："侍于君子有三愆①：言未及之而言谓之躁，言及之而不言谓之隐②，未见颜色而言谓之瞽③。"

【注释】

①愆(qiān)：过失，差错，失误。　②隐：隐瞒，有意缄默。　③瞽(gǔ)：双目失明，盲人。这里比喻不能察言观色，说话不看时机就如盲人一样。

【译文】

孔子说："侍奉君子容易有三种过失：君子还未说到，你就先说了，叫作急躁；君子已经说到，你还不说，叫作隐瞒；不看别人脸色而贸然说话，叫作盲人。"

【题解】

本章孔子谈的是与君子交往中的适言问题。说话是一门艺术，把话说好并不是一件容易的事，这里孔子给了我们一些有益的指导：说话应择时择人，视情况而定。

孔子阐释少年、中年人、老年人不同的身心特点及警戒。

孔子曰："君子有三戒：少之时，血气未定^①，戒之在色；及其壮也，血气方刚，戒之在斗；及其老也，血气既衰，戒之在得^②。"

【注释】

①未定：未成熟，未固定。　②得：泛指对于名誉、地位、钱财、女色等的贪欲、贪求。

【译文】

孔子说："君子有三件事要警惕戒备：年轻时，血气不成熟，且不可贪恋女色；到了壮年时，血气正旺盛，且不可争强好斗；到了老年时，血气已经衰弱，且不可贪得无厌。"

【题解】

在这里，孔子谈到君子有三戒，这三个方面以血气盈虚为依据进行划分，分别是戒色、戒斗、戒得。这三戒针对的是人的少年、壮年、老年三个阶段容易出现的问题，因而也可以看作人生三戒。《淮南子·诠言》中有这样一句话："凡人之性，少则猖狂，壮则强暴，老则好利。"

孔子曰："君子有三畏^①：畏天命，畏大人^②，畏圣人之言。小人不知天命而不畏也，狎大人^③，侮圣人之言。"

【注释】

①畏：怕。这里指心存敬畏，敬服。要时时处处注意修身诚己，有敬慎之心。②大人：在高位的贵族、官僚。　③狎：狎侮，轻慢，不尊重。

【译文】

孔子说："君子有三畏：敬畏天命，敬畏在高位的人，敬畏圣人的话。小人不知天命而不畏，不尊重在上位的人，蔑视圣人的话。"

【题解】

本章孔子讲的是一个人要有敬畏之心才能成为言行高尚的君子，这也是最好的立身处世之道。畏天命，是对自然规律的敬畏，因为顺之则吉，逆之则凶。畏大人，是对有德有位者的敬畏，因为他们负责治理国家，位高权重，维护着社会的秩序，稍有差错，便会祸及百姓。畏圣人，是因为圣人的话具有万古不易的道理，指出人生应该遵循之道，违背了就会有灾祸，足以使人敬畏。

孔子曰："生而知之者，上也；学而知之者，次也；困而学之，又其次也。困而不学，民斯为下矣！"

【译文】

孔子说："生来就有知识，是上等；经过学习而有知识是次一等；遇到困难然后学习，是再次一等；遇到困难还不学习，这样的百姓就是下等了。"

【题解】

在这里孔子谈论的是学习问题，他把对于知识的追求分为"生而知之""学而知之""困而学之""困而不学"，他从来都不承认自己是"生而知之者"，总是鼓励人们要勤奋学习，孜孜不倦。

孔子曰："君子有九思：视思明，听思聪，色思温，貌思恭，言思忠，事思敬，疑思问，忿思难①，见得思义。"

【注释】

①难：这里指发怒可能带来的灾难、留下的后患。

【译文】

孔子说："君子在九个方面多用心考虑：看，考虑是否看得清楚；听，考虑是否听得明白；脸色，考虑是否温和；态度，考虑是否庄重恭敬；说话，考虑是否忠诚老实；做事，考虑是否认真谨慎；有疑难，考虑应该询问请教别人；发火发怒，考虑是否会产生后患；见到财利，考虑是否合于仁义。"

在这里，孔子从九个方面论述如何提高个人修养的问题，被称为"君子九思"，从人的言行举止各方面系统而具体地讲解了君子的道德规范。孔子非常重视道德修养问题，要求自己和学生的一言一行都要遵循这九个方面的规范。

孔子曰："见善如不及，见不善如探汤①。吾见其人矣，吾闻其语矣。隐居以求其志，行义以达其道②。吾闻其语矣，未见其人也。"

【注释】

①探汤：汤：开水，热水。把手伸到滚烫的水里，指要赶紧躲避开。　②达：达到，全面贯彻。

【译文】

孔子说："看见善的就努力追求，如同怕自己赶不上似的；看见邪恶，如同把手伸进开水要赶快避开。我见过这种人，我听过这种话。以隐居来求得保全自己的志向，以实行仁义来贯彻自己的主张。我听过这种话，没见过这种人。"

【题解】

孔子认为进行道德修养，态度非常重要。具体说来，主动修德与被动进步是不一样的。通过两种情况的对比告诉我们，行善修德重在自觉。不仅要自觉，还要去掉一切功利性目的，为修德而修德。

齐景公有马千驷①，死之日，民无德而称焉。伯夷叔齐饿于首阳之下②，民到于今称之。诚不以富，亦只以异。其斯之谓与？

【注释】

①千驷：古代一辆车套四匹马，驷就是四匹马的统称。千驷就是四千匹马。作为诸侯而有马千驷，在当时是豪侈而越制的。　②首阳：首阳山。又称雷首山，独领山。在今山西省运城（一说水济）县南，为当年伯夷叔齐采薇隐居处。南山有古冢，松柏茂盛，传说即伯夷叔齐的墓。　③"诚不"句：这两句原在《颜渊第十二》第十章中。有人说应加在这里，与后句"其斯之谓与"衔接。姑且按前人之说补入。

【译文】

齐景公有四千匹马，死的时候，人民认为他没有什么美德可称颂。伯夷、叔齐饿死在首阳山下，但人民到现在还称颂他们。这实在不是因为富或不富，也只是因为品德行为的不同。说的就是这个意思吧？

【题解】

本章说明对统治者的历史评价在于人民的口碑，这是一种先进的历史观。齐景公贵为君主，生前有马四千匹，权势豪富煊赫一时，而死后却寂寞非常，民无称戴。伯夷、叔齐生前采薇而食，死后却以其精神游荡人间。可见一个人的价值不在于其外在的财富，而在于其内在的品德。

陈亢问于伯鱼曰①："子亦有异闻乎？"对曰："未也。尝独立，鲤趋而过庭②。曰：'学《诗》乎？'对曰：'未也。''不学《诗》，无以言。'鲤退而学《诗》。他日，又独立，鲤趋而过庭。曰：'学《礼》乎？'对曰：'未也。''不学《礼》，无以立！'鲤退而学《礼》。闻斯二者。"陈亢退而喜曰："问一得三：闻《诗》，闻《礼》，又闻君子之远其子也③。"

【注释】

①陈亢：字子禽。伯鱼：名鲤，字伯鱼。孔子的儿子。　②趋：小步快速而行，以示恭敬。　③远：远离，避开，不亲近。这里指对自己的儿子不偏向，没有偏爱，没有特殊照顾和过分关照。

【译文】

陈亢问伯鱼："您从老师那里听到过什么特别不同的教导吗？"伯鱼回答："没有。有一天，我父亲一个人站在那里，我快步经过庭院。父亲问：'学过《诗》吗？'我回答：'没有。'父亲说：'不学《诗》，在社会交往中就不会说话。'我回去就学《诗经》。又一天，父亲又一个人站在那里，我快步经过庭院。父亲问：'学过《礼》吗？'我回答：'没有。'父亲说：'不学《礼》，在社会上做人做事不能立足。'我回去就学《礼》。我只听说过这两件事。"陈亢回去高兴地说："问了一件事，得到三个收获：听到学《诗》的意义，听到学《礼》的好处，又听到君子并不偏向自己的儿子。"

【题解】

"诗"和"礼"是孔子教育弟子的必修课目，他对自己的独生子孔鲤的教育也是从此入手。这是孔子以身作则，"诗礼传家"。

邦君之妻①，君称之曰夫人，夫人自称曰小童②；邦人称之曰君夫人；称诸异邦曰寡小君③；异邦人称之，亦曰君夫人。

【注释】

①邦君：指诸侯国的国君。　②小童：谦称。犹说自己无知如童子。　③诸："之乎"的合音。

【译文】

国君的妻子，国君称她为"夫人"，夫人自己谦称"小童"；国内的人称她为"君夫人"；在其他国家的人面前谦称她为"寡小君"；其他国家的人也称呼她"君夫人"。

【题解】

春秋时代，礼制遭到破坏，诸侯嫡妾称号混乱，而称号实际上意味着某一种秩序的遵循和规范，孔子故而提到周礼，也是正名之意。

阳货第十七

　　阳货欲见孔子①，孔子不见，归孔子豚②。孔子时其亡也③，而往拜之，遇诸涂④。谓孔子曰："来！予与尔言。"曰："怀其宝而迷其邦⑤，可谓仁乎？"曰："不可。好从事而亟失时⑥，可谓知乎⑦？"曰："不可。日月逝矣，岁不我与⑧。"孔子曰："诺。吾将仕矣。"

【注释】

　　①阳货：又名阳虎，杨虎。鲁国季氏的家臣。　②归：通"馈"，赠送。豚：小猪。这里指蒸熟了的小猪。　③时：通"伺"，意指窥伺，暗中打听，探听消息。亡：通"无"，这里指不在家。　④涂：通"途"，途中，半道上。　⑤迷其邦：听任国家迷乱，政局动荡不安。　⑥亟（qì）：副词。屡次。　⑦知：通"智"。⑧岁不我与：即"岁不与我"，年岁不等待我。与：在一起，这里有等待意。

【译文】

　　阳货想让孔子去拜见他，孔子不去见，他便赠送给孔子一只蒸熟的小猪。孔子暗中打听到阳货不在家，才去回拜他，两人却在途中遇见了。阳货对孔子说："过来！我有话对你说。"孔子近前，阳货说："把自己的宝物藏在怀里，而听任国家迷乱，这样做可以称为仁吗？"孔子说："不可以。"阳货又说："喜欢参与政事而又屡次错过机会，可以称为智吗？"孔子说："不可以！时间消逝了，年岁是不等待人的！"孔子说："好吧，我将要去做官了。"

【题解】

　　本章记载了孔子和鲁国的权奸阳货的一段交往经历。在这当中，孔子表现了其处事的原则性和灵活性。阳货为季氏的家臣，季氏数代把持鲁国朝政，阳货此时又把持着季氏家族实权，正是孔子所说的"陪臣执国命"状况。他要见孔子，意在使孔子助己为乱。孔子虽然回避，却在半道上遇见了，阳货邀请孔子出仕，说得头头是道，孔子心知其非，口中唯唯诺诺，却坚守了自己"有所为，有所不为"的参政原则。

　　子曰："性相近也①，习相远也②。"

①性：人的本性，性情，先天的智力、气质。　②习相远：指由于社会影响，所受教育不同，习俗、习气的沾染有别，人的后天的行为习惯会有很大差异。

【译文】

孔子说："人本性是相近的，由于环境影响的不同才相距甚远了。"

【题解】

后世的启蒙读物《三字经》中的第一句话就源于孔子的这一句名言，表述了孔子注重后天教育的思想，这也是他"有教无类"的教育思想的哲学基础。

子曰："唯上知与下愚不移①。"

【注释】

①知：通"智"。不移：不可移易、改变。

【译文】

孔子说："只有最上等有智慧的人和最下等愚笨的人是不可改变的。"

【题解】

这一段文字是紧承着上一段文字说的，人天性是相近的，但后天接受的教育及环境造成的影响会使人产生差异，这是一个普遍规律。孔子认为，除了"上知"和"下愚"这两类人，大多数人都是可以改变的。

子之武城①，闻弦歌之声。夫子莞尔而笑曰②："割鸡焉用牛刀？"子游对曰："昔者偃也闻诸夫子曰③：'君子学道则爱人，小人学道则易使也。'"子曰："二三子，偃之言是也。前言戏之耳④。"

【注释】

①武城：鲁国的一个小城邑。在今山东省嘉祥县境。　②莞尔：微笑的样子。③诸："之于"的合音。　④戏：开玩笑，逗趣。

【译文】

孔子到了武城，听见弹琴唱歌的声音。孔子微笑，说："杀鸡何必用宰牛的刀呢？"子游接过话茬儿说："过去我听老师说：'在上位的人学了道，就能惠爱百姓；一般老百姓学了道，就容易役使了。'"孔子对随从的弟子说："诸位，言偃说的话是对的。我刚才说的话不过是开玩笑罢了。"

【题解】

本章孔子借一次和子游的玩笑阐述了礼乐教化民众的意义和作用。子游做了武城的邑宰，实施庠序教化，学习礼乐的人很多，弦歌不辍。孔子到武城，听到弦歌声，便用"割鸡焉用牛刀"来开玩笑，大约是孔子有感于当时连大国都没有这般喜好礼乐的情况，在武城这个小小地方却有礼乐教化。从中亦可见孔子言语诙谐轻松的一面。

公山弗扰以费畔①，召，子欲往。子路不说，曰："末之也已②，何必公山氏之之也？"子曰："夫召我者而岂徒哉？如有用我者，吾其为东周乎！"

【注释】

①公山弗扰：疑即《左传》定公五年、八年、十二年及哀公八年提到的公山不狃。家臣，后据费邑叛季氏，失败后逃亡齐国，又奔吴。畔：通"叛"。
②末之也已：没有可去的地方就算了。末：没有。之：去，往。已：止，算了。

【译文】

公山弗扰据费邑叛乱，召请孔子，孔子想去。子路很不高兴，说："没有可去的地方就算了，何必非去公山氏那里呢？"孔子说："召我去的人，难道会让我白去吗？如果有人用我，我就要在东方复兴周公之道啊！"

【题解】

据《史记·孔子世家》记载，公山不狃以家臣的身份反叛季氏，理由可能是为了支持鲁君。孔子欲应公山不狃之召前去，是为了行仁道于世，也即"吾其为东周乎"。可见孔子用礼治世的迫切愿望。

子张问仁于孔子。孔子曰："能行五者于天下，为仁矣。""请问之"。曰："恭，宽，信，敏，惠。恭则不侮，宽则得众，信则人任焉，敏则有功，惠则足以使人。"

【译文】

子张向孔子问怎样做到仁。孔子说："能在天下实行这五项，就是仁了。"子张说："请问哪五项？"孔子说："庄重，宽厚，守信，勤敏，慈惠。恭敬庄重，就不会受到侮慢；宽厚，就能获得众人拥护；守信，就能得到别人的任用；勤敏，就能取得成功；慈惠，就能更好地役使别人。"

【题解】

孔子重视求仁，他门下的弟子也致力于求仁，如樊迟、颜渊、仲弓、司马牛，以及本章提到的子张，都曾向孔子问过如何行仁。针对子张问仁，孔子的回答是，必须要做到恭、宽、信、敏、惠这五点，才能算作仁者。恭、宽、信、敏、惠，现在我们理解起来就是恭敬、宽容、诚信、勤敏、慈惠。这五点代表着道德修养的五个方面，如果能切实要求自己行此五者，就可以成为仁者。

佛肸召①，子欲往。子路曰："昔者由也闻诸夫子曰：'亲于其身为不善者，君子不入也。'佛肸以中牟畔②，子之往也，如之何？"子曰："然。有是言也。不曰坚乎，磨而不磷③；不曰白乎，涅而不缁④。吾岂匏瓜也哉⑤？焉能系而不食？"

【注释】

①佛肸(xī)：晋国大夫范中行的家臣，是中牟城的行政长官。　②中牟：晋国地名，约在今河北省邢台市和邯郸市之间。一说，在今河南省鹤壁市西，古代牟山之侧。畔：通"叛"。　③磷：本义是薄石。引申为把石头磨薄，使其受到磨损。　④涅：一种矿物，也叫"皂矾"，古代用作黑色染料。这里用作动词，染黑。缁：黑色。　⑤匏瓜：葫芦的一种，果实比一般葫芦大。老后中空，轻于水，可系于腰助人渡河泅水；或可对半剖开，做水瓢舀水用。

【译文】

佛肸召请，孔子想去。子路说："从前听老师说过：'亲身做坏事的人那里，君子是不去的。'佛肸据中牟叛乱，您要去，为什么？"孔子说："我是说过这话。但是不是说坚硬的东西，磨也磨不薄吗？不是说洁白的东西，染也染不黑吗？我难道是个匏瓜吗？怎么能只挂在那里而不给人吃呢？"

【题解】

佛肸在中牟发动叛乱，想召孔子前往。孔子之所以应召想去，主要也是急于用世，急于行仁道于天下，并且坚信自己可以出淤泥而不染，不被脏乱。

子曰："由也，女闻六言六蔽矣乎①？"对曰："未也。"

"居②！吾语女。好仁不好学，其蔽也愚；好知不好学③，其蔽也荡④；好信不好学，其蔽也贼⑤；好直不好学，其蔽也绞⑥；好勇不好学，其蔽也乱；好刚不好学，其蔽也狂。"

【注释】

①女：通"汝"，你。六言：六个字，即文中的仁、知、信、直、勇、刚等德行的六个方面。蔽：通"弊"，弊病，害处。　②居：坐。　③知：通"智"。④荡：放荡不羁。　⑤贼：害，伤害。这里指容易给自己和亲人带来伤害。　⑥绞：说话尖酸刻薄，不通情理。

【译文】

孔子说："仲由，你听说过六个字的德行，会有六种弊病吗？"子路起身回答："没有。"孔子说："坐下！我告诉你。好仁德却不好学习，其弊病是愚蠢；爱好聪明却不好学习，其弊病是放荡；爱好诚实却不好学习，其弊病是害己害人；爱好直率却不好学习，其弊病是说话尖刻；爱好勇敢却不好学习，其弊病是容易乱闯祸；爱好刚强却不好学习，其弊病是狂妄。"

【题解】

孔子在这里讲的还是个人的品德修养问题，其中贯穿始终的根本精神是孔子阐明的"中庸之道"，即追求不偏不倚。恰到好处的行为标准和完美目标。而要达到这一目标，就要不断学习。六种好的品德，如果不加强学习，不能应用得当，仍然有重大的弊端。

子曰："小子！何莫学夫《诗》？《诗》可以兴①，可以观②，可以群，可以怨③。迩之事父④，远之事君。多识于鸟兽草木之名。"

【注释】

①兴：本义是兴起，发动。这里指激发人的意志和感情。　②观：本义是观察，观看。这里指提高人的观察能力。　③怨：怨恨。　④迩(ěr)：近。

【译文】

孔子说："弟子们为何不学《诗》呢？《诗》可以激发人的意志和感情，也可以提高观察能力，还可与众人抒发怨恨不平；近可以侍奉父母，远可以侍奉君主；还可以多认识鸟兽草木的名字。"

【题解】

孔子重视《诗经》的教化作用。在《论语》中，孔子不仅多次引用《诗》来说明自己的观点，还多次强调《诗》在为人处世上的重要作用，教诲弟子要学《诗》。在这里，孔子再次向弟子提出学《诗》的重要意义。

子谓伯鱼曰："女为《周南》《召南》矣乎①？人而不为《周南》《召南》，其犹正墙面而立也与②！"

【注释】

①为：本义是做。这里指学习。《周南》《召南》是《诗经·国风》中的第一、第二部分。本为地名，"周南"约在汉水流域的东部，今陕西、河南之间直到湖北。"召南"约在汉水流域西部，今河南、湖北之间。 ②"其犹"句：正：对着。就好像面对着墙壁站着。比喻被阻挡而无法向前，一物无所见，一步不可行。一说，《周南》《召南》中的诗，多用于乡乐，是众人合唱的，不用来独诵。如果一个人不会《周南》《召南》，那就得独自保持沉默，虽在合唱的人群之中，也像面对着墙壁而孤立一般。

【译文】

孔子对伯鱼说："你学习《周南》《召南》了吗？你如果不学习《周南》《召南》，就好像面对墙壁站着，一步也难行啊！"

【题解】

伯鱼就是孔子的儿子孔鲤，《周南》和《召南》是《诗》中的两篇讲夫妇之道的诗篇，孔子让他的儿子认真学习这两首诗，对于培养伯鱼修身齐家治国的理念是有益处的。

子曰："礼云礼云，玉帛云乎哉①？乐云乐云，钟鼓云乎哉②？"

【注释】

①玉帛：指古代举行礼仪时使用的玉器、丝帛等礼器、礼品。 ②钟鼓：古代乐器。朱熹说："敬而将之以玉帛，则为礼；和而发之以钟鼓，则为乐。"这说明礼乐之可贵在于在百姓中提倡"敬""和"。如果只是在形式上摆玉帛、敲钟鼓，而忽略了它的深刻的内容，那就失去了礼乐本来的意义与作用。

【译文】

孔子说："礼呀礼呀，只是指玉帛之类的礼器吗？乐呀乐呀，只是指钟鼓之类的乐器吗？"

【题解】

孔子针对春秋时期权贵奢侈成风，礼乐流于玉帛钟鼓等形式而失去了原有的实质内容等现象，发出了深深的慨叹。

子曰："色厉而内荏①，譬诸小人，其犹穿窬之盗也与②？"

【注释】

①色厉内荏：外貌似乎刚强威严，而内心却柔弱怯惧。色：神色，脸色，外表的样子。荏：软弱，怯懦，虚弱。　②穿：挖，透，破。窬：洞，窟窿。从墙上爬过去也叫窬。

【译文】

孔子说："外表神色严厉而内心怯懦虚弱，以小人来作比喻，就像是挖墙、钻洞、爬墙头行窃的盗贼吧！"

【题解】

色厉内荏作为一个成语，用来形容那些外表严厉而内心怯懦的人。孔子犀利地指出，这种人虽然外表很强悍，其实内心非常软弱，心虚得就像做贼一样。这个比喻，恰当而生动地描述了色厉内荏之人的实际心理。

子曰："乡愿①，德之贼也②！"

【注释】

①乡愿：特指当时社会上那种不分是非，同于流俗，言行不一，伪善欺世，处处讨好，谁也不得罪的乡里中以"谨厚老实"为人称道的"老好人"。孔子尖锐地指出：这种"乡愿"，言行不符，实际上是似德非德而乱乎德的人，乃德之"贼"。世人对之不可不辨。而后，孟子更清楚地说明这种人乃是"同乎流俗，合乎污世"的人。虽然表面上看，是个对乡人全不得罪的"好好先生"，其实，他抹煞了是非，混淆了善恶，不主持正义，不抑制坏人坏事，全然成为危害道德的人（见《孟子·尽心下》）。愿：谨厚，老实。　②贼：败坏，侵害，危害。

【译文】

孔子说："所谓'乡愿'，是败坏道德的人。"

【题解】

孔子斥责"乡愿"，明确地点出这种人欺世盗名，似有德而实害德，极具欺骗性。这也说明孔子的中庸之道并不像后人理解的那样是"骑墙"或"和稀泥"。

子曰："道听而涂说①，德之弃也！"

【注释】

①"道听"句：在道上听到的不可靠的传闻，途中又向别人传说。

【译文】

孔子说："只听传闻不去考证而随意传播，从道德来讲，这种行为是要不得的。"

281

孔子要求弟子对待问题应该持以实践考察为依据的态度，鼓励弟子要善于独立思考，道听而途说是违背道德的。

子曰："鄙夫可与事君也与哉①？其未得之也，患不得之②；既得之，患失之。苟患失之，无所不至矣③。"

【注释】

①鄙夫：鄙陋、庸俗、道德品质恶劣的人。　②患：怕，担心。　③无所不至：无所不用其极，无所不为。

【译文】

孔子说："与品德恶劣的人怎么可一起侍奉君主呢？他没官位、富贵时，总怕得不到。既得到了，又怕失掉。假如总怕失掉官位与富贵，无论什么事都做得出来了。"

【题解】

本章孔子批评了当时一些在朝为官的人，他们一心只想贪禄保官，尚未得到时，唯恐得不到，不择手段，以求能得到。得到后，又恐怕会失去，无所不为来保持不失。这其实说出了一切贪图私利之人的痛处，这种人显然是不称职的。

子曰："古者民有三疾①，今也或是之亡也②。古之狂也肆，今之狂也荡；古之矜也廉③，今之矜也忿戾④；古之愚也直，今之愚也诈而已矣。"

【注释】

①疾：本义是病。这里指气质上的缺点。　②亡：通"无"。　③矜：骄傲，自尊自大。廉：本义是器物的棱角。这里引申为不可触犯，碰不得，惹不得。④忿戾：凶恶好争，蛮横无理。

【译文】

孔子说："古代的百姓有三种毛病，现在，或者连那样的毛病也没有了。古代狂妄的人不过有些放肆直言、不拘小节，现在狂妄的人却是放荡越礼、毫无顾忌了；古代骄傲的人不过是持守过严，不可触犯他，现在骄傲的人却是忿怨乖戾、蛮横无理了；古代愚笨的人头脑有些简单，现在愚笨的人却明目张胆地虚伪欺诈罢了。"

论语全解全析

【题解】

本章孔子直接提出了今不如古的看法，认为古代的圣王明君道德高尚，比不上也就罢了，就连老百姓也处处不如古代的老百姓。古人有的优点今人不能保持，但是缺点与古人相比，却有过之而无不及。为了证明自己的观点，孔子列出了"三疾"做古今对比，对比的结果是，这些被称为缺点的东西在古人身上比在今人身上可爱得多，甚至可以当成优点来看。

子曰："巧言令色，鲜矣仁①。"

【注释】

①本章与《学而第一》第三章重复。可参阅。

【译文】

孔子说：有一种人"花言巧语，一副和气善良的脸色，这种人是很少有仁德的。"

子曰："恶紫之夺朱也①，恶郑声之乱雅乐也，恶利口之覆邦家者。"

【注释】

①恶：厌恶，讨厌。紫之夺朱：夺：强行取得，取代，顶替。朱：大红色，古代传统称为正色。紫是红色和蓝色混合而成的颜色，虽与红色接近，然而不是正色而是杂色。但在春秋时期，史载鲁桓公和齐桓公都喜欢穿紫色衣服，可见那时紫色已取代了朱色的传统地位，连诸侯的衣服都以紫色为正色了。而孔子认为：朱色的光彩与地位不应被紫色夺去。

【译文】

孔子说："我厌恶用紫色顶替红色，厌恶用郑国的音乐扰乱雅乐，厌恶以巧言善辩的嘴巴来倾覆国家的人。"

【题解】

本章孔子对当时的礼制破坏、是非颠倒、真假混淆的紫色夺朱、郑声乱乐、利口覆邦三种突出的社会政治现象进行了抨击。诸侯本来以红色为衣服的正色，而到了春秋时期，鲁桓公和齐桓公开始穿紫色的衣服，逐渐改变了风气。孔子感慨世道纷乱，对服色、音乐等以偏夺正现象的厌恶，实际上是表达了对那些混淆了礼制、音乐和国家法纪的人的深切痛恨。

子曰："予欲无言。"子贡曰："子如不言，则小子何述焉？"子曰："天何言哉？四时行焉①，百物生焉，天何言哉？"

【注释】

①四时：指春、夏、秋、冬四季。

【译文】

孔子说："我想不说话了。"子贡说："您如果不说话，那么弟子们还传述什么呢？"孔子说："天没说话呢？四季照样运行不息，各种动植物照样发育生长，天没说话吗？"

【题解】

这是孔子与弟子的一段有趣的对话，含有哲学思辨的意味。他用天不言，而四季照样运行，百物照样生长的现象来作比喻，向学生阐释一切规律、法则皆无言而自化，端赖自己观察发现的道理。实际上是用无言来启发弟子向更广阔、更深层的领域去思考。

孺悲欲见孔子①，孔子辞以疾。将命者出户②，取瑟而歌，使之闻之。

【注释】

①孺悲：鲁国人。鲁哀公曾派孺悲向孔子学习士丧礼。孔子这次为何不愿见孺悲，原因不明。　②将命者：传话的人。

【译文】

孺悲想见孔子，孔子推辞说有病。传话的人刚走出了门，孔子就拿过瑟来又弹又唱，故意让孺悲听到。

【题解】

这是一段有趣的小故事。孺悲不经人介绍而擅自来见孔子，不合于"士相见礼"，故孔子以生病为由拒绝接见。而后孔子又取瑟而歌，实际上是想告诉孺悲自己并没有生病，只是不愿意接见他。当他碰壁之后，希望他会对自己的行为进行反省。

宰我问："三年之丧，期已久矣①。君子三年不为礼，礼必坏；三年不为乐，乐必崩。旧谷既没，新谷既升，钻燧改火②，期可已矣③。"子曰："食夫稻④，衣夫锦，于女安乎⑤？"曰："安。""女安，则为之！夫君子之居丧，食旨不甘⑥，闻乐不乐⑦，居处不安⑧，故不为也。今女安，则为之！"宰我出。子曰："予之不仁也！子生三年，然后免于父母之怀。夫三年之丧，天下之通丧也。予也有三年之爱于其父母乎⑨？"

【注释】

①期：时间，期限。　②钻燧改火：燧：木燧，古代钻木取火的工具。古人钻木取火，所用的木料四季不同。春天用榆柳，孟夏与仲夏用枣杏，季夏用桑柘，秋天用柞槽，冬天用槐檀。各种木料一年轮用一遍，第二年按上年的次序取用，叫"改火"。钻燧改火：即指过了一年。　③期：指一周年。　④夫：指示代词。这，那。　⑤女：通"汝"，你。　⑥旨：美味，好吃的食物。　⑦乐：第一个"乐"，指音乐。第二个"乐"，指快乐。　⑧居处：指住在平时所住的好房子里。古代守孝，应在父母坟墓附近搭一个临时性的草棚子或住茅草房，睡在地下草苫子上，以表示不忍心住在安适的屋子里。　⑨"予也"句：于：给，与。一说，于，自，从。则此句意为：难道宰予没从父母那里得到过三年的爱护抚育吗？

【译文】

宰我问："父母去世，子女守孝三年，期限太久了。君子三年不讲习礼仪，礼仪必然荒废；三年不演奏音乐，必然生疏忘记。旧谷子吃完了，新谷子已上场，取火用的木料也都轮了一遍，守孝一周年就可以了。"孔子说："父母去世还不满三年你便吃大米饭，穿锦绸缎，你心安吗？"宰我说："我心安。"孔子说："你

心安，就这样做吧！君子居丧守孝，吃美味不觉香甜，听音乐不觉快乐，住好房子不觉安适，所以不可那样做。如今你心安，你去做吧！"宰我出去后，孔子说："是宰予的不仁啊！孩子生下三年之后，才能脱离父母的怀抱。为父母守孝三年，是天下通行的丧礼。宰予是否也有三年的爱心报答于他的父母呢？"

【题解】

本章是孔子和他的弟子宰我围绕丧礼应服几年的问题而展开的争论。孔子重视人内心的真诚情感，认为没有自觉的孝心，即使守三年之丧也不过是徒具形式。而三年之丧的规定，也正是体现和培养子女对父母孝的感情。人在丧礼中，能受到潜移默化的熏陶和教育，这是孔子重视丧祭的道理所在。

子曰："饱食终日①，无所用心，难矣哉！不有博弈者乎②，为之犹贤乎已③。"

【注释】

①终日：整天。②博：古代一种棋局游戏，用六箸十二棋为博具，以争输赢。弈（义）：围棋。 ③贤：好，胜过，超过。已：止，指什么都不干。

【译文】

孔子说："饱食终日，无所用心，这种人真难办啊！不是有掷彩下棋的游戏吗？下下棋，也比整日什么都不干要好些。"

【题解】

孔子的这段名言是对人们惰性的当头棒喝。孔子重视人生的完满，认为不应该无谓地浪费时间，即便是花些心思玩些博弈之类的游戏，也好过成天无所事事。

子路曰："君子尚勇乎？"子曰："君子义以为上。君子有勇而无义为乱，小人有勇而无义为盗。"

【译文】

子路问道："君子崇尚勇敢吗？"孔子说："君子以义是最高尚的。君子有勇而无义，就会犯上作乱；小人有勇而无义，就会做强盗。"

【题解】

本章中，孔子重点强调了尚勇的前提，指出勇要受到义的约束。认为没有义的约束，勇可能就会成为乱的根源。孔子生逢乱世，礼崩乐坏，社会秩序不断瓦解，这些乱让孔子深恶痛绝。因而对于勇，孔子更多的是担心，而不是崇尚。

子贡曰："君子亦有恶乎？"子曰："有恶，恶称人之恶者，恶居下流而讪上者①，恶勇而无礼者，恶果敢而窒者②。"曰："赐也亦有恶乎？""恶徼以为知者③，恶不孙以为勇者④，恶讦以为直者⑤。"

【注释】

①流：据清乾隆年间经学大家惠栋《九经古义》和清嘉庆年间学者冯登府《论语异文考证》，"流"字衍。晚唐以前的《论语》版本中无"流"字，至宋代，才有此衍误。讪：诽谤，讥讽，诋毁。以言毁人称谤。在下谤上称讪。　②窒：阻塞，不通。引申为固执，头脑僵化，顽固不化。　③徼：抄袭，窃取。知：通"智"。　④孙：通"逊"。　⑤讦：攻击别人的短处，揭发别人的隐私。

【译文】

子贡问道："君子也有所厌恶吗？"孔子说："有厌恶。厌恶专好散播别人坏处的人，厌恶身居低位而诽谤上位的人，厌恶恃强勇敢而无礼的人，厌恶固执而不通事理的人。"孔子说："端木赐呀，你也有所厌恶吗？"子贡说："厌恶窃取抄袭别人的知识成果却自以为聪明的人，厌恶不谦逊却自以为勇敢的人，厌恶揭发攻击别人却自以为勇敢正直的人。"

【题解】

本章通过孔子和子贡的对答，对有悖道德规范的四种人和作风不正的三种人作了揭露和斥责。由此可见，君子虽然博爱，但也有所憎恶，并不是无原则、无是非地爱一切人的好好先生。

子曰："唯女子与小人为难养也①，近之则不孙②，远之则怨。"

【注释】

①养：供养，共同相处。这里主要指的是对婢妾，对仆隶下人，故用"养"字。　②不孙：指不恭顺，不守规矩，放肆无礼。孙：通"逊"。

【译文】

孔子说："唯独婢妾和小人是难以相处的。亲近他，就无礼；疏远他，就怨恨。"

【题解】

本章孔子的话引起了很多人的讨论和非议。这不能用宣扬了"男尊女卑""夫为妻纲"的男权思想去理解，而是孔子对于当时的社会经验的一种总结。与小人和女子相处，对他们亲密，他们就容易过分随便无礼；而稍一疏远，便埋怨不已。

子曰："年四十而见恶焉①，其终也已②。"

【注释】

①见：被。

②已：止，尽。

【译文】

孔子说："年已到了四十还被众人所厌恶，他这一辈子也就算完了。"

【题解】

孔子的这句话是在勉励人们及时改过迁善，否则，到了本该人生成熟并不惑的四十岁时还为人所厌恶，便为时已晚了。

孔子认为，一个人如果年届四十还为众人所恶，这一辈子也就算完了。

微子第十八

微子去之^①，箕子为之奴^②，比干谏而死^③。孔子曰："殷有三仁焉！"

【注释】

①微子：名启，采邑在微（今山西省潞城县东北）。去：离开。之：代词。指殷纣王。 ②箕子：名胥馀。殷纣王的叔父。他的采邑在箕（今山西省太谷县东北）。子爵，官太师。 ③比干：殷纣王的叔父。

【译文】

纣王无道，微子离开了纣王，箕子被纣王拘囚，降为奴隶，比干屡次劝谏被纣王杀害。孔子说："殷朝有这三位仁人啊！"

【题解】

微子、箕子、比干都有忧国忧民的仁者之心和为国献身的精神，故孔子称之为"仁"。纣王无道，他的同母兄弟微子对他进行劝谏，不听，微子不忍心亲眼看见国家衰败，于是只身离开了殷商。后来武王立朝，微子向他讲解治国之道，并被封为诸侯。他以天下百姓为念，不局限于为某一个朝代尽忠。箕子、比干都是纣王的叔父，他们尽忠直谏，纣王不听，将箕子囚禁，降为奴隶，将比干剖心。这三个人都是身处乱世而以不同方式尽忠，故孔子赞之。

柳下惠为士师^①，三黜^②。人曰："子未可以去乎^③？"曰："直道而事人，焉往而不三黜^④？枉道而事人^⑤，何必去父母之邦^⑥？"

【注释】

①士师：古代掌管司法刑狱的官员。 ②三黜：多次被罢免。三：表示多次，不一定只有三次。 ③去：离开。 ④焉：代词，表疑问。哪里。往：去。 ⑤枉：不正。 ⑥父母之邦：父母所在之国，即本国。

【译文】

柳下惠担任鲁国掌司法刑狱的官员，多次被免职。有人说："您不能离开这个国家吗？"柳下惠说："正直地侍奉人君，到哪一国去不会被多次免职？如果不正直地侍奉人君，何必要离开自己父母所在之国呢？"

柳下惠是个正直的、有能力的贤人，孔子对他评价很高。这里孔子以十分沉痛的语气，道出了当时官场的腐败，既然到处都一样，还不如就留在生养自己的父母之邦。

齐景公待孔子，曰："若季氏，则吾不能，以季、孟之间待之。"曰："吾老矣，不能用也。"孔子行①。

【注释】

①孔子行：公元前509年，孔子到齐国，想得到齐景公的重用；结果，有人反对，甚至扬言要杀孔子。齐景公迫于压力，不敢任用，孔子于是离开齐国。

【译文】

齐景公准备给孔子礼遇，说："若像鲁国国君对待季氏那样来对待孔子，我不能；可以用比季孙氏低、比孟孙氏高的待遇来对待孔子。"孔子说："我老了，不能做什么了。"孔子便动身离开了齐国。

【题解】

本章讲的是孔子在齐国的遭遇：英雄无用武之地。我们知道，一个人要想实现自己的价值，并不是那么容易的事，需要具备多方面的条件，包括主观方面或者客观方面的条件。就主观方面来说，你首先得有可以施展的才能。就客观方面来说，就很多了，"天时、地利、人和"，无一不是实现自我价值的必备条件。不管是天时、地利还是人和，说的都是外在环境的问题。人要想做成一件事，实

现自我价值，就必须要求外部环境的配合。也就是说，英雄须有用武之地。如果环境不利，就会处处受制，失败只是早晚的事。可见，环境对个人才能的施展有着多么大的影响。

齐人归女乐^①，季桓子受之^②，三日不朝。孔子行^③。

【注释】

①归：通"馈"，赠送。 ②季桓子：鲁国贵族。姓季孙，名斯。季孙肥（康子）的父亲。从鲁定公时至鲁哀公初年，一直担任鲁国执政的上卿（宰相）。 ③孔子行：《史记·孔子世家》："定公十四年，孔子为鲁司寇，摄行相事。齐人惧，归（馈）女乐以沮（阻止）之。"孔子看到鲁国君臣这样迷恋女乐，朝政日衰，不足有为，便大大失望而去职离鲁。

【译文】

齐国人赠送了许多歌姬舞女给鲁国，季桓子接受了，三天不上朝理政。孔子便离开了鲁国。

【题解】

本章说的是孔子在鲁国的事。孔子胸怀天下，一生追求的就是恢复周礼，推行仁政。要实现这一理想，他必须得出仕，为自己谋一个职位，名正言顺地推行自己的治国方略。在这个环节中，最重要的是找到一个理解、支持自己的领导。

楚狂接舆歌而过孔子曰^①："凤兮^②！凤兮！何德之衰？往者不可谏^③，来者犹可追^④。已而！已而！今之从政者殆而^⑤！"孔子下，欲与之言。趋而辟之^⑥，不得与之言。

【注释】

①接舆：接：迎。舆：车。迎面遇着孔子的车。这里因其事而呼其人为"接舆"。传说乃楚国人，是"躬耕以食"的隐者贤士，用唱歌来批评时政，被世人视为狂人。一说，接舆本姓陆，名通，字接舆。见楚昭王政事无常，乃佯狂不仕，于是被人们看作是楚国的一个疯子。 ②凤：凤凰。古时传说，世有道则凤鸟见，无道则隐。这里比喻孔子。接舆认为孔子世无道而不能隐，故说"德衰"。 ③谏：规劝，使改正错误。 ④犹可追：尚可补救，还来得及改正。 ⑤而：语气助词，相当于"矣"。 ⑥辟：通"避"。

【译文】

楚国有位狂人接舆，唱着歌经过孔子的车旁，歌里唱道："凤凰呀！凤凰呀！

为何道德这么衰微？过去的事不可挽回了，将来的事还来得及改正补救。算了吧！算了吧！如今从政的人危险啊！"孔子下车，想同他说话。接舆快步避开了，孔子没能与他说上话。

【题解】

此《论语》中的名篇对后世归隐山林、躲避社会政治黑暗的知识分子有很深的影响。凤凰有道则见，无道则隐。楚国的狂士接舆以此劝喻孔子身处乱世，道不能行，政治危险，不必为此忹惶奔走，还是退隐得好。

　　长沮、桀溺耦而耕①，孔子过之，使子路问津焉。长沮曰："夫执舆者为谁②？"子路曰："为孔丘。"曰："是鲁孔丘与③？"曰："是也。"曰："是知津矣。"问于桀溺。桀溺曰："子为谁？"曰："为仲由。"曰："是鲁孔丘之徒与？"对曰："然。"曰："滔滔者天下皆是也，而谁以易之？且而与其从辟人之士也④，岂若从辟世之士哉⑤？"耰而不辍⑥。子路行以告。夫子怃然曰⑦："鸟兽不可与同群，吾非斯人之徒与而谁与⑧？天下有道，丘不与易也⑨。"

【注释】

　　①长沮，桀溺：长：个头高大。沮：沮洳，泥水润泽之处。桀：通"杰"，身材魁梧。溺：身浸水中。这是两位在泥水中从事劳动的隐者。长沮、桀溺：都是形容人的形象，不是真实姓名。耦：二人合耕，各执一耜，左右并发。　②执舆者：驾车的人。此指孔子。本来是子路驾车的，因下车问津，所以由孔子代为驾车，孔子便成了"执舆者"。　③与：通"欤"，语气词，吗。　④且：而且。而：通"尔"，你。辟人之士：躲避人的人，指孔子。孔子离开鲁国，到处奔波，躲避与自己志趣不合的人，不同他们合作，故称。辟：通"避"。　⑤辟世之士：避开整个社会的隐士。　⑥耰：古代农具，用来击碎土块和平整土地。这里指用耰翻土去覆盖种子。辍：停止，中止。　⑦怃然：怅惘失意的样子。　⑧斯人之徒：指世上的人们，现实社会的那些从政者、统治者。　⑨与：相与，参与。易：变易，改革。

【译文】

　　长沮、桀溺两个人一起耕田，孔子正好经过，让子路上前去打听渡口。长沮说："那驾车的人是谁？"子路说："是孔丘。"长沮说："是鲁国的孔丘吗？"子路说："是的。"长沮说："那他自己该知道渡口在哪里。"去问桀溺。桀溺说："你是谁？"子路说："是仲由。"桀溺说："是鲁国孔丘的徒弟吗？"子路回答说："是的。"桀溺说："世上纷纷乱乱，礼崩乐坏，如滔滔的大水弥漫，天下都是这样，你们和谁去改变这种现状呢？而且，你与其跟随躲避人的人，还不如跟随避开整个社会的人呢。"一边说一边不停地用耰翻土覆盖播下的种子。子路回来告诉孔子。孔子怅惘地叹息说："人与鸟兽是不可同群的，我不同世人一起生活又同谁呢？假若天下有道，我孔丘就不参与变革现实的活动了。"

【题解】

本章亦是隐者对孔子的劝喻，孔子尊敬这些避世隐居、洁身自好的人，同时也说明自己积极入世的理由。最后一句的回答反映了孔子希望天下清平，所以积极入世，极欲拯救斯民于水火的人道主义情怀。

子路从而后，遇丈人①，以杖荷蓧②。子路问曰："子见夫子乎？"丈人曰："四体不勤，五谷不分，孰为夫子？"植其杖而芸③。子路拱而立。止子路宿，杀鸡为黍而食之④，见其二子焉。明日，子路行以告。子曰："隐者也。"使子路反见之⑤。至则行矣。子路曰："不仕无义。长幼之节，不可废也；君臣之义，如之何其废之？欲洁其身，而乱大伦。君子之仕也，行其义也。道之不行，已知之矣。"

【注释】

①丈人：老人。姓名身世不详。一说，楚国叶县人。②荷：挑，提，扛。蓧（diào）：古代一种竹制农具。用以除草。③芸：通"耘"，除草。④食：拿东西给别人吃。⑤反：通"返"，返回去。

【译文】

子路跟随孔子周游列国，有一次落在后面。遇上一位老人，用木杖挑着除草的农具。子路问："您看见我的老师了吗？"老人说："你们四肢不劳动，五谷分不清，谁知哪个是你的老师？"接着把木杖插在地上，就去除草了。子路拱手站在一旁。老人留子路到家住宿，杀鸡、做黍米饭给子路吃，并让两个儿子见了子路。次日，子路赶上了孔子，告诉此事。孔子说："这是位隐士。"让子路返回去看老人。子路到了那里，老人已经走了。子路说："不从政做官是不义的。长幼之间的礼节不可废弃，君臣之间的名分如何能废弃呢？只想洁身自好，却乱了君臣间大的伦理关系。君子之所以要从政做官，就是为了实行君臣之义。至于道之不能行，我们已经知道了。"

【题解】

这段文字中提到的荷蓧丈人也是一位隐者。在那个战乱频仍的时代，为求自保，很多人都选择了归隐。孔子虽不反对"用舍行藏"，但是他决心走自己的路，无怨无悔地坚守着自己的信念。在他为理想奔走的过程中，曾多次与那些归隐之士交流过思想。孔子理解隐士们，但隐士们并不理解孔子，认为他是明知不可为而为，或对其冷嘲热讽，或对其怜悯同情。对此，孔子虽然很无奈，但对隐士们的做法绝不苟同。

逸民①：伯夷、叔齐、虞仲②、夷逸③、朱张④、柳下惠、少连⑤。子曰："不降其志，不辱其身，伯夷、叔齐与！"谓："柳下惠、少连，降志辱身矣。言中伦⑥，行中虑，其斯而已矣。"谓："虞仲、夷逸，隐居放言。身中清，废中权。我则异于是，无可无不可⑦。"

【注释】

①逸民：隐退不仕的人，失去政治、经济地位的贵族。　②虞仲：即仲雍，为推辞王位，与兄泰伯一同隐至荆蛮。见《泰伯第八》第一章注。一说，是《史记》中吴君周章之弟。　③夷逸：古代隐士。自称是牛，可耕于野，而不忍被诱入庙而为牺牲。　④朱张：字子弓。身世不详。　⑤少连：东夷人。善于守孝，达于礼。⑥中：符合，合于。　⑦"无可"句：意思是说：根据客观实际情况的发展变化而考虑怎样做适宜。得时则驾，随遇而安。《孟子·万章下》说：孔子是"圣人时者也"，"可以速而速，可以久而久，可以处而处，可以仕而仕"。随机应变，见机行事。不一定这样做，也不一定不这样做。

【译文】

隐退不仕的人有：伯夷、叔齐、虞仲、夷逸、朱张、柳下惠、少连。孔子说："不贬抑自己的意志，不辱没自己的身份，就是伯夷、叔齐吧！"又说："柳下惠、少连，被迫贬抑自己的意志，辱没自己的身份，但说话合乎伦理，行为深思熟虑，他们只是这样做而已啊。"又说："虞仲、夷逸，过隐居生活，说话放纵无忌，能保持自身清白，废弃官位而合乎权宜变通。可是我与这些人不同，没什么可以，也没什么不可以。"

【题解】

本章是孔子对历史和当代七位逸民做出的评价。他特别赞许伯夷、叔齐"不降其志，不辱其身"的表现，反映了他对个人的独立人格的崇尚。他将自己与这些高尚的逸民相比拟，说自己"无可无不可"，意即可以仕则仕，可以止则止的。可见孔子不拘泥于一种形态，善于变通，因时制宜，有着较大的灵活性。

太师挚适齐①，亚饭干适楚②，三饭缭适蔡③，四饭缺适秦④。鼓方叔入于河⑤，播鼗武入于汉⑥，少师阳、击磬襄入于海⑦。

【注释】

①师挚：太师是鲁国乐官之长，挚是人名。适：往，到。 ②亚饭干：第二次吃饭时奏乐的乐师，名干。古代天子、诸侯吃饭时都要奏乐，所以乐师有亚饭、三饭、四饭之称。 ③缭：人名。 ④缺：人名。 ⑤鼓方叔：击鼓的乐师，名方叔。⑥播鼗（táo）武：播：摇。鼗：小鼓。武：摇小鼓者的名字。 ⑦少师阳：副乐官，名阳。击磬襄：敲磬的乐师，名襄。

【译文】

太师挚到齐国去了，亚饭乐师干到楚国去了，三饭乐师缭到蔡国去了，四饭乐师缺到秦国去了，打鼓乐师方叔进入黄河地区了，摇鼗鼓的乐师武进入汉水一带了，少师阳、敲磬的乐师襄到海滨去了。

【题解】

这一章所记载的就是"鲁哀公时，礼崩乐坏，乐人皆去"的现象。从孔子的描述中，我们看到了一个国家行将灭亡的末世景象。对任何一个国家或组织来说，长期繁荣有几个重要条件，从内部来说，首先，必须有一种文化精神；其次，必须有一套与文化精神相适应的制度，最后，必须有秉承这种文化精神、认真贯彻执行的杰出人才。这是一个国家或组织的灵魂所在。

周公谓鲁公曰①："君子不施其亲②，不使大臣怨乎不以③。故旧无大故，则不弃也。无求备于一人。"

【注释】

①周公：名姬旦。武王之弟。鲁公：指周公的儿子伯禽。 ②施：通"弛"，松弛，放松，弃置。引申为疏远，怠慢。 ③以：用，任用。

【译文】

周公对鲁公说："君子不能疏远、怠慢自己的亲族，不能让大臣埋怨不任用他们；老臣老友，如果没有什么重大的过错，不要遗弃他们；不要对一个人求全责备。"

【题解】

这段文字是周公对儿子伯禽的训诫之言，他告诫儿子伯禽治理政事要重视人才。

周有八士①：伯达、伯适、仲突、仲忽、叔夜、叔夏、季随、季骊。

【注释】

①八士：身世生平不详。或说，周初盛时，有这八名才德之士：伯达通达义理、伯适大度能容、仲突有御难之才、仲忽有综理之才、叔夜柔顺不迫、叔夏刚明不屈、季随有应顺之才能、季騧(guā)德同良马。八人都很有教养，有贤名。或传说八士为一母所生的四对孪生子（见《逸周书》）。

【译文】

周朝有八位名士：伯达、伯适、仲突、仲忽、叔夜、叔夏、季随、季騧。

【题解】

本章讲述周代贤士众多，旨在说明国家兴亡的关键在于任用贤人。

子张第十九

子张曰："士见危致命^①，见得思义^②，祭思敬，丧思哀，其可已矣^③。"

【注释】

①致命：授命，舍弃生命。　②思：反省，考虑。　③其可已矣："见危致命，见得思义，祭思敬，丧思哀"这四方面是立身之大节。作为士，如能做到这些，就算可以了。

【译文】

子张说："作为一个士，遇见国家危难时，能献出自己生命；遇见有利可得，能考虑是否合乎义；祭祀时，能想到恭敬严肃；临丧时，能想到悲哀。这样做就可以了。"

【题解】

开篇第一段文字是子张所言，谈论的是士人立身的大节问题，也是对孔子思想的阐发。

子张曰："执德不弘^①，信道不笃，焉能为有？焉能为亡^②？"

【注释】

①弘：弘扬，发扬光大。一说，"弘"即今之"强"字，坚强，坚守不移（见章炳麟《广论语骈枝》）。　②"焉能"句：意谓无足轻重；有他不为多，无他不为少；有他没他一个样。亡：通"无"。

【译文】

子张说："执守仁德不能发扬光大，信仰道义不能专一诚实，这种人哪能算有？哪能算无？"

【题解】

这段文字记录的还是子张之言，核心是加强道德修养。在这里，德指的是个人应具备的德行，道指的是做人应坚持的道义。子张通过对道德修养中的两种不当行为，即对"执德不弘，信道不笃"的批判，提出了道德修养应该达到的标准是"弘、笃"。

子夏之门人问交于子张。子张曰："子夏云何？"对曰："子夏曰：
'可者与之，其不可者拒之。'"子张曰："异乎吾所闻，君子尊
贤而容众，嘉善而矜不能①。我之大贤与②，于人何所不容？我之不
贤与，人将拒我，如之何其拒人也？"

【注释】

①矜：怜悯，怜恤，同情。 ②与：通"欤"，语气词。

【译文】

子夏的门人向子张询问交友之道。子张反问："子夏是怎样说的？"子夏的
门人回答："子夏说：'可交的就与他交，不可交的就拒绝他。'"子张说："这
和我所听说的，不同：君子能尊敬贤人，又能容纳众人；能赞美好人，又能怜悯
能力差的人。我如果是很贤明的，对于别人为何不能容纳呢？我如果不贤明，别
人将会拒绝我，如何谈得上拒绝别人呢？"

【题解】

本章讲述的是与人交往之道。在《论语》中，对同一个问题，因提问者不同，
孔子的回答也会不一样，本章便说明了这一情况。子夏注重个体修养，见恶如探
汤，唯恐避之不及，故其教门人交友要谨慎选择，也可以看出子夏的清高和孤傲。
子张善于与各种人结交，他的交友之道为宽容包涵。

子夏曰："虽小道①，必有可观者焉，致远恐泥②，是以君子不
为也。"

【注释】

①小道：指某一方面的技能、技艺，如古代所谓农、圃、医、卜、乐、百工
之类。 ②泥：不通达，留滞，拘泥。

【译文】

子夏说："虽是小的技艺，也一定有可取之处，但对远大的事业恐有妨碍，
所以君子不从事这些小技艺。"

【题解】

专业知识和崇高理想都是重要的，不能以贵贱的观点看待社会分工。《朱注》
说：小道，如农圃医卜之属。这些小道，也有大的价值，有其可观之处。只是对

于怀抱天下，志在大济苍生的君子来说，政治是关系到整个社会、国家的大事，所以不为小道所拘泥。

子夏曰："日知其所亡^①，月无忘其所能，可谓好学也已矣。"

【注释】

①亡：通"无"。这里指自己所没有的知识、技能，所不懂的道理等。

【译文】

子夏说："每天知道一些过去所不知的，每月不忘记已经掌握的，这样可以称为好学的人了。"

【题解】

本章讲的是学习方法。学习并非能够一蹴而就，而是需要不断地积累，才有可能有所成就，或有所创见。子夏所说的好学，是要不断地吸收新知识，又要坚持温习旧知识，也就是孔子所说的"温故而知新"。

子夏曰："博学而笃志，切问而近思，仁在其中矣。"

【译文】

子夏说："广博地学习钻研，坚定自己的志向，恳切地提问，多考虑当前的事，仁德就在其中了。"

【题解】

这一章子夏提出博学、笃志、切问、近思四项，都是理论联系实际、言行一致的自我修养的方法。

子夏曰："百工居肆以成其事^①，君子学以致其道。"

【注释】

①肆：古代制造物品的场所。如官府营造器物的地方，手工业作坊。陈列商品的店铺，也叫肆。

【译文】

子夏说："各行业的工匠要整天在作坊里完成自己分内的工作，君子要以终身学习达到实现道的目的。"

【题解】

本章谈的也是劝人努力学习的问题。社会有分工，人各有其志，百工在各自的作坊里兴作以营生，君子也必须通过努力学习才能"致其道"。

子夏曰："小人之过也必文。"

【译文】

子夏说："小人对过错必定掩饰。"

【题解】

孔子也说过"过而不改，是谓过矣"。小人的一大特点就是不想改正自己的过错，在面对别人的指责时，必会以不实的言语来掩饰自己的过失，好像自己毫无过失一样。

子夏曰："君子有三变：望之俨然，即之也温，听其言也厉。"

【译文】

子夏说："君子的态度让你感到有三种变化：远看外表庄严可畏，接近他温和可亲，听他说的话严正精确。"

【题解】

子夏此话是对孔子仪容风度的基本概括。远处望见他，显得端庄威严；和他接近时，觉得温和可亲；听他说话，言辞严谨不苟，孔子的风度是自然的。

子夏曰："君子信而后劳其民①，未信，则以为厉己也②；信而后谏，未信，则以为谤己也。"

【注释】

①劳：指役使，让百姓去服劳役。 ②厉：虐待，折磨，坑害。

【译文】

子夏说："君子要先得到百姓的信任，而后再役使他们；如果得不到信任，百姓就会以为是坑害自己。要先得到君主信任，然后去劝谏；如果不信任，君主就会以为是诽谤自己。"

【题解】

取信于民是孔子对为政者的基本要求，也是基本的治国之道。子夏认为，君子使民、事君，都要以信为先。不能取得他们的信任，民众就会有抵触心理，以为在虐待他们；君主会把忠言进谏当成是对自己的诽谤。

子夏曰："大德不逾闲①，小德出入可也。"

【注释】

①大德：与"小德"相对，犹言大节。小德即小节。一般认为，大德指纲常伦理方面。小德指日常的生活作风、礼貌、仪表、待人接物，言语文词等。逾：超越，越过。闲：本义是阑，栅栏，引申为限制、界限、法度。

【译文】

子夏说："在德操大节上不能超过界限，在小节上有点出入是可以的。"

【题解】

本章反映了儒家既坚持仁德的基本原则，又不排斥变通的思想。

子游曰："子夏之门人小子，当洒扫、应对、进退，则可矣，抑末也①。本之则无，如之何？"子夏闻之，曰："噫！言游过矣！君子之道②，孰先传焉？孰后倦焉③？譬诸草木，区以别矣。君子之道，焉可诬也？有始有卒者，其惟圣人乎！"

【注释】

①抑：抑或，或许。末：非根本的方面，末节。 ②君子之道：指君子的立身之道。与"本"有密切联系，故《论语》有"君子务本，本立而道生"的话。③"孰先"句：句中"倦"字，当为"传"字之误。一说，"倦"字不误，意思是：君子之道，传于人，宜有先后，非以其"末"为先而传之，非以其"本"为后而倦教，非专传其宜先者，而倦传其宜后者。

【译文】

子游说："子夏的门人，做些洒水扫地、接待迎送的事是可以的，但这不过是末节。根本的东西却没有学到，怎么可以呢？"子夏听了这些话，说："唉！子游错了！君子之道，哪些先传授，哪些后传授呢？道比之于草木，各种各类是有区别的，怎么可以诬蔑歪曲呢？能够有始有终传授弟子的，大概只有圣人吧！"

【题解】

本章记叙了子游和子夏就教学方法问题展开的热烈讨论。子游评价子夏的门人做些洒水扫地、应对宾客、进退礼仪之事还可以，却不知道根本之道。子夏则认为教学应当循序渐进，先小节、后大事，就像培植草木一般，应该区别其种类，而采用不同的培植方法。

子夏主张，学习成绩优异就去做官。

子夏曰："仕而优则学①，学而优则仕。"

【注释】

①优：优秀，优良。一说，"优"，充足，富裕。指人有余力。

【译文】

子夏说："做官要做得好就应该不断学习，学习好了才可以做好官。"

【题解】

子夏这段讲学与仕之间的关系的话，从一个侧面概括了孔子的教育方针和办学目的，也成为中国历史上影响最大的传统思想之一。

子游曰："丧致乎哀而止①。"

【注释】

①"丧致乎"句：这句话包含两层含义：一是居丧尚有悲哀之情，而不尚繁礼文饰。二是既已哀，则当止，不当过哀以至毁身灭性。丧：指在直系亲长丧期之中。

【译文】

子游说："居丧，充分体现出悲哀之情就行了。"

【题解】

本章子游的意思是说，居丧，一方面要尽哀，一方面又不宜因过于哀痛而伤害身体。这是对孔子所提倡的丧礼的发展，注重在丧礼中的内心真诚的情感，却又不过度。

子游曰："吾友张也，为难能也，然而未仁。"

【译文】

子游说："我的朋友子张，是难能可贵的了，然而还没有达到仁的境界。"

【题解】

本章的意思是说，子张的仪表和德业都非常出众，但还达不到仁的境界，其目的是在鼓励朋友。

曾子曰："堂堂乎张也，难与并为仁矣。"

【译文】

曾子说："仪表堂堂的子张啊，很难和他一起做到仁。"

【题解】

本章是曾子对子张的评价，说明仁的境界难以达到。

曾子曰："吾闻诸夫子：人未有自致者也①，必也亲丧乎！"

【注释】

①致：极，尽。这里指充分流露和发泄内心全部真实感情。父母之丧，迫切之情，不待人勉而自尽其极。

【译文】

曾子说："我听老师说过：人没有自动流露内心真情的，若有，必定是父母去世吧！"

【题解】

本章的意思是说要用理智来控制感情，情受制于礼，这样对人的健康是有好处的。而在父母亲死亡的时候，大可不顾切，放声大哭，因为丧礼以尽哀为达，自然可以尽情流露情感。

曾子曰："吾闻诸夫子：孟庄子之孝也^①，其他可能也，其不改父之臣与父之政，是难能也。"

【注释】

①孟庄子：鲁国大夫孟孙速。其父是孟孙蔑（孟献子），品德好，有贤名。

【译文】

曾子说："我听老师说过：孟庄子行孝，其他方面别的人都能做到，而不更换父亲的旧臣，不改变父亲的政治措施，别人是难以做到的。"

【题解】

本章中孟庄子的这种尽孝，表现出以国事为重的高尚品质。

孟氏使阳肤为士师^①。问于曾子，曾子曰："上失其道，民散久矣。如得其情，则哀矜而勿喜^②。"

【注释】

①阳肤：相传是曾参七名弟子中的一名。武城人。　②矜：怜悯，怜惜，同情。

【译文】

孟孙氏任命阳肤为司法刑狱长官。阳肤请教于曾子。曾子说："当政的人失去了正道，百姓离心离德太久了。如果了解了百姓因受苦、冤屈而犯法的实情，就应当同情怜悯他们，而不要因判他们罪而沾沾自喜。"

【题解】

本章表明曾子深得孔子仁德思想的真传，抨击上位者的无道，深深地同情下层民众。他告诫作为法官的阳肤，对诉讼的处理合情合理很重要，如果审查出了犯罪的实情，要给予哀矜同情，因为在上位的人已经失其为政之道，民心离散已久。从中可见曾子的一片仁心，这在乱世，尤为可贵。

子贡曰："纣之不善^①，不如是之甚也^②。是以君子恶居下流^③，天下之恶皆归焉^④。"

【注释】

①纣：名辛，史称"帝辛"。"纣"是谥号（按照谥法，残忍不义称为"纣"）。商朝最后一个君主，是历史上有名的暴君。据史料看，纣有文武才能，对东方文化的发展和中国的统一，都曾有过贡献。但他宠爱妲己，贪酒好色，刚愎自用，拒纳忠言。制定残酷的刑法，压制人民。又大兴土木，无休止地役使人民。后周

武王会合西南各族向纣进攻，牧野（今河南淇县西南）一战，纣兵败，逃入城内，引火自焚而死。殷遂灭。　②是：代词。指人们传说的那样。　③恶：厌恶，憎恨，憎恶。下流：地势卑下处，这里指由高位而降至低位。　④恶：坏事，罪恶。子贡说这番话的意思，当然不是为纣王去辩解开脱，而是要提醒世人（尤其是当权者），应当经常自我警诫反省，在台上的时候律己要严。否则一旦失势，置身"下流"，天下的"恶名"将集于一身而遗臭万年。

【译文】

子贡说："殷纣王的不善，不如传说的那样严重。因此，君子非常憎恶居于下流，一旦居于下流，一切坏事坏名都会归到他的头上来。"

【题解】

本章中子贡的意思是说，舆论对一个人的评价往往带有一种从众的"惯性"：说某人好，要说得比某人实际做的还要好；说某人坏，则要说得比某人实际做的还要坏。因此警诫君子要注重修身，不要居于下流。

子贡论纣王之恶。

子贡曰："君子之过也，如日月之食焉：过也，人皆见之；更也①，人皆仰之。"

【注释】

①更：变更，更改。

【译文】

子贡说："君子的过错，如同日食月食：过错，人们都看得见；更改，人们都仰望着。"

【题解】

本章以日食月食的变化为喻，赞扬了君子不像文过饰非的小人，不隐瞒和掩盖过错，又能公开改正过错的光明磊落的态度和胸襟。

卫公孙朝问于子贡曰①："仲尼焉学？"子贡曰："文、武之道，未坠于地②，在人。贤者识其大者，不贤者识其小者。莫不有文、武之道焉。夫子焉不学？而亦何常师之有③？"

【注释】

①公孙朝：卫国大夫。 ②坠于地：掉到地下。这里指被人们轻视而遗弃，被人遗忘，失传。 ③常师：固定的老师。子贡说孔子不是专向某一人学习，而是向众人学习。传说孔子曾经问礼于老聃，访乐于长弘，问官于郯子，学琴于师襄。故唐代韩愈说"圣人无常师"（见《师说》）。

【译文】

卫国的公孙朝问子贡："仲尼的学问是从哪儿学来的？"子贡说："周文王、周武王之道，并未失传，还有人能记得。贤能的人了解记住大的方面，不贤的人了解记住小的方面。我的老师何处不学呢？又何尝有固定的老师呢？"

【题解】

本章是说明善于学习的人，随时随地都可以学到有益的东西。孔子学说是承袭周文王、周武王之道，并没有固定的老师。子贡聪明颖悟，对老师可以说是知之甚深，孔子学说得以广泛流传有他的一份心力。

叔孙武叔语大夫于朝①，曰："子贡贤于仲尼。"子服景伯以告子贡②。子贡曰："譬之宫墙③，赐之墙也及肩，窥见室家之好。夫子之墙数仞④，不得其门而入，不见宗庙之美、百官之富⑤。得其

论语全解全析

门者或寡矣。夫子之云，不亦宜乎！"

【注释】

①叔孙武叔：名州仇。鲁国大夫，"三桓"之一。　②子服景伯：名何。鲁国大夫。　③宫：房屋，住舍。古代不论尊卑贵贱，住所都称"宫"。到了秦代才专称帝王的住所为宫。　④仞：古代长度，七尺（或说八尺）叫一仞。　⑤官：本义是房舍，后来才引申为做官，官职。这里用本义。　⑥宜：适宜，相称，很自然。

【译文】

叔孙武叔在朝廷上对大夫们说："子贡比孔子强。"子服景伯把这话告诉了子贡。子贡说："用房舍的围墙作个比喻吧，我的围墙，只够到肩膀那么高，人们都能窥见房屋的美好。我老师的围墙有几丈高，找不到门，无法进去，看不到宗庙的美好和各个房舍的丰富多彩。能找到门进去的人或许还很少呢？叔孙武叔老先生那样说，不也是很自然的！"

【题解】

本章表明孔子的思想平凡而伟大，看似都是平常的话，但是内涵极其丰富，闪耀着真理的光辉。弟子们入其门，无不服膺，都努力将其发扬光大。而那些不得其门而入的人，大概就会像叔孙武叔那样口出不察之言。

叔孙武叔毁仲尼。子贡曰："无以为也！仲尼不可毁也。他人之贤者，丘陵也，犹可逾也；仲尼，日月也，无得而逾焉。人虽欲自绝①，其何伤于日月乎？多见其不知量也②！"

【注释】

①自绝：自行断绝跟对方之间的关系。　②多：只是，徒然，恰好是。不知量：不知道自己的分量，不知高低轻重，不自量。

【译文】

叔孙武叔毁谤仲尼。子贡说："不要这样啊！仲尼是不可毁谤。别的贤人。如丘陵，还可以越过去；仲尼，如日月，是无法越过的。有人虽然想要自绝于日月，对日月有什么损伤呢？只是看出这种人不自量力啊。"

【题解】

孔子在生前就得到弟子们非常崇高的评价和景仰，所以当有人诋毁孔子时，弟子们就自觉地站出来为老师辩护。当然，孔子之所以成为我国伟大的思想家、教育家，除了他自身的渊博学识、高尚品德、卓越贡献之外，还得益于其弟子们的继承和发扬光大。

子张第十九

陈子禽谓子贡曰："子为恭也，仲尼岂贤于子乎？"子贡曰："君子一言以为知^①，一言以为不知，言不可不慎也。夫子之不可及也，犹天之不可阶而升也。夫子之得邦家者^②，所谓立之斯立，道之斯行^③，绥之斯来，动之斯和。其生也荣，其死也哀。如之何其可及也！"

【注释】

①知（zhì）：通"智"。　②邦：诸侯统治的地区。家：卿大夫统治的地区。③道（dǎo）：通"导"，引导，教化。

【译文】

陈子禽对子贡说："你太谦恭了，仲尼岂能比你更有才能？"子贡说："君子一句话可以表现出聪明，一句话也可以表现出不聪明，所以说话不可以不慎重。我的老师没人赶得上，就好像青天无法通过阶梯登上去一样。假如老师得到国家去治理的话，说要立于礼，百姓就立于礼；引导百姓，百姓就跟着实行；安抚百姓，百姓就会来归服；动员百姓，百姓就会协力同心。他活着时荣耀，死了令人哀痛，别人怎么可能赶得上他呢？"

【题解】

本章也是子贡批评别人贬低孔子而抬高自己的问答录。子贡衷心地敬慕爱戴孔子，在为孔子所作的辩护中，将孔子比作上天，活着时充满荣光，死后令人怀念，别人是不可企及的。

尧曰第二十

尧曰①："咨②！尔舜③！天之历数在尔躬④。允执其中⑤。四海困穷，天禄永终。"舜亦以命禹⑥。

曰："予小子履，敢用玄牡⑦，敢昭告于皇皇后帝⑧：有罪不敢赦。帝臣不蔽⑨，简在帝心⑩。朕躬有罪⑪，无以万方；万方有罪，罪在朕躬。"

周有大赉⑫，善人是富。"虽有周亲，不如仁人。百姓有过，在予一人⑬。"

谨权量⑭，审法度⑮，修废官，四方之政行焉。兴灭国，继绝世，举逸民，天下之民归心焉。

所重：民、食、丧、祭。

宽则得众，信则民任焉⑯，敏则有功，公则说⑰。

【注释】

① 尧：传说中新石器时代我国父系氏族社会后期的部落联盟的领袖。他把君位禅让给舜。　② 咨：感叹词。犹"啧啧"。咂嘴表示赞叹、赞美。　③ 舜：传说中受尧禅位的君主。后来，他又把君位禅让给禹。　④ 天之历数：天命。这里指帝王更替的一定次序。古代帝王常常假托天命，都说自己能当帝王是由天命决定的。　⑤ 允：诚信，公平。执：掌握，保持，执守。中：正，不偏不倚，不"过"也无"不及"。　⑥ 舜亦以命禹：传说中受舜禅位的君主。拟姓，亦称"大禹""夏禹""戎禹"，以治水名闻天下。关于舜禅位时嘱咐大禹的话，可参阅《尚书·大禹谟》。　⑦ 予小子履：商汤自称。予：我。小子：祭天地时自称，表示自己是天帝的儿子（天之子，天子）。履：商汤的名字。　⑧ 皇皇：大，伟大。后帝：后：指君主。古代天子和诸侯都称"后"，到了后世，才称帝王的正妻为后。帝：古代指最高的天神。这里"后"和"帝"是同一个概念，指天帝。　⑨ 帝臣：天下的一切贤人都是天帝之臣。　⑩ 简：本义是检阅，检查。这里有知道，明白，清楚了解的意思。　⑪ 朕：我。古人不论地位尊卑都自称朕。从秦始皇起，才成为帝王专用的至尊的自称。　⑫ 大赉：大发赏赐，奖赏百官，分封土地。　⑬ "虽有……"：周：至，最。百姓：这里指各族各姓受封的贵族。传说商末就有八百

个诸侯。 ⑭权：秤锤。指计重量的标准。量：量器，指计容积的标准。 ⑮法度：指计量长度的标准。 ⑯"信则……"：民：疑当作"人"，他人，别人。任：任用。诚实守信就会得到他人任用。一说，民，百姓。任，信任。诚恳守信，就会得到百姓信任。另说，汉代石经等一些版本无此五字。 ⑰说：通"悦"，高兴。本章文字，前后不连贯，疑有脱漏。风格也不同。前半章文字古奥，可能是《论语》的编订者引自当时可见的古代文献。从"谨权量"以下，大多数学者认为可能就是孔子所说的话了。

【译文】

尧说："啧啧！舜啊！天意所定的继承顺序，帝位就在你身上，你要诚实恰当地保持执守中正之道。如果你执行有偏差，百姓陷于贫困，那么上天赐给你的禄位就会终止。"舜也是用这些话嘱咐的禹。

商汤说："我小子履，大胆虔诚地用黑色的公牛来祭祀，冒昧地向光明而伟大的天帝祷告：对有罪的人，我不敢擅自赦免。对臣仆的善恶，我也不敢隐瞒掩盖，对此您心里是清楚知道的。如果我自身有罪过，请不要责怪连累天下万方；天下万方如果有罪过，罪过应归在我身上。"

周朝初年大发赏赐分封诸侯，善人都得到富贵。周武王说："虽有至亲，却不如有仁德的人。百姓如有过错，应该由我一人来承担。"

谨慎地制定审查度量衡，恢复被废弃的官职与机构，天下四方的政令通行了。复兴灭亡了的国家，接续断绝了的世族，推举起用前代被遗落的德才之士，天下百姓就归服了。

国家所要重视的是：人民、粮食、丧葬、祭祀。

做人宽厚，就会得到众人的拥护；诚实守信用，就会得到别人的任用；做事勤敏，就会取得成功；处事公平，就会使大家高兴。

【题解】

本章这几段文字，记述了从帝尧命舜以来历代先圣、先王的遗训。夏商相继，周武王伐纣誓师之辞，都在其中。孔子认为君主应当特别重视民、食、丧、祭。孔子对三代以来先王的美德善政十分向往。他的理想政治也是：宽得众，敏有功，民信任。

子张问于孔子曰："何如斯可以从政矣①？"子曰："尊五美，屏四恶②，斯可以从政矣。"子张曰："何谓五美？"子曰："君子惠而不费，劳而不怨，欲而不贪③，泰而不骄，威而不猛。"子张曰："何谓惠而不费？"子曰："因民之所利而利之，斯不亦惠而不费乎！择可劳而劳之，又谁怨？欲仁而得仁，又焉贪？君子无众寡，无小大，无敢慢，斯不亦泰而不骄乎！君子正其衣冠，尊其瞻视，俨然人望而畏之，斯不亦威而不猛乎！"子张曰："何谓四恶？"子曰："不教而杀谓之虐；不戒视成谓之暴；慢令致期谓之贼；犹之与人也，出纳之吝谓之有司④。"

【注释】

①斯：就。 ②屏：通"摒"，除去，排除，摈弃。 ③欲而不贪：指其欲在实行仁义，而不在贪图财利。 ④有司：本为官吏的统称。这里指库吏之类的小官，他们在财物出入时都要精确算计。从政的人如果这样，就显得吝啬刻薄而小家子气了。

【译文】

子张问孔子："如何就可以从政呢？"孔子说："要尊重五种美德，摒除四种恶政，就可以从政了。"子张说："什么叫五种美德？"孔子说："君子使百姓得到好处，自己却无所耗费；安排劳役，百姓却不怨恨；希望实行仁义，而不贪图财利；安舒矜持，而不骄傲放肆；庄重威严，而不凶猛。"子张说："怎样能使百姓得到好处，自己却无所耗费呢？"孔子说："顺着百姓利益之处让百姓去获得利益，不就是百姓得到好处而自己却无所耗费吗？选择百姓能干得了的劳役让他去干，谁还怨恨呢？希望实行仁义而得到了，还贪求什么财利呢？君子无论人多人少、势力大小，都不敢轻慢，这不就是安逸矜持而不骄傲放肆吗？君子衣冠端正整齐，神色目光郑重严肃，使人敬畏，这不就是庄重威严而不凶猛吗？"子张说："什么叫四种恶政？"孔子说："事先不进行教育，犯了错就杀，这叫虐；事先不告诫不打招呼，而要求马上做事成功，这叫暴；很晚才下达命令，却要求限期完成，这叫贼；同样是给人东西，拿出手时显得很吝啬，这叫有司。"

这是子张向孔子请教为官从政的要领。这里所讲的"尊五美，屏四恶"，是孔子政治主张的基本原则，其中包含着丰富的"民本"思想。

孔子曰："不知命①，无以为君子也。不知礼，无以立也。不知言，无以知人也。"

【注释】

①命：命运，天命。儒家以为人在一生中的吉凶、祸福、生死、贫富、利害都是上天所主宰，都是与生俱来而命中注定的；人对之无可奈何，无力改变。这是唯心主义的一种哲学观点。不过，孔子所说的"知命"，也包含一些有积极意义的内涵，如提倡要面对现实，识时务；要了解与顺应客观事物发展规律而不应与之违背；要明确人生的道义与职责等。

【译文】

孔子说："不懂天命，就无法做君子；不懂礼，就无法立足于社会；不懂分析辨别言论，就无法了解认识他人。"

【题解】

这是《论语》最后一章，孔子再次向君子提出了立身处世的三点要求，即"知命""知礼""知言"，表明孔子对于塑造具有理想人格的君子有高度期待，他希望有合格的君子来齐家治国平天下。

孔子阐明君子立身处世的三点要求。

论语全解全析